El método Luis Enrique

El método Luis Enrique

Lluís Lainz

Prólogo de Martí Perarnau

Primera edición: febrero de 2026

Printed in Spain – Impreso en España

ISBN: 979-13-87905-24-8
Depósito legal: B-21.502-2025

Compuesto en Fotoletra, S. L.

Impreso en Black Print CPI Ibérica
Sant Andreu de la Barca (Barcelona)

RE 0 5 2 4 8

A todos los que siguen creyendo
que el fútbol es solo un juego

Índice

Prólogo

Para comprender al Luis Enrique triunfal del PSG es imprescindible conocer al Luis Enrique triunfal del Barça.

En 2015, poco antes de que Luis Enrique llevase al Barça a un nuevo triplete histórico, Lluís Lainz publicó *El método Luis Enrique*, un retrato del entrenador que todavía no tenía cara de entrenador. Ya poseía experiencia en los banquillos, pero su rostro aún era el del jugador recién retirado o el del triatleta salido de la ducha. El entrenador todavía no había crecido en su interior con esa energía que pocos años después envejecerá sus facciones y teñirá de blanco su pelo.

Hace una década, Luis Enrique era un entrenador en construcción. Había dirigido con éxito al Barça B, con sufrimiento a la Roma y con placer al Celta, antes de regresar al Camp Nou para liderar un comando de ataque, con Messi, Neymar y Luis Suárez como tripleta ofensiva.

En este punto es donde Lluís Lainz arranca su retrato, que desmenuza la filosofía que el técnico iba diseñando junto a un staff que, diez años después, se mantiene a su lado. Lainz nos regala en estas páginas un relato preciso sobre el hombre que hay detrás del entrenador. No existe un Luis Enrique unívoco, de una sola pieza, perfecto y hercúleo. Lo que hay es un hombre con muchas aristas, con una sensibilidad aguda, que duerme mal en los días negros y aparece radiante en los días de gloria, al fin y al cabo, uno más entre nosotros.

Por debajo del método, del entrenamiento, del estilo de juego y del afán de victoria, el libro nos presenta a una persona perfectible y a un entrenador en construcción. Lainz relata de modo intenso la evolución que observa en el Barça que dirige Luis Enrique y su buen olfato le conduce a pronosticar un éxito superlativo a final de temporada, lo que acabó siendo cierto, pues el equipo se coronó con un triplete de leyenda. Nadie olvidará jamás cómo Luis Enrique y su hija Xana clavaron una bandera del club en el centro del estadio olímpico de Berlín, símbolo de la mayúscula conquista.

El fútbol y especialmente la vida curtieron hasta el límite a aquel joven técnico que a partir de su 2015 glorioso comenzó a tener cara de entrenador.

En especial la vida, que le arrebató a Xana con una crueldad ciclópea.

Dinámico, intenso, sensible, bondadoso, duro, escéptico. Podemos añadir muchos más adjetivos que nos acerquen a este tipo que se hace querer, mucho más que admirar. El Luis Enrique del PSG es hoy una estrella mundial, pero sigue siendo el mismo hombre que Lluís Lainz descubre en el libro, solo que con otro triplete histórico en su palmarés. El método se mantiene impertérrito: esfuerzo, tenacidad, compromiso, solidaridad..., conceptos que en el mundo actual parecen haber perdido una parte de su sentido, pero que en Luis Enrique adquieren cuerpo y volumen propios.

Su rostro ya es el del entrenador. Su corazón continúa siendo el de un león.

Martí Perarnau

Introducción

La ocasión hay que crearla,
no esperar a que llegue.

SIR FRANCIS BACON*

No soy capaz de recordar con exactitud cuándo fue. Solo sé que habían transcurrido unos días, pocos, del mes de julio de 2014. Tampoco sé dónde estaba ni qué hacía en aquel preciso momento. A media mañana, me sonó el móvil. Era Carlos Ramos, el director de Córner. Mi primer pensamiento fue que quería preguntarme por el libro que estaba escribiendo para la editorial. Tras los saludos de rigor, se interesó por el estado en que se encontraba nuestro tercer proyecto en común. Pensé que la intuición, ese sexto sentido que se atribuye a las mujeres, pero que, en realidad, no tiene sexo, me había funcionado correctamente. Pero me equivoqué.

Carlos es un tipo poco común. Es un mexicano que, en los años 90, decidió hacerse del Real Madrid por culpa de un compatriota suyo que se llama Hugo Sánchez. Es un tipo repleto de virtudes personales y profesionales. También tiene defectos. Como todos. Faltaría más. En cualquier caso, el hecho es que tiene un extraordinario olfato y una cabeza, tirando a grande, por la que circulan las ideas a una velocidad de vértigo. Eso sí, olfato y cabeza no empiezan a funcio-

* Sir Francis Bacon (Strand, 1561-Londres, 1626), filósofo, político, abogado y escritor. Primer barón de Verulam, vizconde de Saint Albans y canciller de Inglaterra. Fue uno de los padres del empirismo y tuvo una gran influencia en el desarrollo del método científico. Murió de una neumonía.

narle a pleno rendimiento hasta que se toma el tercer café de la mañana.

Estoy seguro de que aquella mañana ya había ingerido su dosis vital de cafeína y había ojeado los periódicos en una de las terrazas de la avenida Marquès de l'Argentera, a cincuenta metros escasos de su despacho y frente al majestuoso edificio de la Estación de Francia. Sea como fuere, lo cierto es que me llamó para tantear la posibilidad de aparcar el proyecto que teníamos entre manos y, en función de la reacción que yo tuviera, proponerme otra de sus apuestas literarias. Y lo hizo de tal manera que, cuando quise darme cuenta, yo ya estaba dispuesto a cambiar de tercio y dejar nuestro anterior proyecto para más adelante.

Le pedí solo un par de días para desmenuzar la idea, construir un guion mínimamente coherente, calibrar las posibilidades reales de elaborar un producto riguroso y, sobre todo, tener la certeza de que podría cumplir con el plazo de entrega que me había planteado. Carlos estaba muy seguro de que era posible, pero yo no las tenía todas conmigo. Me atraía mucho la propuesta y estaba convencido de que podría contar con la colaboración de entrenadores, jugadores, periodistas y, sobre todo, amigos que me ayudarían a hacerlo posible, bien aportando datos importantes, bien haciendo declaraciones atractivas con las que enriquecer el libro. Pero siempre me ha obsesionado la idea de llegar puntual a las citas, y quería estar seguro de que la editorial tampoco llegaría tarde a la suya.

Apenas cuarenta y ocho horas después, le llamé para decirle que aceptaba el reto. No le sorprendió lo más mínimo. Y eso solo podía ser por dos razones. O bien tiene una desmesurada confianza en mis capacidades, o bien tiene ese mismo punto de inconsciencia que tan a menudo me caracteriza. Personalmente, me inclino por la segunda. En fin, que la conversación telefónica de primeros de julio y la posterior tormenta de ideas que se desencadenó dentro de mi cabeza durante los días siguientes, con sus correspondientes noches medio en vela, acabaron por dar origen a *El método Luis Enrique*.

Reconozco que el título no es demasiado original. Pero después de barajar diferentes opciones, incluidas algunas más comerciales, coincidimos en que otros nombres como «filosofía» («conjunto de reflexiones sobre la esencia de las cosas»), «proyecto» («idea de una cosa que se piensa hacer y para la cual se establece un modo determinado y un conjunto de medios necesarios»), «modelo» («cosa que sirve como pauta para ser imitada, reproducida o copiada»), «estilo» («conjunto de rasgos peculiares que caracterizan una cosa, una persona, un grupo o un modo de actuación») o «efecto» («cosas producidas por una causa») no se ajustaban del todo a la idea que pretendíamos desarrollar.

Más allá de los matices que se establecen entre unos y otros, los términos «filosofía, modelo y estilo» ya formaban parte de un vocabulario utilizado a lo largo de los últimos cuarenta años de la historia del FC Barcelona y, por tanto, estaban incorporados al imaginario colectivo de los culés. Respecto al sustantivo «efecto», tiene que ver con los logros alcanzados, por mucho que estos sean la consecuencia directa de una determinada forma de hacer las cosas. Y es evidente que Luis Enrique no había tenido tiempo de conseguir que su personalísima forma de hacer las cosas hubiera arrojado resultados concretos en solo unos meses.

Por el contrario, la palabra «método» tenía y tiene un significado que concuerda plenamente con la idea originaria de este libro y con el desarrollo y los logros no solamente del proyecto que iniciaba en aquellos momentos, sino también de otros que pudiera llevar a cabo en diferentes etapas y clubs. De origen griego y en su acepción original, «método» significa «camino». Pero, por extensión, también es el medio utilizado para llegar a un fin. En aquellos momentos, apenas siete meses después de acceder al puesto de entrenador de uno de los clubs más grandes de la historia del fútbol, Luis Enrique empezaba a gestar su propia obra y aún no había podido demostrar que su método, tan peculiar como intransferible, fuera a permitirle alcanzar la meta para la que fue propuesto y con la que él mismo decidió comprometerse.

Es obvio que los objetivos del FC Barcelona, de los grandes equipos del planeta y de todos los entrenadores que han estado al frente de sus respectivos proyectos en las últimas décadas son comunes.

Los tres —clubs, jugadores y técnicos— centran todos sus esfuerzos en ganar partidos, en hacerlo por el mayor número posible de goles y en que las victorias y los títulos lleguen mediante un fútbol lo más atractivo posible a los ojos de socios y seguidores. Pero también es evidente que el camino, entendido como el conjunto de medios o actuaciones que se proponen para conseguir los éxitos, no es único. Nadie puede negar que, en el caso del club azulgrana, Johan Cruyff, Louis van Gaal, Frank Rijkaard o Pep Guardiola partieron de una filosofía, un proyecto y un estilo comunes. Pero todos ellos introdujeron variaciones en el modelo y en la metodología utilizada para su aplicación.

La personalidad de cada cual, las experiencias que vivieron a lo largo de su etapa como futbolistas de alto nivel competitivo, las influencias que ejercieron en ellos sus entrenadores y profesores, las características de los jugadores que tuvieron o tienen a sus órdenes y algo tan simple como el momento por el que atraviesen sus principales adversarios han hecho y siguen haciendo que, sin apartarse de un guion común, los entrenadores le otorguen a su trabajo un sello personal muy reconocible a los ojos de los expertos en fútbol.

Entre unas cosas y otras, este libro —ampliado en su versión japonesa y reeditado tras los grandes éxitos de Luis Enrique en el Paris Saint-Germain— nunca pretendió ser un compendio de historia, ni una biografía de Luis Enrique, ni un tratado para entrenadores, aunque necesariamente contenga elementos narrativos, hechos de la vida de su protagonista y aspectos técnico-tácticos del juego que propone. Y eso tiene que ser así, porque es muy difícil, por no decir imposible, disociar los tres elementos que confluyen en esta obra. Primero, el FC Barcelona, entendido como el club en el que se imbuyó —como jugador (1996-2004), como entrenador del equipo filial (2008-2011) y como responsable del primer equipo (2014-2017)— de una filosofía, un sistema y un modelo de juego característicos. Segundo, la personalidad de Luis Enrique, forjada a lo largo de muchos años de esfuerzos, sacrificios, alegrías y sinsabores dentro y fuera de los terrenos de juego. El tercero y último, las experiencias a partir de las cuales ha sido capaz de forjar un sello personal y convertirse en entrenador de éxito.

Luis Enrique ha llegado al zenit de una carrera que inició durante la década de los 70 en el patio del colegio Elisburu de Gijón y que ha desarrollado mediante el aprendizaje y la adaptación de una vieja idea, consistente en dominar el juego a través de un cóctel de elementos tan variados como la posesión, el juego de posición, la búsqueda del tercer hombre, la velocidad en los movimientos de los jugadores y la circulación del balón, la generación y ocupación de espacios, la capacidad de presionar tras pérdida con el objetivo de recuperar el balón lo más cerca posible del área rival, el dominio de las fases de transición (ofensiva, para hacerle daño al contrario sin darle tiempo a organizarse, y defensiva, para evitar que te cojan la espalda en inferioridad), el control de las áreas en las acciones de estrategia y, por supuestísimo, una intensidad que en ningún caso puede ser inferior a la de sus rivales. Y todo ello, para ser dominador en los duelos y minimizar el riesgo de que alguien pueda enviar al garete los objetivos del colectivo y aniquilar los sueños de grandeza de presidentes, directivos, técnicos, jugadores y aficionados.

1

El modelo del FCB

La victoria tiene cien padres,
la derrota es huérfana.

NAPOLEÓN BONAPARTE*

El modelo de éxito del Fútbol Club Barcelona ha sido objeto de numerosos libros, conferencias, coloquios, artículos de prensa, reportajes de radio y televisión, debates, trabajos de curso de entrenadores, proyectos de fin de carrera e, incluso, estudios científicos. Sin embargo, todos esos comentarios, análisis y ensayos han obviado frecuentemente que todo viaje de 10.000 kilómetros comienza siempre por el primer paso. En este sentido, se olvida con frecuencia que la filosofía y el sistema de juego que han llevado al equipo de fútbol profesional barcelonista hasta la cima del fútbol mundial en diferentes momentos de los últimos veinticinco años tuvo un antes que hizo posible su brillante después.

Todo el mundo sabe que hay una conexión entre la fórmula que convirtió al Ajax de Ámsterdam en el mejor equipo del mundo, durante la primera mitad de la década de los 70, y el Barcelona que se subió al Everest del fútbol con entrenadores como Johan Cruyff, Louis van Gaal, Frank Rijkaard o Pep Guardiola. Poca gente re-

* Napoleón Bonaparte (Ajaccio, 1769-Santa Elena, 1821), militar y gobernante francés. Emperador de Francia, copríncipe de Andorra, rey de Italia y protector de la Confederación del Rin. Conquistó media Europa, pero acabó siendo víctima de sus delirios de grandeza. Definitivamente derrotado en la batalla de Waterloo, murió en el destierro.

cuerda, sin embargo, que a finales de la década de los años 50 y hasta el ecuador de los años 60, un técnico británico llamado Victor Frederic Buckingham, Vic para el común de los mortales, se hizo cargo de la dirección técnica del Ajax en dos ocasiones distintas. Primero fue entrenador del equipo entre julio de 1959 y junio de 1961 y luego regresó para dirigir a la plantilla ajaccied en la temporada 1964-65. Ese año fue reemplazado por el neerlandés Marinus Jacobus Hendricus Michels. Tanto Buckingham como Rinus Michels, que así se le conocía coloquialmente, asumieron la responsabilidad de entrenar al primer equipo azulgrana un tiempo más tarde, también por el mismo orden en que habían entrenado al Ajax.

La historia refiere que Vic Buckingham, que había sido centrocampista defensivo del Tottenham Hotspur durante quince temporadas, entre 1935 y 1949, fue uno de los precursores del denominado fútbol total. Entre otros, suyo fue el honor de hacer debutar a Johan Cruyff como jugador del club en el que se había formado, en parte gracias a que sus padres habían trabajado cuidando las instalaciones y lavando la ropa de sus diferentes equipos. Pero más allá de entrar en los anales del fútbol por dar la alternativa a uno de los más grandes futbolistas de la historia, Buckingham sentó las bases sobre las que Marinus Michels construyó uno de los mejores equipos de todos los tiempos y edificó los cimientos del modelo con el que el Barcelona ganaría sus cinco Champions League.

Michels tomó el mando del Ajax a comienzos del año 1965. Hombre de un carácter muy adusto y de una disciplina férrea —la prensa española de la época le bautizó como «míster Mármol»—, está considerado como el padre de los automatismos en el fútbol. Entendidos como el encadenamiento de movimientos y de acciones técnicas que permiten sorprender y superar al adversario mediante el dominio del tiempo y del espacio, tardó un año y medio en obtener sus primeros frutos. Entonces y hasta 1971, el Ajax había conquistado cuatro Ligas, tres Copas de Holanda y la primera de las tres Copas de Europa consecutivas que convirtieron al equipo en uno de los más grandes de la historia, junto al Real Madrid de Di Stéfano, al Santos de Pelé, la selección brasileña que conquistó el Mundial de

1970 o la AC Milan de Arrigo Sacchi, Marco van Basten, Ruud Gullit y Frank Rijkaard.

Aquel Ajax, del que Buckingham había puesto la primera piedra y al que Michels dio la forma de equipo invencible, siguió cosechando éxitos bajo la batuta del rumano Ştefan Kovács, con el que logró las Copas de Europa de 1972 y 1973. Además, ese trabajo de club tuvo una notable incidencia en la selección holandesa de la época (la denominada «naranja mecánica») que, aunque no conquistó ningún título europeo ni mundial, fue finalista en Alemania 74 y en Argentina 78, en ambos casos frente a los organizadores de la cita y, por lo tanto, en unos campos y en unos ambientes poco o nada favorables.

A finales del año 1969, el Barcelona vivió una apasionante pugna por la presidencia del club. La dimisión irrevocable de Narcís de Carreras, que no quiso someter su prestigio personal y profesional a los caprichos del juego del fútbol, dio paso a un proceso electoral tenso y plagado de incidencias. Agustí Montal i Costa, hijo del que fuera presidente del club en los años 50, resultaría elegido para el cargo en una votación muy polémica frente al también empresario Pedro Baret. Más allá de que el recuento levantara algo más que la sospecha de haber sido manipulado, que eso no es objeto de esta historia, el hecho es que el cambio de presidente significó la inmediata destitución de Josep Seguer y la incorporación al puesto de mánager de un Vic Buckingham que no venía, precisamente, de vivir una grata experiencia con el Ethnikos Piraeus de Atenas.

El 18 de diciembre de ese 1969, nada más conocerse el resultado de las elecciones presidenciales, Agustí Montal confirmó lo que había prometido durante la campaña. Es decir, que Buckingham se hacía cargo del primer equipo barcelonista, junto a su ayudante Edward Joseph Drake, coloquialmente conocido como Ted. Y aquí, como había sucedido en el Ajax de Ámsterdam, el entrenador británico empezó a definir las líneas maestras a partir de las que Marinus Michels desarrollaría el actual modelo de juego del FC Barcelona.

Buckingham trabajó siempre sobre la fórmula táctica del 1-4-3-3, entendiendo que ese sistema de juego era el que permitía una mejor ocupación del terreno, tanto en defensa como en ataque. En fase de posesión, este dibujo facilita el control del juego y de los partidos, mediante triangulaciones y paredes simples o compuestas. Y ya se sabe que cuando los jugadores están situados sobre el campo de un modo racional, y se establecen las conexiones de pase más adecuadas, se consigue superar a los adversarios, generar espacios y ocuparlos en situación favorable para disfrutar de ocasiones de gol. Y lo mismo sucede en fase de pérdida, porque la figura geométrica del triángulo facilita las coberturas, las permutas y las ayudas con las que se impide al contrario que pueda generar superioridades, crear espacios y, en consecuencia, hacerte daño a golpe de goles.

A pesar de su excelente trabajo táctico, Vic Buckingham solo pudo conseguir un cuarto puesto en la Liga 1969-70, mejorando, eso sí, la clasificación obtenida por Josep Seguer. Esa temporada, en los cuartos de final de la Copa del Generalísimo, se produjo el famoso arbitraje de José Emilio Guruceta, que frustró las esperanzas del equipo de conseguir un título con el que cerrar el año. El árbitro guipuzcoano señaló penalti por un derribo de Rifé a Velázquez que se había producido claramente fuera del área. Al año siguiente, el club, el equipo y Buckingham se resarcieron de ese mal recuerdo con la conquista de la Copa, al vencer al Valencia por 4-3, en una final llena de alternativas y por tanto de emociones. Aunque introdujo las bases del modelo que todavía hoy persiste, una inmensa mayoría de barcelonistas no sabe quién fue Vic Buckingham o solamente recuerda al técnico británico por aquellos dos episodios coperos... y por su magnífico aspecto de *gentleman* inglés.

Por aquel entonces, Agustín Montal y los miembros de su consejo habían sufrido varias pañoladas en el Camp Nou y los medios de comunicación, aun siendo menos trágicos en la derrota de lo que suelen serlo hoy en día, se hacían eco de las quejas de los aficionados y le echaban un poco de pimienta a un caldo de cultivo que se extendía por las gradas del estadio barcelonista. Y ya se sabe que los presidentes y los directivos suelen resolver las situaciones críticas de la misma manera: cambiando de entrenador. Así que en el verano de 1971, recién proclamado campeón de la Copa de Europa con el Ajax, Marinus Michels fue invitado a convertirse en entrenador del

Barcelona, donde estaría hasta junio de 1975 y a donde regresaría en julio de 1976, tras un año de transición en el que Hennes Weisweiler sería víctima del extraordinario poder de Johan Cruyff.

Cruyff fue la joya de la corona sobre la que Michels quiso construir su proyecto en el Camp Nou. Pero tardó dos años en conseguirlo. El delantero no pudo llegar hasta octubre de 1973, cuando el equipo figuraba en mitad de la tabla y con un negativo: entonces se sumaban y restaban los puntos perdidos en casa y ganados fuera y se tomaban como referencia para entender si la trayectoria de los equipos era buena o mala. Michels había trabajado muchos conceptos del 1-4-3-3, pero necesitaba a un tipo capaz de catalizar aquel bagaje táctico. Y vaya si lo hizo. Actuando como falso delantero centro —una figura que reaparecería muchos años después— llevó al equipo hasta el título a cinco jornadas del final.

Pero la eclosión del delantero holandés fue como un castillo de fuegos artificiales. Mucho ruido y mucho colorido, pero la fiesta se acabó enseguida. Así que en 1975 el club despidió a Michels y contrató al entrenador de mayor éxito de ese momento. Hennes Weisweiler venía de fabricar al gran Borussia Moenchengladbach de la época, al que había cogido en la quinta división alemana y al que había coronado campeón de la Copa de la UEFA con una idea futbolística similar a la de Michels, pero apoyada en unas dosis de trabajo y disciplina que su antecesor no fue capaz de mantener cuando más necesario resultaba imponerlas.

Entre la rápida y tempestuosa salida de Weisweiler y el retorno de Michels, el primer equipo barcelonista fue dirigido durante apenas unas semanas por Laureano Ruiz. Este técnico santanderino de nacimiento, que se había incorporado al fútbol formativo del club en 1972, participó de un modo notable en la puesta en marcha de un proyecto que resultaría decisivo para el futuro del fútbol azulgrana. Aunque otros se llevaron la fama, Laureano fue el responsable de que los equipos de las categorías inferiores llevaran a cabo su proceso formativo a partir de la idea de que aprendieran todo lo que podía convertirles en futuros jugadores del primer equipo, con todo lo que eso iba a significar años después.

El método de trabajo que Laureano Ruiz aplicó para el desarrollo del fútbol base del club —dominio de la técnica, juego de posiciones, trabajo diario a base de rondos, etcétera— es imprescindible para entender cómo y por qué el Barcelona ha alcanzado una gran parte de sus éxitos más recientes con la participación en el juego de un importante número de jugadores formados en su propia cantera. Y eso también es de aplicación a la selección española que se adjudicó la Eurocopa de Naciones de 2008, bajo la dirección de Luis Aragonés, y el Mundial de 2010 y la Eurocopa de Naciones de 2012, con Vicente del Bosque como responsable del equipo.

Laureano abandonó voluntariamente el puesto de coordinador del fútbol formativo azulgrana en 1978, cuando Josep Lluís Núñez fue proclamado presidente del club. Pero a nadie que conozca la historia se le puede olvidar que, gracias al trabajo que cuarenta años antes había puesto en marcha ese innovador técnico cántabro, Tito Vilanova pudo convertirse en el primer entrenador —y hasta ahora único— que hizo coincidir en un partido oficial a once futbolistas formados en la Masia. Fue el 25 de noviembre de 2012. Sobre el césped del estadio Ciutat de València se enfrentaban el Levante UD y el Barcelona. Dani Alves se lesionó cuando apenas se había jugado el primer cuarto de hora del encuentro y Montoya salió en su lugar. En aquel momento y durante más de una hora, el equipo estuvo integrado por Valdés; Montoya, Piqué, Puyol, Jordi Alba; Xavi, Busquets, Cesc; Pedro, Messi e Iniesta. Los azulgrana golearon (0-4) y siguieron su camino hacia la conquista del título, igualando además el récord histórico de los cien puntos.

La llegada de Núñez a la presidencia del club abrió un paréntesis, relativo pero paréntesis a fin de cuentas, en el desarrollo de la filosofía de juego del Barcelona. De hecho, el modelo apenas evolucionó durante una década. Lucien Muller, Joaquim Rifé, Helenio Herrera, Ladislao Kubala, Udo Lattek, César Luis Menotti, Terry Venables y Luis Aragonés mantuvieron el dibujo táctico, pero apenas aportaron cosas significativas para la mejora del modelo. Unos porque no gozaron de las condiciones adecuadas para hacerlo, otros porque no dispusieron del tiempo que se requería para desarrollar el método y alguno porque carecía de la capacidad y del conocimiento necesarios para enriquecer una idea de éxito.

El aterrizaje forzoso de Johan Cruyff resultó providencial. Josep Lluís Núñez estaba contra las cuerdas. Los escándalos que se habían sucedido desde la primavera de 1982 (Migueli fue apartado del equipo por el capricho de un vicepresidente; Maradona llegó para comerse el mundo y acabó enloqueciendo por la nariz; Venables dilapidó su fortuna y la del club en la trágica final de Sevilla; Schuster y la directiva se enzarzaron en una batalla judicial sin precedentes, y la plantilla en pleno se amotinó contra el presidente por un problema fiscal) provocaron la aparición de diversas asociaciones de carácter opositor.

La más organizada de esas facciones fue el Grup d'Opinió Barcelonista, al que se integraron personas vinculadas con directivas anteriores, empresarios y miembros de la llamada sociedad civil. Sus manifiestos, declaraciones y propuestas tuvieron un gran impacto mediático. Entre estas últimas estuvo lanzar la idea de que Cruyff debía liderar su futuro proyecto deportivo. Probablemente a ninguno de esos opositores se le pasó por la cabeza que Núñez se planteara ganarles por la mano ni que el entrenador holandés, al que sentían muy próximo, pudiera aceptar una oferta del hombre al que estaban combatiendo con tanta contundencia.

Quien más quien menos pensó que dos personalidades tan fuertes como las de Núñez y Cruyff no serían capaces de convivir durante demasiado tiempo. Sobre todo si los éxitos deportivos tardaban en llegar. Y los barcelonistas ya no se conformaban con paladear un título de vez en cuando. La Quinta del Buitre había encadenado tres Ligas consecutivas y la promesa de acabar con la hegemonía blanca, a golpe de ciclos ganadores, había que cumplirla sí o sí.

El grado de dificultad era demasiado alto. Porque poner en marcha un nuevo proyecto siempre requiere tiempo y porque la dificultad aumenta de forma directamente proporcional al número de cambios que se producen en una plantilla. En este caso, el equipo había sido objeto de una profunda remodelación como consecuencia de que la junta directiva había decidido represaliar a muchos de los jugadores que participaron en el Motín del Hesperia. De hecho, abandonaron el club un total de dieciocho futbolistas y llegaron diecisés nuevos. Cruyff quería jugadores técnicos, rápidos e inteligentes para interpretar una partitura tan atractiva por sus características ofensivas (control del juego, triangulaciones, movilidad y ataque constantes) como arriesgada por las innovaciones defensivas que planteaba: una línea defensiva de tres muy adelantada y con marcaje zonal.

Eran demasiados cambios, tácticos y de jugadores, como para pensar que los títulos podían llegar de inmediato. El Barcelona volvió a competir con el Real Madrid, pero no pudo impedir que lograra su cuarta Liga consecutiva, otra vez con Hugo Sánchez como máximo goleador del campeonato, y que también conquistara la Copa del Rey. Es cierto que los azulgrana ganaron la Recopa, pero ese título fue poco valorado frente al doblete que había logrado el eterno rival.

Las críticas arreciaron tan pronto como comenzó la nueva temporada. Los resultados seguían siendo irregulares, en consonancia con un equipo que todavía estaba en fase de construcción. Así que los aficionados, poco preparados para aceptar que los grandes proyectos necesitan mucho tiempo para consolidarse, empezaron a pedir la dimisión del entrenador y del presidente. Lo fácil para Núñez habría sido rescindir el contrato de Cruyff y darles la razón a los que le auguraban una corta vida al que fue considerado un matrimonio de conveniencia.

La sorpresa se produjo cuando el presidente hizo todo lo contrario de lo que esperaba la gente y se convirtió en el único valedor del entrenador holandés. Es posible que Núñez actuara así porque si prescindía de ese inmenso paraguas acabaría por ahogarse bajo la tormenta. Fuera lo que fuera, la realidad es que el presidente se quedó solo en la asamblea de compromisarios del 13 de febrero de 1990, cuando una inmensa mayoría de los asistentes, entre la que se contaba una parte importante de su junta directiva, le exigió la cabeza de Cruyff.

Después de la tempestad, que aún continuó hasta finales de marzo, el equipo llegó a su punto de inflexión. El día 4 de abril, el Barcelona se impuso (2-0) al Real Madrid en la final de la Copa del

Rey. Más allá de que Amor y Julio Salinas consiguieran los goles del triunfo, el hecho fue que el equipo azulgrana se mostró como un conjunto capaz de desarrollar el fútbol por y para el que se había contratado a Johan Cruyff. El holandés había conseguido, por fin, que sus jugadores interpretaran una partitura que escondía muchos matices detrás de manifestaciones tan llamativas y aparentemente tan simples como que «hay que poner un defensa más que los delanteros que tenga el contrario», «correr es de cobardes», «si nosotros tenemos la pelota, ellos no pueden marcar ningún gol», «prefiero ganar por 5-4 que por 1-0» o «el dinero debe estar en el campo y no en el banco».

Entre unas cosas y otras, ese Barcelona que representaba mejor que nunca la vieja idea del «fútbol total» acabó con el ciclo ganador del Real Madrid y se convirtió durante los cuatro años siguientes en un auténtico espectáculo. Los títulos se sucedieron uno tras otro y no de forma aislada como había ocurrido desde 1978. Cuatro Ligas consecutivas (aunque tres de ellas fueran en el último minuto de la última jornada) y la primera Copa de Europa de la historia del club fueron los éxitos más significativos de esa etapa. Éxitos todos ellos que fueron el reflejo de la adquisición de futbolistas técnicamente muy buenos, físicamente muy rápidos y mentalmente muy imaginativos. Jugadores que representaban las esencias del modelo y que confirmaban las teorías, muchas veces calificadas de peregrinas, que el entrenador holandés exponía en las ruedas de prensa y por supuestísimo en las charlas técnicas con sus futbolistas. Esa fue la consecuencia directa de aplicar los mismos conceptos que Johan Cruyff había aprendido de Vic Buckingham, Rinus Michels y Ştefan Kovács durante su etapa de jugador.

A todo el mundo le sorprendía que pudiera alcanzarse el éxito con un equipo en el que dos de los tres defensas, Ferrer y Sergi, fueran pequeños y en el que el verdadero central, Koeman, fuera lento y no tuviera cintura. Mas aún, parecía imposible que una plantilla que se entrenaba a base de rondos tuviera tanto recorrido. Pero si se escuchaban las declaraciones de Cruyff, todo adquiría un extraordinario sentido: «Mis delanteros solo tienen que correr quince metros, a no ser que sean estúpidos, estén mal colocados o estén durmiendo», «todo el mundo sabe jugar al fútbol si le dejas cinco metros de espacio», «los entrenadores hablan de movimiento, de correr mucho. Yo digo que no es necesario correr tanto. Debes estar en el lugar adecuado y en el momento preciso; ni demasiado pronto ni demasiado tarde», «quiero jugadores que puedan hacer buenos movimientos en espacios pequeños, quiero que ahorren energías para cuando lleguen los momentos decisivos», «la velocidad se confunde con la inteligencia; cuando empiezas a correr antes que otros pareces más rápido» o «si juegas a un toque, eres muy bueno, y si haces dos toques, juegas bien, pero si tocas tres veces, eres malo».

Cruyff decía siempre que «en el reino de los ciegos, el bizco es el rey... pero sigue siendo bizco». Él, por supuesto, no era bizco. Al contrario, tenía una vista de lince. Pero es evidente que en 1994 al genio se le nubló la visión. Los jugadores que incorporó a la plantilla para suceder a los que habían hecho posible tanta felicidad no respondían a los perfiles que se necesitaban para mantener en el tiempo un ciclo ganador. Una mala planificación —¿o fue simplemente un desafío?— llevó al Barcelona a desaparecer de la escena de los campeones. Y como sin títulos no hay paraíso que valga, el holandés tuvo que hacer las maletas.

La transición cayó en manos de Bobby Robson y José Mourinho. A los dos les tocó cubrir el tiempo de espera hasta la llegada de Louis van Gaal, que con contrato en vigor con el Ajax —otra vez el Ajax— se negó a romper su compromiso con el club holandés. Núñez accedió a posponer su incorporación a la dirección técnica y el banquillo azulgrana, aun a riesgo de que el entrenador-puente no tuviera la misma filosofía ni defendiera el mismo modelo que se pretendía evolucionar. Con un sistema distinto, el 1-4-2-3-1, y con un fútbol de menos toque, mucho más directo, basado en la solidez de la defensa y en la rapidez de las transiciones defensa-ataque, Robson ganó tres de los cuatro títulos por los que competía el equipo. Y pudo ganar también la Liga si las lesiones y los compromisos internacionales de «el Gordo» Ronaldo no hubieran condicionado las últimas jornadas.

Llegar Van Gaal y que el FC Barcelona retornara al 1-4-3-3 fue todo uno. Pero el libro del hombre que había conducido al Ajax a conquistar su cuarta y última Champions League, en 1995, con un único gol del jovencísimo Patrick Kluivert, más allá de recuperar la filosofía por la que el club azulgrana apostaba clara y definitivamente, contenía dos novedades fundamentales. De un lado se apostaba por maximizar la idea del fútbol de ataque, nuevamente basado en las triangulaciones, y por minimizar los riesgos que comportaba una defensa situada casi siempre en la línea del centro del campo. Y de otro, se optaba por ensanchar el frente de ataque para conseguir la mayor profundidad posible. «Sin amplitud no puede haber profundidad», defendía Louis van Gaal.

Al nuevo técnico holandés, que imponía la cultura del esfuerzo en todos los entrenamientos y partidos, iban a acompañarle los jugadores, muchos de ellos llegados desde la Eredivisie (Hesp, Reiziger, Frank y Ronald de Boer, Cocu, Boer, Kluivert, Zenden) y otros de etapas anteriores, ya consolidados (Guardiola, Luis Enrique, Figo, Rivaldo). Esa identificación de los futbolistas con la idea resultó tan importante como la propia voluntad de Van Gaal de mirar hacia la cantera (Xavi, Gabri, Puyol). Contar con jugadores formados en el fútbol base era algo que hasta entonces únicamente había hecho de verdad Cruyff: Milla, Guardiola, Òscar y Roger Garcia, Celades, De la Peña, Toni Velamazán. Pero Van Gaal quería ir más allá y afirmó que su objetivo era «disputar una final de Champions League con un equipo integrado por once jugadores formados en la cantera».

La decisión de Núñez de poner fin a veintidós años al frente del club, la identificación de Van Gaal con su presidente y la idea, que le seducía, de dirigir a la selección holandesa acabaron con tres años de trabajo brillante, que había tenido su principal dificultad en el fuerte carácter del técnico, que nunca rehuyó el enfrentamiento público con algunos jugadores y que jamás quiso aceptar que sus disputas con los medios de comunicación solo podían acarrearle problemas. Los botones de muestra más recordados fueron el choque con Òscar, al que echó de un entrenamiento al grito de «tú no tienes ritmo», y la discusión con el periodista Edwin Winkels, a quien dijo, en sus propias narices y en presencia de una cincuentena de informadores, aquello de «siempre negativo, nunca positivo».

El legado de Van Gaal cayó en las manos de Llorenç Serra Ferrer, quien pretendió implantar el sistema 1-3-2-3-2. Era una mala idea, porque esa disposición táctica dinamitaba el juego de ataque por las bandas y en consecuencia atentaba contra los principios de amplitud y profundidad que el equipo había trabajado en la etapa inmediatamente anterior. Quizá por eso el mallorquín se vio condenado a un rápido fracaso, que desembocó en su sustitución por Carles Rexach, jugador con Buckingham y Michels, y segundo entrenador con Cruyff. Pero Joan Gaspart había llevado al club a una difícil situación económica, en parte porque no supo gestionar el legado de Núñez, incrementado con los 11.000 millones de pesetas que le proporcionó la fuga de Luís Figo al Real Madrid, y en parte porque se empeñó en cerrar las contrataciones de Gerard, Petit y Overmars a precios sin justificación.

El que fuera vicepresidente deportivo con Núñez fue víctima de su propia megalomanía. Y cuando se vio contra las cuerdas, sin otra salida que hacer frente a una moción de censura, corrió a contratar al entonces exseleccionador de Holanda, de quien dos años antes había dicho: «Lo primero que pienso hacer cuando sea presidente es echar a Van Gaal». Era una huida hacia delante, de la que participó decisivamente el propio Rexach, principal valedor de la idea de volver a contratar al adusto entrenador holandés. Van Gaal se equivocó al regresar a un club que, presidido por Joan Gaspart, no tenía estabilidad, ni dinero para conseguirla por la vía de los resultados. Así que el técnico duró poco más de seis meses. Eso sí, en ese tiempo pudo consagrar a Víctor Valdés y Andrés Iniesta como jugadores de la primera plantilla.

Los seis meses finales de aquella temporada 2002-03 cayeron en manos de Radomir Antić, que recurrió a conceptos ancestrales del fútbol y a jugadores veteranos, en claro detrimento de los más jóvenes (Valdés, Iniesta y Motta), para tratar de salvar su propio contrato. Y así no suele llegarse a ninguna parte. Menos aún cuando el presidente se vio forzado a presentar la dimisión y a convocar elecciones anticipadas, y cuando, como consecuencia de todo esto, accedió a la presidencia un joven Joan Laporta, cargado de energías y claramente decidido a contar con Johan Cruyff como principal consejero en materia futbolística.

Con Frank Rijkaard en el banquillo, Txiki Begiristain en la dirección deportiva y Ronaldinho en el campo, el Barcelona empezó una reconstrucción imprescindible para regresar a la senda del triunfo. Se hizo despacio, porque no había dinero para acometer grandes fichajes. Y se hizo partiendo del único sistema, el 1-4-2-3-1, que el equipo podía desarrollar con los jugadores de que disponía entonces. Los arranques fueron duros y Rijkaard pudo haber perdido el puesto si Laporta hubiera accedido a las pretensiones de Sandro Rosell, entonces vicepresidente deportivo. Pero la firmeza que el presidente observó en la defensa de su técnico y la llegada providencial de Edgar Davids, durante el mercado de invierno, permitieron a Rijkaard volver al 1-4-3-3 que había interiorizado desde niño.

El equipo estuvo a punto de ganar esa misma Liga en la que el Barça era el duodécimo clasificado en el mes de diciembre. Pero el fichaje de Davids y la vuelta al sistema del éxito marcaron el verdadero punto de inflexión del proyecto. El equipo volvió a tener el balón, a tocarlo con tanto mimo como rapidez, y a utilizar la técnica, la velocidad y la inteligencia como preceptos innegociables. Los azulgrana abandonaron definitivamente las transiciones rápidas y, en consecuencia, los balones largos. La pelota salía en corto desde el portero hacia los centrales, que eran los encargados de protagonizar la fase de inicio del juego. Sobre la técnica de los centrocampistas recaía toda la responsabilidad de la creación, y los delanteros recuperaban los conceptos de la amplitud y la profundidad. Por si eso fuera poco, Rijkaard, educado en la escuela del Ajax pero alumno de Arrigo Sacchi en el mejor Milan de la historia, aplicó el concepto táctico de la presión para recuperar el balón lo antes posible y lo más cerca posible del área contraria.

Aquella sinfonía duró dos años. El mismo tiempo que el equipo tardó en descomponerse tras haber ganado dos Ligas, una Copa del Rey y la Champions League de 2006, en París y frente al poderoso

Arsenal de Arsène Wenger. Y como dos años en blanco —con lo que el blanco significa para el FC Barcelona— son demasiado tiempo, a Joan Laporta no le quedó otro remedio que dar por finalizado el periodo de la «autocomplacencia», como lo bautizó él mismo, e iniciar un nuevo proyecto deportivo, sin Rijkaard, sin Ronaldinho, sin Deco y, en principio, sin Eto'o.

La idea consistía en repetir una vieja apuesta. Se trataba de tener a un líder en el banquillo y a otro en el campo. Sustituir a Rijkaard y Ronaldinho era, por tanto, el objetivo que se planteaba la directiva barcelonista. Txiki Begiristain propuso que el nuevo entrenador fuera Pep Guardiola y que el nuevo equipo girase en torno a la figura de Lionel Messi. Las dudas llovían por todas partes. El primero que se vio sumido en el pánico fue Laporta. Tenía serias dudas de que un técnico cuya única experiencia en los banquillos se reducía a un año en Tercera División, por mucho que esa temporada hubiera acabado con el ascenso del Barcelona B, pudiera asumir la responsabilidad de conducir un transatlántico. Pero Johan Cruyff redobló la apuesta de Begiristain y, aun a regañadientes, la directiva aceptó el reto.

La Liga empezó con una derrota en Los Pajaritos ante el Numancia y un empate en casa frente al Racing de Santander. Las críticas arreciaron y los medios de comunicación empezaron a acortarle la vida a Guardiola. De haber sido por ellos, el técnico tal vez no hubiera llegado a sentarse en el banquillo con ocasión de la tercera jornada, en la que el Barça visitaba El Molinón. El entorno volvía a guiarse por los resultados, incapaz de entender que todos los proyectos necesitan de un periodo de implementación. Pero el equipo goleó a los asturianos a domicilio y la tempestad amainó considerablemente. Ya se empezaba a hablar de fútbol.

Pep Guardiola se había marcado objetivos importantes. No solo con respecto a la evolución que iba a implantar en el modelo, sino en cuestiones aparentemente nimias pero que iban a resultar fundamentales. Abandonar el pequeño campo de entrenamiento de la Masia, llevarse el equipo a una Ciutat Esportiva que estaba en obras, implantar la cultura del esfuerzo, incrementar el control sobre los futbolistas y cerrar literalmente las puertas del vestuario y demás dependencias que utilizaban técnicos, auxiliares y jugadores, fue todo uno.

Desde un punto de vista estrictamente futbolístico, Guardiola abandonó la idea de que fuesen los laterales los que dieran salida al balón en la fase de inicio. Ahora esa responsabilidad iba a recaer en los defensas centrales, dos jugadores que iban a complementarse en virtud de sus características individuales. El medio centro, que ya con Rijkaard había cambiado de perfil, debía ser un futbolista no solo capaz de marcar los tiempos de la creación del juego, sino que debía sumar a sus capacidades la de desdoblarse y la de defender, si era preciso, como un central más. Los interiores iban a jugar más cerca del área contraria, donde podrían incidir en la finalización o finalizar ellos mismos las acciones, irrumpiendo desde la segunda línea. Los extremos iban a contar con el apoyo constante de los laterales, buscando situaciones de dos contra uno y multiplicando los caminos por donde llegar al área, con la creación simultánea de pasillos exteriores e interiores.

Además, el nuevo entrenador era consciente de que eso de tener el balón por tenerlo no servía de nada. Seguramente por esta razón, nunca le gustó el término «tiki-taka» con que los periodistas bautizaron el fútbol de control y de pases de los jugadores azulgrana. Guardiola también era consciente de que no todos los partidos eran iguales y que el equipo necesitaba alternativas en determinados momentos, bien desde el mismo inicio de los partidos o bien para romper dinámicas una vez que se producía el atasco. Y por si todo esto fuera poco, Pep aplicaba a su trabajo diario la máxima de que todo aquello que no se prepara en los entrenamientos difícilmente puede salir bien en los partidos.

Su metodología de entrenamiento era, por momentos, obsesiva. Tanto que dijeron de él que era un enfermo del fútbol. Bendita enfermedad. Porque gracias a esa forma de trabajar las temporizaciones ofensivas, los apoyos y las ayudas permanentes, el posicionamiento y las distancias entre jugadores, las superioridades numéricas, la presión y tantas otras cosas, el Barcelona alcanzó la sublimación de su propio modelo en solo una temporada. Así cayeron la Copa, la

Liga y la Champions League, por este mismo orden, y así en los inicios de la temporada siguiente el equipo conquistó la Supercopa de Europa, la Supercopa de España y el Mundial de Clubs. Nadie hasta ese momento había jugado un fútbol de tanto nivel, ni nadie hasta entonces había ganado las seis competiciones posibles en un año.

Pero la evolución del modelo no se quedó ahí. Guardiola, con el inseparable Tito Vilanova a su lado, trabajó la defensa de tres y recuperó la idea del falso delantero centro, acompañando a Messi hasta los mismísimos cielos. Y todo eso convirtiendo la conquista de títulos en algo cotidiano. Pero ganar y ganar tanto no solo no era sencillo, sino que además le producía al propio entrenador un terrible agotamiento, agravado considerablemente por situaciones como las enfermedades de Éric Abidal y del propio Tito, que golpearon al vestuario con una crudeza difícil de imaginar. Además, las relaciones con la junta directiva que encabezaba Sandro Rosell no eran todo lo fluidas que necesitaban Pep, el equipo y el club.

La marcha de Pep Guardiola pareció no tener consecuencias, porque el entrenador marcó tanta distancia con el club como la que separa Barcelona de Nueva York y porque Tito Vilanova heredaba el mando de la nave y también la confianza ciega del colectivo de jugadores. El equipo mantuvo el estilo y las formas. Siguió jugando a un nivel incomparable y consiguió, entre otras cosas, la Liga de los cien puntos. Pero la salud de Tito se resentía por momentos y hubo que contratar a un sustituto para seguir adelante con el proyecto. El Barcelona perdía al Tito y traía al Tata. No era un simple cambio de vocales. Gerardo Martino aterrizaba en Barcelona como si nadie hubiera pensado en lo que significaba todo aquello. Y nadie quiere decir la junta directiva, nadie quiere decir el director deportivo y nadie quiere decir, también, el propio técnico argentino.

No está demasiado claro de quién fue la idea. Porque no fue explicada entonces y sigue sin explicarse ahora. Pero al desconocimiento de la historia y a la escasa preparación para tratar el modelo con la delicadeza que requería, el Tata Martino añadió un componente que le condenaría irremisiblemente al fracaso. Poseedor de una bondad infinita, entró por la puerta de los vestuarios admirando a los jugadores, en lugar de hacerlo provocando la admiración de sus futbolistas. Y ya se sabe que cuando un líder no es capaz de hacer que sus jugadores le sigan, solo puede acabar perdiendo apoyos y, sin ellos, precipitarse al vacío.

En mayo de 2014, Luis Enrique llegaba para ocupar el banquillo barcelonista. Dicen que Andoni Zubizarreta ya le había propuesto un año antes como recambio para Tito Vilanova. Y dicen también que Tata Martino fue fichado con la idea de fabricar un proceso artificial de transición, como ya había sucedido con Bobby Robson, entre el despido de Johan Cruyff y la llegada de Louis van Gaal. O sea, que el club habría esperado deliberadamente a Luis Enrique para que, tras un año de desarme, por no decir descomposición, llegara un tipo con un profundo conocimiento de la filosofía del club —había entrenado tres años al filial— y con el suficiente carácter como para tomar decisiones importantes, restablecer la cultura del esfuerzo e implantar una metodología que permitiera dar un nuevo impulso ganador a un modelo importado de Holanda, que ya ha cumplido los 43 años de edad y al que ningún barcelonista renunciará mientras tenga voz y voto.

2

Un futbolista distinto

> Lo que los demás rechazan de ti
> cultívalo. Eso eres tú.
>
> Jean Cocteau*

Luis Enrique Martínez empezó a darle patadas al balón siendo muy pequeño. En eso no fue distinto al resto de los mortales. El patio del colegio Elisburu le vio iniciarse en la competición reglada como jugador de fútbol sala. Tampoco eso constituye un hecho destacado. Otros muchos profesionales, como sus íntimos amigos Abelardo Fernández y Carles Puyol, por poner dos ejemplos cercanos al personaje, también comenzaron su trayectoria deportiva sobre pistas de cemento y en equipos de cinco futbolistas.

A los 11 años dio el salto al fútbol en campo grande. Fue en la escuela de fútbol del Sporting de Gijón, en Mareo. Pero Luis Enrique tardó más de la cuenta en hacer el cambio de niño a adolescente y a los 14 años se lo quitaron de encima porque, aunque tenía mucho genio, era muy poquita cosa. Cuando le dijeron que siendo tan bajo, tan enclenque, no podía continuar allí, se marchó al CD La Braña. Lo hizo como siempre ha hecho las cosas, frunciendo el ceño, despotricando hacia sus adentros y comprometiéndose consigo mismo a seguir luchando.

* Jean Cocteau (Maisons-Laffitte, 1889-Milly-la-Forêt, 1963), poeta, novelista, dramaturgo, pintor, diseñador y cineasta francés. Vivió una vida muy intensa, marcada por su adicción a las drogas y murió de un infarto de miocardio tras enterarse del fallecimiento de su amiga Édith Piaf.

En esos momentos de dificultad, el destino quiso que Luis Enrique se encontrara en el camino con un entrenador que resultaría decisivo en su proceso de formación. Aquel técnico fue Ismael Fernández, seguramente el hombre que fue capaz de entender mejor a un niño rebelde y el que mejor supo canalizar la fuerza de su irreductible carácter. Eran tiempos en los que no existía la categoría cadete y en los que un niño pasaba de infantil a juvenil de un día para otro. Es decir, que a los 16 años ya competía con hombres hasta tres años mayores.

Ismael recuerda que «Luis Enrique tenía mucho carácter y mucha calidad. Era un chaval humilde, muy trabajador y muy disciplinado. Era muy delgado y tenía las piernas muy finas, pero no le tenía miedo a nada ni a nadie. Siempre era el primero en llegar y el último en marcharse de los entrenamientos. Estaba loco por el fútbol y era, como ahora, un ganador». En el infantil del CD La Braña, que competía contra equipos de capitales de provincia, jugaba también «el Pitu» Abelardo, uno de los mejores amigos de Lucho. Los dos juntos dieron el salto al equipo juvenil en 1985. Tenían solo 15 años, pero aguantaron el tirón y se convirtieron en jugadores fundamentales para que el equipo no perdiera la categoría. Luis Enrique marcó esa temporada treinta goles jugando contra tipos mucho más hechos físicamente.

La progresión de Luis Enrique era muy grande. Tanto que con solo 16 años fue nombrado capitán del equipo juvenil. Cuando le preguntaron a Ismael por qué le había dado el brazalete a un chico tan joven, respondió sin dudarlo que se merecía ser el capitán porque «nunca ha faltado a un entrenamiento, es el que mejor se entrena, el que más corre, el que más goles mete y el que más disfruta jugando». Dos años después, a Luis Enrique todavía no se le había pasado por la cabeza la idea de que algún día podría vivir del fútbol. «Me preguntó si podría llegar a jugar en el Caudal, en Tercera División», cuenta su entrenador de entonces. La respuesta de Ismael Fernández no pudo ser más concluyente: «Tú jugarás en Primera División».

Luis Enrique no había recibido todavía el segundo revés de su incipiente carrera. Un tal Isidoro Sánchez, ojeador que cubría territorio asturiano, consiguió que el Barcelona accediera a realizarle una prueba al capitán del La Braña. Así que viajaron hasta la Ciudad Condal, donde Lucho se entrenó con los juveniles azulgrana. Sin embargo, allí no pudo confirmar las condiciones de delantero listo, rápido y goleador que había mostrado en su club de la barriada de Gijón, que había tomado su nombre de los pastizales de la cordillera cantábrica a los que, en verano, se traslada el ganado vacuno a fin de engordarlo.

Los entrenamientos y el partido que disputó junto a Tito Vilanova en las instalaciones azulgrana —entonces repartidas por los aledaños del Camp Nou— no convencieron al responsable del fútbol formativo, que por ese entonces era José Luis Romero. Ahora, sin embargo, no le rechazaban por ser pequeño —ya medía 1,80— y delgado, aunque su biotipo físico siempre haya sido el mismo. La razón que le dieron para justificar que no le fichaban fue escueta: «Has hecho poco». Así que se volvió a su patria chica y siguió trabajando hasta que el Sporting de Gijón le reclamó de vuelta a casa. Acababa de cumplir la mayoría de edad.

Luis Enrique consiguió alcanzar su sueño con un amor propio incombustible y tras protagonizar un episodio que resulta difícil de olvidar para cualquier gijonés: firmó un contrato con el Real Oviedo y deshizo su compromiso retornando a través de un conductor de autocar de la compañía Alsa el importe de dos mensualidades que había cobrado como anticipo. Con 18 años regresó al Sporting y con 19 debutó en Primera División en un partido contra el Málaga. Entró a los 61 minutos del partido, sustituyendo al gaditano Torres, pero no pudo evitar que los andaluces, en cuyo equipo jugaba «el Boquerón» Esteban, ganaran el encuentro. Luis Enrique remató un balón de chilena al larguero de la portería defendida por Jaro que pudo ser el empate, pero se marchó a casa con una sensación agridulce.

Jesús Aranguren fue el entrenador que hizo debutar a Luis Enrique en Primera el 24 de septiembre de 1989. Pero la realidad es que quien le había convencido para que desistiera de su idea de jugar en el Real Oviedo y regresara al Sporting de Gijón, y quien había tutelado la fase final de su formación como futbolista, fue Carlos García Cuervo. Entrenador del filial sportinguista, tuvo que convencer a Ismael Fernández y a Nely, la madre de Luis Enrique, para que rompiera con el Real Oviedo.

García Cuervo no ha olvidado ese episodio ni la primera conversación que tuvo con Luis Enrique: «Me comprometí con Ismael y con Nely a que se quedaría conmigo durante toda la temporada. Pero a ellos, como hice con el propio Lucho, les advertí que si quería jugar tendría que ganarse el puesto en cada entrenamiento. En el CD La Braña era la figura, pero aquí iba a ser un jugador más. Tenía mucha calidad y era muy rápido, pero físicamente todavía no estaba hecho. El primer día vino con unas molestias y me pidió que le diera descanso. Le hice ver que en el equipo no había nadie imprescindible y que tenía que prepararse muy duro y mejorar. Nunca más tuve que recordárselo. Su comportamiento fue ejemplar y fue un gusto trabajar con él». Poco después debutaba con el primer equipo y al año siguiente le llegaba la consagración. Con Ciriaco Cano como entrenador, se ganó la titularidad y marcó catorce goles.

Precisamente en esos comienzos de la década de los años 90, el FC Barcelona había suscrito un convenio de colaboración con el Real Sporting de Gijón. El club azulgrana, cuyo primer equipo entrenaba Johan Cruyff, se comprometió a abonar al club asturiano cien millones de pesetas por temporada a cambio del jugador de su plantilla que eligieran los técnicos barcelonistas. Y Luis Enrique fue el primer futbolista elegido por los técnicos del club del Camp Nou. El delantero, que estaba a punto de cumplir los 21 años, había llamado poderosísimamente la atención de Cruyff y de su segundo, Carlos Rexach. Así que se fueron a por él. Estaban seguros de que un jugador como él encajaría sin ningún tipo de dificultades en un equipo que había empezado a dar señas de su enorme potencial.

La sorpresa que se llevaron los emisarios azulgrana fue mayúscula. Cuando el Barcelona expuso su intención de hacerse con los servicios de Luis Enrique, en cumplimiento del acuerdo establecido entre las dos entidades, los dirigentes del Sporting de Gijón respondieron que su delantero valía 250 millones de pesetas, que era el importe de la cláusula de resolución de su contrato. Es posible que en esos momentos el Real Madrid ya tuviera cerrados acuerdos con el club asturiano y con el jugador. Y algo parecido sucedió con el extremo Manjarín, un año mayor que Lucho. La alternativa que ofrecieron los gijoneses por el precio pactado fue el también delantero Juanele. Pero algo tenía este futbolista que no acababa de seducir a los técnicos del club catalán.

Apenas unas semanas después, el Real Madrid anunció el fichaje de Luis Enrique. Aquel muchacho, cuyo otro equipo era el Barcelona, hizo las maletas con destino a un club que no estaba entre sus preferidos. Pero Luis Enrique había elegido el fútbol como profesión y aceptó su destino. Se incorporó a la disciplina de una plantilla que entonces dirigía el yugoslavo Radomir Antić (1991-92). Aquellos no eran buenos tiempos para la lírica. Tuvo hasta cinco entrenadores distintos en apenas cinco años. El holandés Leo Beenhakker (1992), el manchego Benito Floro (1992-94), el salmantino Vicente del Bosque (1994) y el argentino Jorge Valdano (1994-96) fueron desfilando mientras el eterno rival culé enamoraba al mundo.

Cuando Luis Enrique entró en el vestuario del Real Madrid, el Barcelona acababa de ganar el primero de sus cuatro títulos de Liga consecutivos. Los distintos entrenadores del equipo blanco buscaban fórmulas y más fórmulas para acabar con el Dream Team. Y en ese escenario le tocó bailar al asturiano. Sus características físicas, técnicas y tácticas, pero sobre todo su fuerte personalidad, le sirvieron para rendir mucho en cualquier puesto del equipo donde le pusieran. La capacidad de trabajo, la autodisciplina y el compromiso eran valores en los que se había forjado desde muy niño. Así que jugó donde le dijeron.

Su entonces compañero Ricardo Gallego, tan buen futbolista como poseedor de un cerebro extraordinariamente amueblado, reconocía la singularidad de Luis Enrqiue: «Puede jugar de lateral, de centrocampista y de delantero. Es un ejemplo, porque en todas las situaciones rinde al máximo de sus posibilidades en beneficio del equipo». Eran momentos en los que la afición del Bernabéu se mostraba muy crítica con Luis Enrique. Y Gallego lamentaba que «la polivalencia es un seguro para los entrenadores, pero es poco valorada por el público». En esa etapa, la actitud del público, y también la de algunos periodistas, marcó y mucho la relación que en el futuro tendría Luis Enrique con el Madrid y con la prensa.

El soplo de aire fresco que significó la llegada de Jorge Valdano al banquillo del Real Madrid y el cambio de ciclo futbolístico que trasladaría el escenario de las grandes celebraciones futbolísticas desde la plaza de Sant Jaume hasta la Cibeles no fueron suficientes para llevarse por delante las turbulencias emocionales que habían convencido a Luis Enrique de que lo mejor era sacarse un billete de ida con destino a Barcelona, donde Johan Cruyff seguía esperándole. El futbolista finalizaba contrato el 30 de junio de 1996 y tan pronto como se lo permitió la reglamentación, inició los contactos con el vicepresidente azulgrana Joan Gaspart.

Pero Cruyff y Luis Enrique no coincidieron nunca. El Barcelona tomó la determinación de despedir al entrenador de manera fulminante el día 18 de mayo y la firma del contrato entre el futbolista y el club no se produjo hasta tres días más tarde. En esos momentos nadie tenía la menor idea de quién iba a ser el nuevo inquilino del banquillo del Camp Nou, ni qué jugadores formarían parte de la plantilla barcelonista. Eso sí, Luis Enrique tenía la certeza de que coincidiría con tipos como Gica Popescu o Luís Figo, pero sobre todo con su íntimo amigo Abelardo Fernández y con otros dos futbolistas, Pep Guardiola y «el Chapi» Ferrer, con los que también había conquistado la medalla de oro en los Juegos Olímpicos de 1992.

La llegada de Bobby Robson y las incorporaciones de grandes futbolistas como Vítor Baía, Fernando Couto, Laurent Blanc, Giovanni Silva o Ronaldo Luís Nazário de Lima permitieron a Luis Enrique formar parte de un equipo construido para ganar todo lo que se le pusiera por delante. De hecho, en su primera temporada levantó la Recopa de Europa, la Copa del Rey y la Supercopa de España. La consideración que el difunto Robson tenía del asturiano era muy buena. Tanto que, cuando en 1997 fue relevado por Louis van Gaal, le habló del asturiano como uno de los jugadores más completos de la plantilla, y tanto que en un informe manuscrito sobre el jugador británico Steve McManaman escribió que «Luis Enrique tiene un nivel superior».

Durante su primera temporada en el club, Luis Enrique tuvo la consideración pública y privada de Robson y estableció una magnífica relación con José Mourinho. Y hay varios hechos que constatan que eso fue así. Con ocasión del fallecimiento del entrenador británico, Lucho le recordó con un gran afecto: «Solo tengo buenos recuerdos de él. Aprendí de sus conocimientos de fútbol, de su forma de llevar al equipo, de su naturalidad y de su espontaneidad. Recuerdo que en los descansos de los partidos nos corregía y nos explicaba la táctica con vasos de plástico. Siempre tuvimos una relación muy buena y siempre hablaba bien de mí».

Años más tarde, cuando en 2008 el vicepresidente deportivo Marc Ingla y el secretario técnico Txiki Begiristain viajaron a Lisboa para tantear la posibilidad de que José Mourinho reemplazara a Frank Rijkaard en el banquillo del Camp Nou, el entrenador portugués llegó a plantear que, si se cerraba el acuerdo, quería a Luis Enrique como segundo, por delante de Pep Guardiola y de Eusebio Sacristán. Y seis años después, cuando coincidieron en una reunión de entrenadores convocada por la UEFA en su sede de Nyon, Mourinho hizo unas declaraciones que confirmaban el aprecio que le tiene: «Luis Enrique es increíble. No le había vuelto a ver desde que salí del Barça. Le tengo un cariño enorme. Es una persona fantástica».

Con Louis van Gaal, Luis Enrique conquistó dos Ligas, otra Copa del Rey y una Supercopa de Europa. Fueron tiempos en los que Luis Enrique ofreció su mejor versión como futbolista. El entrenador holandés le hizo jugar como interior derecho, un puesto en el que nunca había jugado de forma continuada. En esa posición rindió a un gran nivel. «Aportó trabajo, carácter, calidad, llegada desde la segunda línea y muchos goles», recuerda Van Gaal. Luego vino la travesía del desierto en la que Joan Gaspart metió al equipo con sus equivocadas decisiones. Solo por esta razón, el final de Luis Enrique no estuvo a la altura que se merecía. Se retiró el 16 de mayo de 2004, justo antes de que el equipo liderado por Frank Rijkaard en el banquillo y por Ronaldinho de Assis en el campo iniciara su periplo de éxitos.

Aquel día de su adiós al fútbol, el FC Barcelona recibía en el Camp Nou al Racing de Santander. Rijkaard le incluyó en el equipo titular y le sustituyó a los 61 minutos por Marc Overmars. La ovación que los socios y aficionados azulgrana le tributaron a Luis Enrique fue inolvidable. En la rueda de prensa, su último entrenador solo tuvo palabras de elogio para él: «Es un gran campeón y hoy lo ha vuelto a demostrar». Lucas Alcaraz, entrenador visitante, también se sumó al homenaje de despedida del asturiano: «Por su trayectoria, Luis Enrique merece que se pare el partido, que tenga un homenaje y mucho más. ¿Con qué me quedo de su carrera? Hombre, con la imagen del Mundial de Estados Unidos. Todos nos quedamos con una rabia tremenda por lo que le pasó en aquel partido contra Italia».

Más allá de los aprendizajes recibidos y de las experiencias vividas en sus distintos equipos, Luis Enrique participó en 62 partidos con la selección española absoluta, con la que debutó siendo todavía jugador del Sporting de Gijón. Luis Suárez, el único español que ha ganado el Balón de Oro, le dio la alternativa el 17 de abril de 1991. Fue en el transcurso de un partido amistoso ante la selección de Rumanía que se disputó en el estadio Príncipe Felipe de Cáceres. El delantero asturiano entró en el minuto 68, sustituyendo a Martín Domínguez, entonces jugador de Osasuna. El partido finalizó con derrota de la selección por 0-2.

Después, Luis Enrique tendría otros tres seleccionadores: Vicente Miera, con el que participó en los Juegos Olímpicos de Barcelona 92, Javier Clemente, con el que compitió en el Mundial de 1994 (recordado porque Tassotti le partió la nariz) y la Eurocopa de 1996, y José Antonio Camacho, con el que acudiría al Mundial de 1998 y al siguiente de 2002, donde Lucho jugó su último partido como internacional. Fue el 22 de junio, con ocasión del partido de cuartos de final ante Corea del Sur. España fue eliminada, en parte por un mal arbitraje. Luis Enrique empezó en el banquillo y se despidió como internacional jugando los diez últimos minutos, en sustitución de Valerón, el auténtico «mago de Arguineguín».

A lo largo de casi tres décadas, entre sus primeras carreras sobre la pista de cemento del colegio Elisburu y su despedida en 2004, Luis Enrique se mostró siempre como un futbolista distinto. Trabajaba como los que más, se sacrificaba como pocos, obedecía las indicaciones de sus entrenadores a la primera, mostraba un extraordinario espíritu ganador y era solidario hasta en las duchas. Pero era, al mismo tiempo, un tipo poco o nada convencional. Su genio, su coraje, su temperamento y en definitiva su carácter rebelde, cuestiones que tienen que ver más con la genética que con los aprendizajes, le permitieron ser un magnífico jugador de equipo, complemento necesario de otros futbolistas de mayor talento.

Su forma de ser y la experiencia acumulada en el transcurso de tantos y tantos años constituían un magnífico bagaje —de fútbol y de vida— que unos años más tarde marcarían su estilo en la dirección. Tanto que sin las enseñanzas recibidas, sin las vivencias de vestuario, entrenamiento, partido y salas de prensa, sin la forma de ser propia y sin la identificación con los métodos de algunos de sus entrenadores, hoy sería imposible entender o simplemente interpretar muchas de las decisiones que Luis Enrique ha adoptado como entrenador.

3

La desconexión

Hasta Dios se va
de vacaciones en agosto.

GABRIEL GARCÍA MÁRQUEZ*

Es muy posible que Luis Enrique acabara saturado de fútbol. O que después de tantos años de entrenamientos, partidos, viajes y concentraciones quisiera recuperar el tiempo perdido con su familia: en aquel momento tenía esposa, Elena Cullell, y habían nacido sus dos primeros hijos, Pacho y Sira. O que el cuerpo y la mente le pidieran hacer algo distinto a lo que había hecho hasta el momento de colgar las botas. O quién sabe si fue por ambas cosas juntas. Pero fuera por lo que fuera, Lucho decidió desconectar del fútbol y del entorno que le había rodeado durante tanto tiempo. No tenía suficiente con marcharse a su casa de Gavà, a apenas unos metros de la playa, mantener a sus hijos en el British School de Castelldefels, aprovechar el tiempo libre para disfrutar de los suyos y dedicar algunas horas a deportes o actividades que no había podido realizar antes.

Necesitaba romper con todo lo que había hecho hasta aquel momento. No le valían las medias tintas. Así que consensuó la decisión

* Gabriel García Márquez (Aracataca, 1927-México D.F., 2014), periodista, escritor y novelista colombiano. Recibió el Premio Nobel de Literatura en 1982. Está considerado como el máximo exponente del realismo mágico, género literario al que corresponde *Cien años de soledad*, su novela más reconocida. También fue autor de *El amor en los tiempos del cólera*, *El coronel no tiene quien le escriba*, *El otoño del patriarca* y *Crónica de una muerte anunciada*. Falleció a los 87 años, víctima de un cáncer linfático.

con Elena y se marchó a las Antípodas. Nada más y nada menos que a Australia, a más de 15.000 kilómetros de casa. Se conocieron y se conocen muy pocos detalles de ese viaje que se alargó durante más de seis meses. Luis Enrique, que siempre ha sido un celoso guardián de su vida privada, no quiso explicar nada de aquella aventura. Y no solo eso, sino que advirtió a quienes formaban parte de su círculo más íntimo, familiares y amigos, que se enfadaría muchísimo si alguien contaba algo.

«Nunca ha soportado que se hable de su vida privada. Le molesta mucho que se sepa nada de lo que hace fuera de su trabajo. Es más, si se entera de que alguien cuenta alguna cosa de su familia, se enfada tanto que es capaz de romper la relación, aunque sea con uno de sus amigos», refiere uno de ellos después de cerrar el compromiso de que no se facilitaría ni una sola pista sobre su identidad.

La realidad es que durante esos meses de desconexión absoluta, desde el fin del curso escolar de Pacho y Sira hasta las siguientes Navidades, Luis Enrique disfrutó de su familia como nunca había podido hacer antes, practicó el deporte del surf por el que se sentía muy atraído y dedicó unas cuantas horas a mejorar su nivel de inglés, un idioma que su esposa, exazafata de vuelo, y sus hijos, educados en una escuela inglesa desde niños, dominaban más que él.

Poco más se ha sabido de ese periplo australiano de Luis Enrique y los suyos. En cambio, sí se conocen muchas de las cosas a las que dedicó su tiempo libre, que fue mucho, en los meses y en los años posteriores, hasta que en verano de 2008 regresó al Fútbol Club Barcelona para iniciar su carrera como entrenador, sustituyendo a Pep Guardiola como responsable técnico del filial azulgrana. A fin de cuentas, la imagen de Lucho había aparecido reiteradamente en los medios de comunicación durante ese tiempo de desconexión que transcurrió entre los inicios de 2005 y el verano de 2008.

Al regreso de Australia, Luis Enrique continuó practicando el surf, aunque no le resultó nada fácil encontrar escenarios que reunieran unas condiciones de tiempo y estado del mar tan extraordinarias como las que había disfrutado durante aquellos seis primeros meses de su nueva vida. Y como el cuerpo le pedía marcha, decidió adentrarse en el mundo de la resistencia. Se puso a entrenar con el objetivo de correr la prueba más exigente del atletismo: la maratón. Conservaba una condición física envidiable, pero meterse entre pecho y espalda 42.195 metros de un tirón requería de un entrenamiento específico, diario y progresivo. Así que buscó un entrenador. Lo encontró casi por casualidad, mientras se compraba unas zapatillas en una tienda especializada de Barcelona. Allí trabajaba como empleado Víctor Gonzalo, un exciclista que corría maratones. Él fue quien le preparó durante casi dos años.

Luis Enrique no quería correr por correr. Ganador nato, necesitaba marcarse objetivos exigentes. Ni siquiera al principio se planteó participar en una prueba por el mero hecho de terminarla. Quería cruzar la línea de meta, pero en unos tiempos mínimos que fueran el fiel reflejo de su dedicación y su sacrificio. Además de planificar las sesiones de trabajo, debía observar un entrenamiento invisible muy estricto. Es decir, que debía nutrirse, hidratarse y descansar de acuerdo a unas pautas tan rigurosas como la constancia con la que iba a entrenarse.

Su primer objetivo no fue un objetivo cualquiera. Se había propuesto debutar, nada más y nada menos, en la maratón de Nueva York, una de las maratones populares más importantes que se celebran, junto a las de Berlín, Boston, Chicago, Londres o Tokio. La prueba se celebró el 6 de noviembre de 2005. Luis Enrique fue uno de los 36.872 participantes que cruzaron la línea de meta dentro del tiempo máximo establecido. Entró en el puesto 1.345 y le fue asignada una marca de 3 horas, 14 minutos y 9 segundos. Todo un éxito, teniendo en cuenta que era un aficionado y que ya había cumplido los 35 años. A título de curiosidad, el ganador fue Paul Tergat (Kenia), con un tiempo de 2 horas, 9 minutos y 30 segundos.

Aunque seguiría corriendo maratones, Luis Enrique se marcó nuevos retos personales. Esta vez en el ámbito del ciclismo, un deporte por el que siempre se había sentido atraído. Obviamente, un tipo como Lucho no iba a inscribirse en una prueba cualquiera. Tenía que ser una carrera dura, muy dura. Y empezó a entrenarse para intervenir en la Quebrantahuesos del día 17 de junio de 2006.

La prueba se celebra cada año desde 1990 y se inicia en Sabiñánigo (Huesca), cruza los Pirineos y regresa al punto de partida. Los participantes tienen que cubrir un trayecto de 205 kilómetros, con un desnivel acumulado de 3.500 metros, subiendo los puertos de Somport, Marie Blanche, Portalet y Hoz de Jaca.

La Quebrantahuesos de ese año resultó muy accidentada. Un ciclista valenciano falleció a consecuencia de las heridas que se produjo en una caída en Somport y otros cuatro participantes resultaron heridos al ser arrollados por una furgoneta. Luis Enrique cruzó la línea de meta en un tiempo de 6 horas, 42 minutos y 42 segundos. Entre los ocho mil corredores que tomaron la salida estuvieron los exciclistas profesionales Abraham Olano y Fernando Escartín y los exfutbolistas Robert Fernández y Juan Carlos Unzué, que también eran asiduos de la bicicleta.

Cuatro meses después de esa brutal experiencia, Luis Enrique corrió la maratón de Ámsterdam, que se celebró el 15 de octubre de 2006. Esta vez se propuso bajar de las tres horas y a punto estuvo de conseguirlo. La prueba se disputó en unas condiciones muy adversas de tiempo, con un viento que penalizó de manera considerable a los 22.057 participantes. Lucho entró en el puesto 428, con un tiempo de 3 horas y 19 segundos. Conociéndole, eso quería decir que seguiría corriendo hasta conseguir el objetivo que se había marcado.

Sin embargo, a Luis Enrique ya le rondaba por la cabeza una nueva aventura. Nada más regresar de Ámsterdam inició la búsqueda de un preparador físico personal. Se había propuesto participar en un triatlón de campeonato. Nada menos que en el Ironman de Fránkfurt, que iba a celebrarse el día 1 de julio de 2007. La prueba, una de las más exigentes del deporte actual, consiste en nadar una distancia de 3,8 kilómetros, recorrer 180 kilómetros en bicicleta y cubrir los 42.195 metros de una maratón. Todo de un tirón, sin un solo segundo de respiro.

Obviamente, no es lo mismo prepararse para hacer frente a una maratón o a la Quebrantahuesos, por duras que sean, que compaginar tres especialidades deportivas distintas en una sola prueba. Ahora iba a necesitar ayuda y lo sabía. Por eso tomó la decisión de contratar a un preparador físico personal. Preguntó entre compañeros y amigos del mundillo de la resistencia. Recabó información sobre varios profesionales y acabó decidiéndose por José Ramón Callén, que entre los años 2002 y 2007 fue profesor de Teoría del Entrenamiento, Nutrición del Deporte y Ergonomía del Deporte en la facultad de Ciències de l'Activitat Física i l'Esport (CAFE) en la Universidad Ramon Llull. El contacto entre Luis Enrique y José Ramón se produjo a través de Javier Mayo, quien, además de ser alumno de Callén, tenía contratado a su profesor como entrenador y era amigo común de ambos.

José Ramón Callén era y es una persona con una preparación y unos conocimientos poco comunes. Su currículo empieza y no termina. Además de ser doctor en Ciencias del Deporte, es diplomado universitario en Enfermería, diploma de Estudios Avanzados para la Investigación Científica, máster en Ciencias Médicas Aplicadas al Deporte, certificado para el Estudio Biomecánico de Ciclistas y Triatletas, técnico superior de Triatlón, técnico superior de Atletismo, técnico superior de Natación y, todo eso, coronado con un premio nacional extraordinario del Ministerio de Cultura y Deporte al mejor expediente académico.

Más allá de tener las paredes de su despacho cubiertas de diplomas, José Ramón Callén contaba con una gran experiencia como entrenador de diversas especialidades deportivas (atletismo, ciclismo, natación y triatlón). De hecho, se había iniciado en la preparación específica de triatletas en 1999 y había sido profesor de la escuela de entrenadores de la Federación de Triatlón entre 2003 y 2006. De todos esos títulos y experiencias, sobre todo las experiencias, había dos que interesaron especialmente a Luis Enrique. La primera, el hecho de que llevara años entrenando a triatletas. Y la segunda, que fuera un tipo con grandes conocimientos teóricos y prácticos de natación. A fin de cuentas aquella era la especialidad, de las tres que se integran en el triatlón, que menos dominaba.

«La mayor dificultad con la que me encontré a la hora de practicar el triatlón fue la natación, en gran parte porque no había nadado de pequeño», ha reconocido siempre Luis Enrique. Mejorar sus capacidades en ese deporte iba a ser una de las prioridades de su preparador personal durante los meses que transcurrieron entre noviembre de 2006 y julio de 2007, una época en la que Lucho disponía de mucho tiempo libre. Así que dedicó prácticamente todas las mañanas a prepararse con un nivel de autodisciplina y exigencia que sorprendieron incluso a su entrenador.

José Ramón Callén recuerda que «lo preparaba todo a conciencia. No descuidaba ni un detalle, por pequeño que fuera. No solo se preocupaba del entrenamiento, sino que prestaba mucha atención a los materiales, la alimentación, la hidratación... Y disfrutaba con lo que hacía. No tenía obsesión por las marcas, aunque lógicamente quería dar lo mejor de sí mismo. Hacía las cosas con mucha pasión y era muy competitivo. Quería dar el cien por cien. A fin de cuentas, todas las personas trasladamos nuestro carácter a todo lo que hacemos, incluido el trabajo».

Durante el proceso de entrenamiento, Luis Enrique sufrió un contratiempo que dificultó su preparación y le impidió participar en la segunda edición de la Titan Desert, una prueba de ciclismo de montaña que se desarrolla durante seis días en el desierto de Marruecos. Pero la fractura de radio que se produjo mientras practicaba el snowboard no le impidió alcanzar los objetivos que se había marcado con José Ramón Callén en el momento de planificar sus entrenamientos. En cambio, llegó a tiempo para disputar la media Ironman de Lisboa, que se celebró el 5 de mayo y en la que hizo un tiempo de 4 horas, 40 minutos y 32 segundos.

Aquella prueba formaba parte de la preparación y permitió a Luis Enrique y a su entrenador tener una clara referencia de las condiciones en las que llegaría al Ironman de Fránkfurt. No podía hacerse una extrapolación exacta, porque las distancias eran la mitad de las que debería cubrir el día 1 de julio, pero permitía calcular que el tiempo que necesitaría para realizar la prueba estaría un poco por encima de las diez horas. Y así fue. Luis Enrique nadó los 3,8 kilómetros en 1 hora, 12 minutos y 30 segundos, cubrió los 180 kilómetros de bicicleta en 5 horas, 27 minutos y 33 segundos, y recorrió la maratón en 3 horas, 33 minutos y 28 segundos, para un tiempo total de 10 horas, 19 minutos y 30 segundos. Cuando llegó a la meta, sus hijos Pacho y Sira le esperaban allí para cruzar la línea con él.

Con la inercia del trabajo acumulado y sin dejar para nada los entrenamientos, ni siquiera durante las vacaciones de agosto en Ibiza —que esas no las perdonó durante ninguno de esos cuatro años—, Luis Enrique cerró el año 2007 con la participación en otras dos pruebas importantes. El 22 de septiembre realizó su primer triatlón de distancia olímpica. Esta especialidad deportiva se estrenó en los Juegos Olímpicos de Sídney, en el año 2000, y está a mitad de camino entre el fast triatlón y el medio triatlón. De hecho, hay que nadar 1.500 metros, pedalear durante 40 kilómetros y correr 10 kilómetros. En el Triatlón Olímpico de Banyoles hizo un tiempo de 2 horas, 12 minutos y 32 segundos.

Luis Enrique cerró ese particular año 2007 con la disputa de la maratón de Florencia, que se celebró el 25 de noviembre. Llegaba muy bien preparado a la que sería su tercera maratón. Tanto que albergaba la certeza de que, esta vez sí, conseguiría correr los 42 kilómetros y 195 metros de la carrera en un tiempo inferior a las 3 horas. Y vaya si lo consiguió. Estableció la que todavía es hoy su mejor marca personal con un tiempo de 2 horas, 57 minutos y 58 segundos.

El calendario de Luis Enrique ya tenía marcadas en rojo otras muchas fechas del año 2008. De hecho, José Ramón Callén ya había empezado a diseñar la planificación para un año más exigente que los anteriores. Los tres primeros objetivos eran participar en la Marathon des Sables, que se disputaría entre el 30 de marzo y el 5 de abril, sobre un recorrido de 245,2 kilómetros, distribuidos en seis etapas por el desierto del sur de Marruecos; repetir experiencia en la Quebrantahuesos, que ese año se programó para el 21 de junio, y bajar de las diez horas en el Ironman de Klagenfurt (Austria), el 13 de julio.

La Marathon des Sables está considerada como una de las pruebas de ultrafondo más duras que existen. Durante siete días, los participantes deben recorrer el equivalente a seis maratones, cargados con una mochila de más de diez kilos, en la que llevan la comida y la bebida para toda la semana, un hornillo para cocinar, un saco de dormir y una bengala por si se pierden. Al término de cada etapa duermen sobre el suelo, en tiendas de campaña que la organización monta y desmonta cada jornada. De día, la temperatura casi nunca está por debajo de los 40 grados centígrados y, en muchas ocasiones, ronda los 50. De noche, cae hasta los 10 grados. No pueden ducharse ni cambiarse la ropa durante los siete días. Atravesar la última línea de meta convierte a los que lo consiguen en auténticos héroes.

Luis Enrique participó con el equipo Prisma Global, formado por Toñín Llorente, Xavi Piedra, Marcel Batlle, Pepe Navarro y Josef Ajram. El primer día cubrieron una distancia de 31,5 kilómetros; el segundo 38 y el tercero 40,5. En esta tercera etapa, Lucho hizo un tiempo de 5 horas, 46 minutos y 38 segundos. Hasta ahí, todos los integrantes del grupo recorrieron el camino corriendo. Pero la dureza de la prueba empezó a pasar factura. Al amanecer del cuarto día, Pepe Navarro decidió retirarse. No podía andar. Luis Enrique no estaba en mejores condiciones. «No puedo caminar normal», repetía a sus compañeros de aventura. Tenía los pies hinchados, llenos de llagas y las zapatillas apenas le entraban. Y otro tanto le pasaba a Marcel. Optaron por cambiar las zapatillas por otras de tallas más grandes. Marcel se puso las de Pepe y Luis Enrique las de Marcel.

Excepto Josef, que optaba a terminar entre los veinticinco o treinta primeros, los demás no estaban en condiciones de seguir corriendo y tuvieron que cubrir andando la segunda mitad de la prueba. La cuarta etapa era doble, de 75,5 kilómetros, y fue especialmente dura. Luis Enrique necesitó 13 horas y los últimos en cruzar la meta lo hicieron en 30 horas. La épica se había instalado en la carrera. Ya no se trataba de mirar el cronómetro, sino de terminar la carrera. El sexto día esperaban 42,2 kilómetros y el último solo 17,5. Se hicieron larguísimos. Parecían cuesta arriba. Pero aun andando, no podían resistírsele a un tipo hecho de semejante pasta.

Canal+ dedicó un *Informe Robinson* a la participación de Luis Enrique en la Marathon des Sables. Las palabras que pronunció Michael Robinson para presentar el reportaje no podían ser más elocuentes: «Ahora quiero hablarles de un ganador nato». Cuando el programa se emitió, todos los participantes estaban en sus casas, reponiéndose de semejante paliza. Luis Enrique, sin embargo, ya estaba pensando en preparar sus siguientes retos. Pero tuvo que aplazarlos. El Fútbol Club Barcelona se había puesto en contacto con él para que se convirtiera en el entrenador del filial. Pep Guardiola iba a hacerse cargo de la plantilla profesional sustituyendo a Frank Rijkaard, y el banquillo del Mini Estadi esperaba a Luis Enrique.

Entre carrera y carrera, entre reto y reto, Luis Enrique había tenido tiempo para su familia y también para sacarse el título de entrenador nacional de fútbol. Solo un tipo con tanto carácter, pasión, ilusión, capacidad de trabajo y sacrificio, disciplina y autodisciplina podía alcanzar todos esos objetivos en sus cuatro años de desconexión. Un tiempo en el que además profundizó en amistades que ya tenía y en el que incorporó nuevos amigos a su vida. Algunos de ellos, como Juan Carlos Unzué, José Ramón Callén y Toñín Llorente, le acompañarían muy pronto en su retorno al fútbol.

4

Sus profesores

Yo no enseño a mis alumnos,
solo les proporciono las condiciones
para que puedan aprender.

ALBERT EINSTEIN*

Siendo todavía jugador, Luis Enrique ya tenía interiorizado que algún día sería entrenador de fútbol. Y era consciente de que tarde o temprano tendría que sacarse la correspondiente titulación. Hasta poco antes de su retirada como jugador en activo, era necesario afrontar los cursos de instructor de juveniles, entrenador territorial y entrenador nacional, a razón de uno por año y con cargas lectivas y prácticas, todas ellas presenciales, que requerían de una dedicación muy grande. A título de ejemplo, el tercer y último nivel, el que da acceso al fútbol profesional, constaba de más de mil horas de clase y un mínimo de 183 días de prácticas con contrato federativo de primer entrenador.

No obstante, en el año 2003 se habían celebrado los primeros cursos UEFA, en las modalidades B, A y Pro. Estos cursos mantenían una equivalencia absoluta con los tres niveles federativos existentes.

* Albert Einstein (Ulm, 1879-Princeton, 1955), físico y científico alemán, de origen judío. Autor de la teoría de la relatividad, reformuló el concepto de la gravedad y sentó las bases de la física estadística y la mecánica cuántica. En 1921 recibió el Premio Nobel de Física por su trabajo sobre el efecto fotoeléctrico. En 1932 y ante el avance del nazismo, decidió dejar Alemania y trasladarse a Estados Unidos, donde se nacionalizó en 1940. Fue elegido personaje del siglo XX por la revista *Time*.

Pero la titulación UEFA quedaba reservada exclusivamente a exfutbolistas que cumplieran determinados requisitos. Solo podían acceder a esos cursos —que se celebraban en la Ciudad del Fútbol de Las Rozas y con carácter intensivo, en periodos de tres semanas— quienes hubieran jugado al menos ocho temporadas en Primera División, lo hubieran hecho un mínimo de cinco veces como internacional con su selección absoluta o hubieran ganado el oro olímpico.

Luis Enrique no cumplía uno de los requisitos que se solicitaban, sino los tres. Había sido futbolista profesional a lo largo de catorce temporadas, había sido 62 veces internacional absoluto y había ganado la medalla de oro en los Juegos Olímpicos de Barcelona. Por esta razón y mientras practicaba el surf en Australia, decidió entrar en contacto con Mariano Moreno, entonces director de la Escuela de Entrenadores de la Real Federación Española de Fútbol, y solicitarle información sobre la convocatoria de los citados cursos UEFA. Por ese entonces habían finalizado los primeros y todavía no estaba prevista la convocatoria de la segunda promoción. «Me pidió que le tuviera informado», recuerda Mariano Moreno.

Un tiempo después, mientras Luis Enrique se encontraba en Estados Unidos, el director de la Escuela de Entrenadores le llamó por teléfono para comunicarle que iba a convocarse la segunda promoción de los cursos UEFA. Los dos primeros niveles, el B y el A, se celebrarían durante el año 2005 y el tercero y último, el Pro, tendría lugar en 2006. Lucho no lo dudó ni un instante y, en aquella misma conversación, le confirmó a Mariano Moreno que tan pronto como regresara de América, formalizaría su matrícula. Y así lo hizo.

Esa promoción fue tan numerosa como especial. Luis Enrique compartió aula y campo con un ramillete de exfutbolistas de primerísimo nivel. Muchos de ellos habían sido compañeros suyos en el Sporting de Gijón, en el Real Madrid y en el Barcelona. Los alumnos de esa promoción fueron Xavi Aguado, Rafa Alkorta, Joaquín Alonso, Guillermo Amor, Sergi Barjuán, Vicente Engonga, Albert Ferrer, Iván García Cortés, Ander Garitano, Pep Guardiola, Paco Jémez, Iñigo Lizarralde, Javier Manjarín, Rafael Martín Vázquez, Luis Milla, Julio Alberto Moreno, Miguel Ángel Nadal, Javier

Olaizola, Pepe Serer, Luis Miguel Ramis, Julio Salinas, Miquel Soler, Juan Vizcaíno, Manuel Zúñiga y una mujer, Arantxa del Puerto.

Todos habían recibido importantes enseñanzas de sus entrenadores y a poco que hubieran puesto un mínimo interés por escucharles y por encontrarles sentido a sus indicaciones técnicas y tácticas, tenían mucho ganado. Sobre todo los que, como le sucedió a Luis Enrique, tuvieron la oportunidad de vivir experiencias tan diversas y tan intensas. Ahora, en las aulas y los campos de la Ciudad del Fútbol, el trabajo que había llevado a cabo con Ismael Fernández, Carlos García Cuervo, Ciriaco Cano, Radomir Antić (dos veces), Leo Beenhakker, Benito Floro, Jorge Valdano, Bobby Robson —con José Mourinho—, Louis van Gaal (dos veces), Llorenç Serra Ferrer, Carles Rexach y Frank Rijkaard cobraba un extraordinario valor.

Aquel fútbol basado en la consistencia defensiva y en el contraataque que había aprendido de Ismael; los movimientos ofensivos, con diagonales y desmarques en profundidad, que le enseñaron García Cuervo y Ciriaco; la importancia de una buena colocación sobre el terreno de juego que Antić le machacó a base de fotografías; el fútbol de ataque, con amplitud y con profundidad, que trabajaba Beenhakker; los conceptos del fútbol moderno —incluido el aprovechamiento de los saques de banda— que recibió de Floro; la poesía del estilo que le inculcó Valdano; la aplicación de distintas velocidades a las fases del juego que le mostraron Robson y Mourinho; la obsesión por las transiciones que Van Gaal demostraba en todos los entrenamientos; la sencillez con la que Rexach interpretaba las ventajas e inconvenientes del sistema o las enseñanzas de Rijkaard sobre la presión eran muchas de las cosas que ya tenía aprendidas e interiorizadas.

Y eso por hablar solamente de sus entrenadores de club. Porque también aprendió muchas cosas de Vicente Miera, su seleccionador olímpico, de Luisito Suárez, que le hizo debutar en la selección absoluta y, sobre todo, de Javier Clemente y de José Antonio Camacho, con los que jugó la práctica totalidad de sus partidos con el equipo nacional y con los que compartió las fases finales de la Eurocopa de 1996 y de los campeonatos del mundo de 1994, 1998 y 2002. Clemente y Camacho, como Van Gaal en el Barcelona, fueron entrenadores con los que Luis Enrique tuvo buena sintonía. Tal vez tiene muchas cosas en común con los tres.

En cualquier caso, al amplio abanico de conocimientos técnicos y tácticos que le transmitieron todos esos entrenadores había que sumar el inmenso bagaje de su propia experiencia vital. La que le venía dada por su carácter, la adquirida durante sus años como jugador de fútbol y la obtenida como consecuencia de su tremenda pasión por la práctica de deportes de una extraordinaria exigencia física y mental. En este sentido, conocer a la perfección los requisitos que se precisan para cumplir con los distintos roles que existen dentro de un mismo equipo —durante su carrera ocupó hasta siete posiciones diferentes sobre el campo— y tener asumidos hasta límites increíbles los conceptos del trabajo, la disciplina, la autodisciplina, el sacrificio o el afán de superación constituían un valor añadido que convertiría los cursos de entrenador en poco más que un trámite.

Luis Enrique, sin embargo, no se tomó esos tres cursos intensivos en la Ciudad del Fútbol como una obligación. Se matriculó y asistió a las clases con el convencimiento de que la experiencia valía mucho más que los títulos que iban a otorgarle y que le permitirían convertirse, más pronto de lo que él mismo imaginaba, en entrenador de fútbol profesional. Su pasión por el juego y el hecho de poder compartirla con viejos compañeros y con amigos de club y de selección ya constituían, por sí mismos, un aliciente añadido que convertiría esa experiencia en algo tremendamente enriquecedor para todos ellos.

La gran mayoría de los alumnos se instaló a vivir en la residencia de la Ciudad del Fútbol durante el tiempo que duraron los cursos —aproximadamente tres semanas cada uno—. Las clases teóricas y prácticas se celebraron, por espacio de nueve horas diarias, desde primera hora de la mañana del lunes hasta el mediodía del sábado, con pequeños descansos entre asignaturas. El fútbol se vivía con una gran intensidad. Tanta que incluso las horas de las comidas se convirtieron en una prolongación de las clases de técnica, táctica, preparación física, metodología, dirección de equipos, bases biológicas, primeros auxilios, psicología, sociología, reglas de juego, desarrollo profesional y organización y legislación deportiva.

Los alumnos compartían los desayunos, los almuerzos y las cenas con la mayoría de sus profesores en uno de los comedores de la residencia de la Ciudad del Fútbol. Por lo general, los profesores se agrupaban en una de las mesas, mientras los aspirantes a entrenador ocupaban el resto del comedor. Luis Enrique solía sentarse con Pep Guardiola, Miquel Àngel Nadal, Joaquín Alonso, Albert Ferrer, Martín Vázquez y Luis Milla. Aunque no era una norma fija, la tendencia natural era sentarse junto a compañeros con los que había mantenido una relación más estrecha.

Luis Milla, que abandonó el FC Barcelona en 1990 y fue compañero de Luis Enrique durante los cinco años que el asturiano jugó en el Real Madrid, explica que «esos días hablábamos de táctica, de estrategia, de sistemas» y también constata que durante los cursos de entrenador Luis Enrique se comportaba «con la misma personalidad, el mismo carácter fuerte y la misma pasión que demostraba como futbolista». Milla considera que durante las clases se notaba que «es un tipo con inquietud por aprender, un alto nivel de exigencia y una gran capacidad para hacer muy bien las cosas», y desvela algo que seguramente sorprenderá a muchos: «Luis tiene un gran sentido del humor».

La Escuela Nacional de Entrenadores contaba entonces con un cuadro fijo de profesores. Bajo la dirección de Mariano Moreno, autor de la mayoría de los libros de texto que servían de guía en las clases teóricas, impartían conocimientos entrenadores, preparadores físicos, médicos, psicólogos y otros profesionales con experiencia en el ámbito del fútbol de alta competición, tanto a nivel de clubs como de selecciones. Iñaki Sáez daba las clases de técnica, tanto en el aula como en los campos; Mariano Moreno se encargaba de la táctica; Fernando Mata, Lorenzo Buenaventura y Juan Carlos Martínez Castrejo eran los profesores de preparación física; el exárbitro Juan Antonio Fernández Marín impartía reglas de juego; los doctores Jorge Guillén, José Antonio Casajús y José Naranjo se repartían primeros auxilios y bases biológicas; José María Buceta daba psicología; Javier

Durán explicaba sociología; José Luis Díez y Jorge Pérez enseñaban las asignaturas relacionadas con la legislación y Santiago Coca se ocupaba de la dirección de equipos.

Esta última materia, la de la dirección de equipos, es fundamental para un entrenador, por muchas experiencias que se hayan tenido en la etapa de futbolista. Y Luis Enrique tuvo la fortuna, como la hemos tenido infinidad de alumnos de los cursos federativos, de contar con un profesor excepcional. Comunicador de un altísimo nivel, capaz de dormir y despertar a un auditorio a su voluntad, Santiago Coca es un experto en temas de liderazgo y sabe detectar como nadie las cualidades y los defectos que, en este campo, han tenido todos y cada uno de sus alumnos. Y Luis Enrique estuvo entre ellos durante aquellos dos años.

La opinión de Coca contribuye, sin duda, a conocer un poco más a Luis Enrique como líder de grupo: «Me llamaron mucho la atención tres aspectos muy importantes de su personalidad. En primer lugar, tiene una gran energía, que se refleja en todo lo que hace. Cada pregunta, cada trabajo de clase y cada examen suyo fueron un claro exponente de ese rasgo tan característico suyo. En segundo término, demostró un alto nivel de compromiso. Y en tercer lugar, dejó muy claro que es una persona que irradia sinceridad y que va con ella hasta las últimas consecuencias. Te mira a la cara, no te busca las espaldas y no te traiciona nunca. Es más, puede equivocarse y siempre está dispuesto a reconocerlo. Los tres (energía, compromiso y sinceridad) son aspectos absolutamente imprescindibles para ser un líder de éxito».

El primer curso, el UEFA B, equivalente al primer nivel, se celebró entre el 13 de junio y el 4 de julio de 2005. Algunos alumnos llegaron a matricularse casi por los pelos. Ese fue, por ejemplo, el caso de Sergi Barjuán, que el día 30 de junio finalizaba formalmente su contrato con el Atlético de Madrid y colgaba las botas. «Esa promoción tuvo un nivel muy alto. De hecho había varios exfutbolistas, como Pep Guardiola o Luis Enrique, que ya mientras jugaban dejaron entrever que tenían alma de entrenadores», dice Sergi con pleno conocimiento de causa.

Cuando finalizó el curso, todos los alumnos obtuvieron el título de instructor de juveniles, que les daba opción a dirigir a cualquier equipo desde las escuelas de fútbol hasta la división de honor juvenil. Pero el objetivo de todos era ser entrenadores profesionales y no estaban por ponerse a entrenar, al menos de momento, en el fútbol formativo. Para todos ellos, la prioridad era continuar con sus estudios. Por eso, cuando se convocó el segundo curso, el UEFA A, equivalente al de entrenador territorial, todos se matricularon inmediatamente. Las clases de segundo nivel empezaron el 14 de noviembre y finalizaron el 3 de diciembre.

Albert Ferrer, que había compartido vestuario en el Barcelona, en la selección olímpica y en la selección absoluta con Luis Enrique, se reencontró con su excompañero en la Ciudad del Fútbol. Al Chapi no le sorprendió lo más mínimo la actitud que el asturiano demostró durante los cursos de entrenador. Le conocía muy bien y sabía que «siempre pone mucha pasión en todo lo que hace. Tiene una fuerza interior muy grande y su capacidad de trabajo parece que no tiene límites. Es muy competitivo y siempre quiere ganar. Además es muy solidario».

Ahora tenían el título que los acreditaba como entrenadores territoriales y que les permitía entrenar en la máxima categoría de las competiciones que se organizaban en las diecisiete comunidades y en las dos ciudades autónomas (Ceuta y Melilla) del Estado español. Los 37 aspirantes al UEFA Pro debían cumplir con el requisito de realizar unas prácticas tutoradas en el club que ellos mismos escogieran. Y aprovecharon los meses que faltaban hasta la celebración del tercer y último curso para llevarlas a cabo. Fue durante el primer semestre de 2006.

Ya con la certificación en la mano, firmada por los secretarios técnicos, por los coordinadores y por los entrenadores de los clubs en los que hicieron las prácticas, empezaron el último de los tres cursos. Esta vez también fue intensivo, pero a diferencia de los dos anteriores se celebró en dos etapas. Una primera en la que los alumnos cubrieron la llamada fase teórica y una segunda en la que realizaron la fase de prácticas. Las clases teóricas tuvieron lugar entre el 1 y el 13 de mayo y los ejercicios de técnica, táctica y preparación física se desarrollaron entre el 10 y el 22 de julio. Antes de finalizar el mes, Luis Enrique y sus compañeros recibieron las notas. Ya tenían en su poder el título UEFA Pro y podrían ponerse a entrenar a cualquier equipo o selección de cualquiera de los 211 países que forman parte de la FIFA.

Luis Enrique recibió el título de manos de Mariano Moreno. Madrileño de nacimiento, exjugador y exentrenador de fútbol, fue nombrado director de la Escuela de Entrenadores de la Real Federación Española de Fútbol en el año 1988 y permaneció en el puesto hasta el año 2010. Aun así, sigue colaborando con su sucesor, Ginés Meléndez. Cumplidos los 74 años, acudía todos los días a su despacho en la Ciudad del Fútbol de Las Rozas. Y aparte de tener unos envidiables conocimientos, tenía también muy buena memoria: «Recuerdo aquellos cursos de 2005 y 2006. Fue una promoción muy numerosa y de un nivel muy alto. Luis Enrique puso mucha atención y dedicación en todas las clases. Fue un alumno francamente bueno y demostró en todo momento que quería y podía ser un buen entrenador».

5

Los años de aprendizaje

Los discípulos son
la biografía del maestro.

DOMINGO FAUSTINO SARMIENTO*

Cuando finalizaron el curso de segundo nivel, el UEFA A, cuatro exfutbolistas del club —Pep Guardiola, Luis Enrique, Sergi Barjuán y Albert Ferrer— visitaron a José Ramón Alexanko en su despacho de la calle Aristides Maillol. Necesitaban hacer sus últimas prácticas y presentar las correspondientes certificaciones para que los títulos que habían obtenido tuvieran plena validez. Alexanko era en esos momentos el responsable máximo del fútbol formativo del club azulgrana y dirigía un equipo de coordinadores que estaba integrado por Quique Costas, Albert Capellas y Albert Benaiges. Como no podía ser de otra manera, la respuesta fue afirmativa y los cuatro exfutbolistas se incorporaron a diferentes equipos del club.

Los cuatro exjugadores tuvieron la posibilidad de compartir entrenamientos y partidos con diferentes técnicos del fútbol formativo azulgrana. Concretamente, trabajaron en el cadete B, el cadete A, el juvenil B y el juvenil A, con Fran Sánchez, Rodolfo Borrell, Sergio Lobera y Álex García. El pequeño de los hermanos Sánchez dejó el club después de quince años en el fútbol formativo para marcharse a

* Domingo Faustino Sarmiento (San Juan, 1811-Asunción, 1888), periodista, escritor, profesor, militar y político argentino. Fue presidente de la República Argentina entre 1868 y 1874. Luchó en favor de la educación pública y contribuyó decisivamente al progreso cultural de su país.

Baréin como responsable de las selecciones inferiores de la federación del emirato árabe; Borrell fue director técnico de las tres academias del Manchester City, después de haber estado cuatro años trabajando en la academia del Liverpool; Lobera dirigió hoy al Mogreb Atlético Tetuán de la liga marroquí, tras haber entrenado al Terrassa, San Roque de Lepe, Ceuta y Unión Deportiva Las Palmas; y Álex García dirigió hasta febrero de 2015 al primer equipo del CE Sabadell tras haber sido seleccionador catalán juvenil, entrenador del Dinamo de Tiflis y formar parte del equipo de analistas de Pep Guardiola, Tito Vilanova y Gerardo Martino.

Es obvio que aquellos cuatro entrenadores no enseñaron a Luis Enrique, Pep Guardiola, Albert Ferrer y Sergi Barjuán nada que no conocieran sobre la filosofía barcelonista. A fin de cuentas, habían jugado a las órdenes de entrenadores como Cruyff, Van Gaal o Rijkaard y estaban empapados de un modelo con el que ganaron títulos y con el que disfrutaron de su condición de futbolistas. Pero las enseñanzas tocaba vivirlas ahora desde el otro lado. En este sentido es muy significativa la anécdota que cuenta Sergio Lobera sobre un comentario que Luis Enrique hizo un día de esos, mientras se cambiaban en los vestuarios del Mini Estadi: «Si mis entrenadores me vieran ahora, corriendo maratones y triatlones, seguro que me recordarían la cantidad de veces que les decía que tenía sobrecarga».

El propio Lobera se muestra aún sorprendido por la imagen que mucha gente tiene de Luis Enrique: «Me llama la atención cuando escucho decir que es un tipo mal encarado y serio. Las veces que coincidí con él siempre se mostró cordial, educado y bromista». Y Álex García también se refiere a él en términos parecidos: «En los entrenamientos siempre fue muy respetuoso. Tomaba notas de todo y comentábamos cosas sobre los ejercicios, sobre todo de los juegos de posición. Personalmente, nunca le vi enfadado ni de mal humor. Al contrario, era muy divertido».

Más allá del profundo conocimiento que Alexanko tenía de Luis Enrique —le había entrenado cuando fue ayudante de Bobby Robson y cuando fue segundo de Carles Rexach—, esas prácticas tendrían una cierta influencia en la decisión que el responsable del fútbol formativo barcelonista tomó cuando en la primavera de 2008 Txiki Begiristain le comunicó que debía buscar un nuevo entrenador para el Barcelona Atlètic —fue en verano de 2010 cuando volvió a llamarse Barcelona B— porque Pep Guardiola sería el sustituto de Frank Rijkaard en el primer equipo. Alexanko, que solo un año antes le había dado la alternativa a Pep como entrenador, no dudó lo más mínimo en ofrecerle el puesto a Luis Enrique.

«Tenía propuestas de varios clubs españoles y extranjeros, pero me reuní con él y tardamos muy poco tiempo en ponernos de acuerdo. Luis conocía muy bien la filosofía del club, y los requisitos que planteaba para realizar su trabajo eran asumibles», recuerda Alexanko. La duración y las condiciones económicas del contrato no fueron ningún obstáculo. Así que Luis Enrique se convirtió en el nuevo entrenador de un equipo que acababa de ascender desde Tercera División a Segunda B.

Luis Enrique no llegó solo al filial azulgrana. A petición suya, firmaron contrato José Ramón Callén, el preparador físico que había dirigido sus entrenamientos de resistencia desde noviembre de 2006, y Joaquín Valdés, un licenciado en Psicología, máster en Psicología de la Actividad Física del Deporte, diplomado en Magisterio y profesor universitario, asturiano como él, que había trabajado para el Sporting de Gijón entre los años 2000 y 2005. Los dos se integraron perfectamente en un equipo técnico que contaría con Joan Barbarà como segundo entrenador, Carles Busquets como entrenador de porteros y Jordi Roura y Juli Bergé como responsables del área de scouting, en sustitución de Domènec Torrent y Carles Planchart, a los que Guardiola se había llevado al equipo profesional.

Al igual que había sucedido un año antes con Guardiola, esa era la primera experiencia de Luis Enrique como responsable de un equipo de fútbol profesional. «Desde el principio, dedicó muchas horas a su trabajo. Es de esos entrenadores que lo quieren tener todo controlado. En el club intentamos facilitarle todo lo que nos pedía y ayudarle para que las cosas fuesen bien. La verdad es que el equipo tuvo una progresión constante en los tres años que estuvo en el filial», refiere Alexanko.

Desde el primer momento, Luis Enrique marcó su territorio. Aun a sabiendas de que su primer objetivo era completar el proceso de formación de sus jugadores y estar al servicio del primer equipo, quiso tener libertad para fichar a algunos futbolistas con un cierto nivel de experiencia y se reservó el derecho a modificar el sistema de juego cuando lo considerara oportuno. Estaba de acuerdo con que la prioridad era trabajar para que los jugadores más jóvenes adquirieran el nivel necesario para dar el salto, pero no quería renunciar a que el Barcelona Atlètic fuera un equipo equilibrado y capaz de competir ante todos sus rivales en el campeonato. Sabía que si las cosas iban mal sería cuestionado y lo aceptaba, pero ya que el fútbol suele convertir a los entrenadores en cabezas de turco, quería que su nivel de responsabilidad estuviera en consonancia con sus atribuciones.

Siempre, desde el primer día hasta el último, esas tres temporadas, defendió el estilo propio del Fútbol Club Barcelona. El equipo jugó siempre con la defensa adelantada, fue protagonista de los partidos a través de la posesión de balón y del buen gusto, atacó tanto como pudo y jamás se conformó con un resultado. Trabajó para que el filial fuera un equipo capaz de generar muchas ocasiones de gol y quiso ganar todos los encuentros. Pero al mismo tiempo trató de minimizar al máximo los riesgos en defensa, porque de nada servía ser poderoso en la fase de posesión si el pretendido gigante tenía los pies de barro y no era capaz de manejar muy bien la transición ataque-defensa e impedir que el contrario le hiciera daño.

Durante los primeros meses, mucha gente se preguntaba por qué Luis Enrique había puesto la preparación física de sus jugadores en manos de un experto en atletismo, ciclismo y natación que jamás había planificado la temporada ni elaborado las sesiones de trabajo de un equipo de fútbol. La verdad es que no tiene nada que ver la preparación de un maratoniano o un triatleta con la de un futbolista. Unos tienen que ser ultrarresistentes para llegar a la meta y conseguir buenos registros y los otros necesitan la fuerza explosiva y la velocidad para ganar sus duelos y decidir los partidos en acciones que generalmente no sobrepasan los diez segundos de duración. Además, en el fútbol es muy importante recuperarse lo antes posible de una carrera corta, un salto, un remate o un despeje para estar en condiciones de repetir ese tipo de esfuerzo en periodos muy cortos de tiempo.

José Ramón Callén no tenía experiencia en ese tipo de trabajo. El primero en saberlo era él mismo y eso era lo más importante. Se dejaba aconsejar y aprendía deprisa. Luis Enrique tenía una confianza ciega en él y sabía que allí, en el primer equipo, a solo unos metros de distancia, estaba Paco Seirul·lo, el catedrático de INEFC y el ideólogo de un método de preparación física aplicada al fútbol que echaba por tierra todas las teorías sobre la conveniencia de dedicar la pretemporada a la resistencia, aeróbica y anaeróbica, y de planificar la temporada por ciclos. El balón y los conceptos del juego estaban presentes en todos los ejercicios. En definitiva, se trata de que los jugadores hagan el mismo tipo de esfuerzos y reproduzcan las mismas situaciones que se encontrarán en los partidos.

Seirul·lo, que había sido el responsable del acondicionamiento físico de la plantilla profesional del Barcelona durante muchos años —y entre ellos los ocho que Luis Enrique jugó en el primer equipo azulgrana—, se encargaría de resolver todas las dudas que pudieran planteársele a Callén en esos tiempos de adaptación. Estuvo siempre ahí, en un discreto segundo plano, dispuesto a echar una mano cuando se lo pidieran. Al principio, los encuentros de Luis Enrique y José Ramón con el profesor Seirul·lo fueron frecuentes. Y poco a poco fueron espaciándose en el tiempo.

La planificación dio los resultados que pretendían el entrenador y su preparador físico. «Durante las primeras semanas hicimos un trabajo muy duro de fuerza-resistencia y a partir de ahí planificamos los entrenamientos por microciclos de una semana, pero no de un modo rígido. En función de las necesidades, modificábamos las sesiones, siempre con el objetivo de que los jugadores mantuvieran un tono lo más alto posible durante todo el año», explica José Ramón Callén.

Pep Guardiola había ascendido al Barcelona Atlètic a Segunda B, una categoría muy competitiva y en la que una gran mayoría de los equipos cuenta con unas dosis altísimas de experiencia. Jugar con jóvenes todavía en la fase final de su proceso formativo era complicado. Y la plantilla había perdido a Sergi Busquets y Pedro Rodríguez, que se habían incorporado al primer equipo. Además, alguno de los futbolistas de mayor talento del filial, como Thiago Alcántara, Jeffrén Suárez o Xavi Torres, estaban ya en el punto de mira de Guardiola, que durante la temporada los reclamó para entrenarse y estrenarse con las grandes estrellas del club.

La plantilla de Luis Enrique tenía muchos jugadores que aún no habían cumplido los 20 años. Ese era el caso de Masip, Oier, Miño, Botía y Fontás. Y algunos, como Thiago y como el israelí Gai Assulin, empezaban la temporada con solo 17 años. Por esta razón, el entrenador decidió quedarse con algún futbolista que parecía haber finalizado su recorrido en el club e incorporó a otros, como Longás, Xavi Torres, Goran Maric o Nolito, para darle al equipo la consistencia que necesitaba para hacer frente a sus rivales. Esas decisiones —como la de utilizar con bastante frecuencia el sistema de juego 1-4-4-2 para reforzar el centro del campo, aunque fuera a costa de perder amplitud en el frente de ataque— permitieron al equipo alcanzar sin apuros el objetivo de conservar la categoría.

La actitud y el compromiso que exigía en los entrenamientos y en los partidos eran máximos. El carácter competitivo de Luis Enrique se trasladaba incluso a las charlas técnicas. «Era muy exigente, pero no era duro. Como buen profesional que era, respetaba mucho a los jugadores. Sabe ganárselos y la mejor prueba es que todos hablan maravillas de él», asegura Callén. Que su preparador físico y persona de su máxima confianza en el equipo técnico diga cosas como estas puede tener un valor relativo, pero que lo dijeran los propios futbolistas venía a corroborar que todo eso era cierto. Jeffrén, por poner un solo ejemplo, siempre contesta lo mismo cuando le preguntan por el que fue su técnico: «Aprendí mucho con él. Es un entrenador muy completo y que jamás se da por vencido. En contra de lo que piensa la gente, deposita toda su confianza en los jugadores y es muy cercano en el trato».

La mayoría de los futbolistas suele vivir su profesión con un punto de egoísmo y eso ha sido fuente de conflictos desde que se inventó el juego. Pero también es cierto que muchos agradecen que sus entrenadores traten a todos los jugadores por igual y, aunque las tengan, no muestren sus preferencias. En este sentido, que Luis Enrique cumpliera con su compromiso de ser justo y que contara con todos los jugadores por igual siempre que trabajaran al mismo nivel resultó básico para que se ganara la confianza de todos en muy poco tiempo.

Desde el primer día, Luis Enrique planificó sus entrenamientos en función de las características del adversario al que debían enfrentarse el domingo siguiente. Había estudiado a los rivales hasta el último detalle y adaptaba el trabajo semanal a sus características, siempre con el mismo objetivo: sacar provecho de los puntos débiles del contrario y evitar que el rival pudiera hacerles daño. Y todos, desde el primero hasta el último jugador de la plantilla, debían ensayar las variantes que el equipo iba a utilizar durante el partido inmediato. Por esta razón, solo por esta razón, cuando Pep Guardiola se llevaba a algunos de sus futbolistas a entrenar con los profesionales, solía dejarlos en el banquillo.

En aquel tiempo, llegó a decirse en algunos medios de comunicación que esta circunstancia fue causa de discusiones entre Luis Enrique y Guardiola. El responsable del fútbol formativo del club, Alexanko, lo desmiente: «La sintonía entre los dos entrenadores era muy buena. Los dos eran conscientes de cuál era su papel y jamás hubo ningún problema entre ellos. Hablaban mucho de fútbol y siempre lo hacían en un tono distendido. Luis era muy respetuoso y nunca habría discutido con Pep..., aunque con el carácter que tenía es muy posible que en algunos momentos, cuando no podía contar con un jugador, se mordiera la lengua».

Luis Enrique tenía muy claro que su segunda temporada debía ser la del ascenso a Segunda División A. Una gran mayoría de los jugadores de la plantilla del año anterior iban a ser reemplazados por otros futbolistas —muchos procedentes del juvenil A—. Se habían formado en el club y esa circunstancia iba a facilitar su rápida adaptación, tanto al sistema y sus variantes como al ritmo de los entrenamientos y de los partidos. Desde el mismo arranque de la temporada, las sensaciones fueron buenas. El equipo respondió muy pronto a las expectativas ganadoras de su técnico. Uno de los amistosos del mes de agosto fue especialmente significativo de lo que iba a ser aquel año. El Barcelona Atlètic venció (0-1) al Girona, que jugaba en una categoría superior.

Llegaron al vestuario del Barcelona Atlètic jugadores como Martín Montoya, Marc Bartra, Marc Muniesa, Sergi Roberto, Oriol Romeu, Jonathan dos Santos, Ilie Sánchez, Víctor Vázquez y Jaume Sobregrau. Además, recibieron la alternativa Sergi Gómez, Marc Muniesa, Rubén Rochina, Carles Planas, Martí Riverola, Albert Dalmau y Javier Espinosa, que tenían ficha con el juvenil de división de honor. Entre los fichajes, se contaron los jóvenes Iván Benítez y Edu Oriol, procedentes de la UD Las Palmas y del Sant Andreu. Pero no faltó la dosis de veteranía, esta vez representada por Armando, el nigeriano Elvis y Jonathan Soriano, que la temporada anterior habían jugado en el Cartagena, el Ceuta y el Espanyol.

También hubo relevos en el cuerpo técnico, aunque fuera por causas de fuerza mayor. Juan Carlos Unzué había decidido aceptar una oferta para ser primer entrenador del Numancia y por esta razón Carlos Busquets se convirtió en el entrenador de porteros del primer equipo. También Jordi Roura se incorporó al grupo de analistas de Guardiola, que necesitaba más mano de obra en el área de scouting. Por esta razón se incorporaron al cuerpo técnico del Barcelona Atlètic un nuevo analista, Isidre Ramón Madir, que también es un magnífico entrenador de porteros y ha publicado numerosos trabajos sobre el tema. Aun así, fue Ricard Segarra quien reemplazó a Busquets como responsable de la preparación de los tres guardametas de la plantilla de Luis Enrique. Segarra ya formaba parte del área de porteros del fútbol formativo del club, a las órdenes de Unzué.

La ilusión y el compromiso con que todos trabajaron ese año tuvo una justa recompensa. El Barcelona Atlètic finalizó los 38 partidos de la liga regular en segunda posición, con 76 puntos, dos menos que el Sant Andreu. El equipo de Luis Enrique, que había sumado veintidós victorias, diez empates y solo seis derrotas, parecía preparado para pelear por el ascenso. Pero tendría que superar tres eliminatorias y seis partidos más si quería lograr un objetivo tan importante para el futuro del club. Es posible que los jugadores llegaran a esa fase decisiva de la temporada un poco cansados y que la responsabilidad fuera demasiado grande para un equipo formado por jugadores tan jóvenes e inexpertos.

El primer obstáculo que debían superar era el Polideportivo Ejido, con el partido de ida en el Estadio Municipal de Santo Domingo. El Barcelona Atlètic consiguió un valioso empate (3-3). El equipo de Luis Enrique jugó su fútbol de siempre y se adelantó en el marcador por tres veces, con tres goles del delantero Benja. Pero la expulsión del lateral izquierdo Espasandín obligó al filial azulgrana a jugar los últimos veinte minutos en inferioridad numérica y el sistema defensivo del equipo se resintió. Dos de los tres goles del Poli llegaron en esa fase del encuentro y el último, el que determinaría el empate, se produjo en el minuto 88.

Parecía que la eliminatoria, con la vuelta en casa, estaba medio ganada. Haber empatado como visitante y haberlo hecho con tres goles era desde luego una ventaja. La victoria y el empate, siempre que no fuera con cuatro o más goles, clasificaban al Barcelona Atlètic para disputar la segunda ronda de la promoción de ascenso. Y parecía que todo estaba hecho. En el Mini Estadi, con 12.000 espectadores en la grada, el equipo hizo un fútbol muy brillante durante la primera mitad y disfrutó de varias ocasiones de gol, entre ellas un remate de Nolito al poste. Además, Jonathan Soriano adelantó al equipo en el marcador poco antes de que se llegara al descanso, en el lanzamiento de un penalti sancionado por unas manos de Anaitz Arbilla, que sería expulsado. Vio la primera amarilla por el penalti y la segunda de forma consecutiva por sus protestas al colegiado.

Pero, como había advertido Luis Enrique, habría que pelear hasta el último minuto para seguir en la lucha por el ascenso. Con un jugador menos, el Polideportivo Ejido lo tenía todo perdido. Así que asumió todos los riesgos habidos y por haber, sobre todo a partir del momento en que Antoñito, un histórico del fútbol andaluz, consiguió el empate a poco menos de veinte minutos para el final. El Barcelona Atlètic sufrió lo indecible a partir de ese momento. La capacidad de trabajo, la disciplina y el compromiso que el entrenador había inculcado a sus jugadores permitió soportar el sufrimiento y superar el primer obstáculo.

La segunda eliminatoria sería frente al Jaén, con el primer encuentro en el Nuevo Estadio de la Victoria. El Barcelona Atlètic salió decidido a imponer su juego y fue el claro dominador del partido. Su fútbol-control no se tradujo, sin embargo, en goles. De manera que el equipo azulgrana cerró su tercer partido de la promoción de ascenso con un nuevo empate, el tercero consecutivo. Esta vez, la vuelta estaba más abierta, el empate no servía a los azulgrana para conseguir el pase a la siguiente ronda. Si se repetía el 0-0 de la ida, habría prórroga, y si el empate se producía con goles, la plaza en la última eliminatoria sería para el equipo andaluz.

El encuentro de vuelta, celebrado en el Mini Estadi, apenas congregó a 7.000 espectadores en las gradas. No dejaba de resultar extraño. Pero ni a Luis Enrique ni a sus jugadores les distraía nada de su objetivo. Ni siquiera la campaña electoral que se había iniciado para que los socios del club escogieran al sucesor de Joan Laporta, con todo el ruido que eso generaba. Durante toda la semana técnico y jugadores habían preparado el partido a conciencia y todos disponían de un alto grado de concentración y de motivación. La actuación del Barcelona Atlètic fue tan convincente como la victoria (3-0), que llegó con un gol de Thiago y dos de Jonathan Soriano.

La tercera y definitiva eliminatoria sería contra el Sant Andreu, que había finalizado primero en el grupo 3 de la Segunda División B y que en primera instancia había perdido por penaltis la eliminatoria de ascenso directo ante la Ponferradina. El equipo rojigualdo, rival de los azulgrana en la liga regular, se había ahorrado una eliminatoria por su condición de campeón. Llegaba más fresco, pero llevaba dos semanas sin competir. Los partidos se jugaron los días 13 y 20 de junio. El primero en el Mini Estadi. Esta vez, el Barcelona Atlètic no tenía la hipotética ventaja de jugar el encuentro de vuelta en casa.

Los barcelonistas afrontaron el primer partido jugando como siempre y el Sant Andreu optó por aceptar el papel dominador de su rival y plantear el encuentro con el único objetivo de mantener su portería a cero. Y estuvo a punto de conseguirlo. El Barcelona Atlètic tuvo ocasiones, fruto de su fútbol de ataque constante, pero sufrió un grave contratiempo cuando, al inicio de la segunda parte, Bartra y Thiago sufrieron un encontronazo que los obligó a abandonar el terreno de juego. Aun así, el choque siguió por los mismos derroteros. Hasta que en el último minuto, se rompió el cántaro. Nolito fue derribado en el área y Jonathan Soriano convirtió el penalti en el gol de la victoria.

El 1-0 era un resultado corto, aunque de nuevo dos de los tres resultados posibles favorecerían al equipo de Luis Enrique y, en consecuencia, darían el ascenso al Barcelona Atlètic. Natxo González, entrenador del Sant Andreu, confiaba en que el factor campo fuera decisivo. Y no tanto por el hecho de que el público pudiera decantar la balanza, sino porque el terreno de juego era de dimensiones más reducidas y el césped era artificial. Los azulgrana superaron todos los obstáculos y controlaron el partido en todo momento. Tuvieron la pelota la mayor parte del tiempo y se mostraron tan sólidos en defensa como para no sufrir ocasiones de gol en contra durante todo el partido (0-0). El ascenso se había alcanzado y la fiesta, primero en el Narcís Sala y después en privado, fue muy grande.

Sandro Rosell ganó, por aquellas fechas, las elecciones presidenciales. La victoria del exvicepresidente deportivo de Joan Laporta fue incontestable. Nunca un candidato había obtenido un porcentaje tan elevado de votos. Pero ese cambio directivo comportó demasiadas cosas y no todas del agrado de Luis Enrique. El secretario técnico, Txiki Begiristain, se marchó a casa y José Ramón Alexanko, responsable del fútbol base barcelonista, fue despedido. La relación entre Rosell y Guardiola no era, tampoco, la misma que tenían el entrenador y Laporta. La única buena noticia fue que Andoni Zubizarreta, con el que tanto Guardiola como Luis Enrique tenían una buena relación, se haría cargo de la dirección deportiva del club. A nivel anecdótico, la directiva decidió que el equipo volviera a llamarse Barcelona B.

Pero el entrenador asturiano, que ya tenía asumido que esa tercera temporada sería la última en el filial azulgrana, hizo abstracción de todo y se centró, como siempre, en su trabajo. El reto era conservar la categoría. Y eso ya era mucho teniendo en cuenta que ahora el Barcelona B tendría que medir sus fuerzas ante equipos con historia y con plantillas de Primera División. Albacete, Real Betis, Celta de Vigo, Córdoba, Elche, Granada, Las Palmas, Numancia, Rayo Vallecano, Real Valladolid, Recreativo de Huelva y Tenerife estaban entre sus rivales.

La plantilla volvió a sufrir cambios, aunque no tantos como en la temporada anterior. Aun así, hubo ocho novedades: Balliu, Carmona, Rafinha, Dongou, Gustavo Ledes, Lobato, Kiko Femenía y Rodri se incorporaron a un vestuario que, a petición de Luis Enrique, vio ampliado el número de sus colaboradores. Robert Moreno y Jesús Casas se incorporaron al área de scouting. El primero de ellos acabaría por convertirse en uno de los técnicos de la máxima confianza de Luis Enrique. El segundo tendría un paso efímero, tal vez porque su contratación estuvo vinculada al hecho de que el Xerez Deportivo, equipo al que veía todos los domingos, iba a enfrentarse a los rivales del Barcelona B en las jornadas precedentes.

A pesar de que alguno de los nuevos futbolistas, y especialmente los que llegaron como consecuencia de operaciones en las que hubo que pagar traspaso, no estuvieron a la altura de lo que Luis Enrique esperaba de ellos, el equipo completó una magnífica temporada y superó con creces el objetivo de la permanencia. Con un fútbol marca de la casa y el compromiso inexcusable que el entrenador se exigía a sí mismo y les exigía a todos sus futbolistas, el Barcelona B acabó en el tercer puesto de la clasificación, solo superado por el Real Betis y por el Rayo Vallecano, que consiguieron el ascenso directo a Primera. La sorprendente campaña del filial azulgrana, que tiene su techo reglamentario en Segunda División A, permitió al Real Valladolid, que fue séptimo, colarse en la promoción de ascenso, junto a Elche, Granada y Celta de Vigo. Es decir, que el equipo de Luis Enrique se metió entre seis equipos teóricamente muy superiores en casi todo.

A mediados del mes de marzo de ese 2011, Luis Enrique ya había hecho pública su decisión de abandonar el club. En aquel momento no sabía qué haría la temporada siguiente: «No sé si entrenaré alguna vez más o si lo haré durante veinticinco años seguidos. No descarto nada, pero no creo que vaya a hacer nada al margen del fútbol». En cambio, tenía clarísima cuál era la razón por la que daba por finalizado aquel ciclo en el club: «Es muy difícil liderar un grupo cuando no puedo plantearles a los jugadores el objetivo de jugar el play-off de ascenso». En su fuero interno, Luis Enrique no descartaba regresar algún día al Fútbol Club Barcelona. Pero al primer equipo. A fin de cuentas había superado con nota su etapa de aprendizaje.

6

La Roma de Totti

El liderazgo es la fortaleza de las propias convicciones,
la capacidad para soportar los golpes
y la energía para promover una idea.

BENAZIR BHUTTO*

Luis Enrique quería seguir entrenando. Dijera lo que dijera en sus declaraciones («No sé si entrenaré alguna vez más o si lo haré durante veinticinco años seguidos»), tenía muy claro que su futuro estaba en los banquillos. Además, se sentía fuerte, muy fuerte y preparado para dar el salto a un nivel superior. Nadie dudaba en esos momentos que le habría gustado seguir los pasos de Guardiola y sentarse en el banquillo del Camp Nou. Pero Pep iba a continuar un año más y Lucho ni siquiera pensó en la posibilidad de que Guardiola se marchara. Sentía en su fuero interno que le había llegado el momento de subir un peldaño en su carrera y estudió con paciencia y detenimiento las ofertas que fueron llegando.

La propuesta que más le sedujo fue de la Associazione Sportiva Roma, un club con una gran historia pero que no acababa de encontrar un lugar en la cumbre del fútbol italiano y continental. Es cierto que guardaba en sus vitrinas los trofeos que le acreditaban

* Benazir Bhutto (Karachi, 1953-Rawalpindi, 2007), política pakistaní. Fue la primera mujer que dirigió un país musulmán. Fue primera ministra en dos ocasiones y en ambas fue destituida bajo cargos de corrupción. En 1998 se exilió a Dubái. Regresó a Pakistán en octubre de 2007, tras ser exonerada de todas las acusaciones de corrupción. Fue asesinada en diciembre de 2007.

como campeón de la Serie A, de la Copa de Italia y de la Copa de Ferias. Pero nunca tuvo la continuidad de los campeones italianos por antonomasia: la AC Milan, la Juventus FC y el Internazionale de Milán. Ni siquiera había conseguido decantar de su lado la pugna por ser el mejor de los dos equipos de la capital.

La rivalidad entre la SS Lazio, fundada en 1900, y la AS Roma, fundada en 1927, ha sido siempre muy grande. Pero ninguno de los dos clubs ha sido capaz de marcar una época. Sus éxitos han sido esporádicos y relativamente escasos. De hecho, ambos equipos han conquistado el mismo número de títulos (trece) y nunca han tenido una continuidad en la victoria. Es posible que a Luis Enrique le sedujera la idea de ser él quien acabara con el equilibrio de fuerzas entre los dos inquilinos del Stadio Olimpico y con la hegemonía de los grandes equipos del norte.

Cuando se iniciaron las conversaciones, Luis Enrique ya sabía que José Ramón Callén no le acompañaría en su segunda experiencia como entrenador profesional y que, por lo tanto, necesitaría a otro preparador físico. «El reto de trabajar en la Roma era superbonito, pero yo estaba muy bien en el Barcelona B y le dije a Lucho que prefería quedarme. Lo hablamos tranquilamente y supo entender mi postura. Ahora mantengo contacto con él a través de internet y por correos electrónicos. Es un buen amigo y, esté donde esté, siempre tendrá mi apoyo», cuenta Callén.

Las negociaciones para la firma del contrato desembocaron en un rápido acuerdo, aunque la verdad es que a los dirigentes romanos les sorprendió mucho que los acompañantes del entrenador fueran tan sumamente jóvenes y, por supuesto, inexpertos. Luis Enrique se llevó con él a Iván de la Peña (35 años), que acababa de colgar las botas en el RCD Espanyol y ni siquiera tenía el título de entrenador; a Robert Moreno (33 años), que había sido uno de sus scouts en el Barça B; a Rafel Pol (24 años), que sería el preparador físico; a Joaquín Valdés (37 años), psicólogo que también estuvo a sus órdenes en el B, y a Toñín Llorente (38 años), exjugador de baloncesto, sobrino de Paco Gento y uno de los aventureros que había acompañado a Luis Enrique en la Marathon des Sables de 2008.

Manel Ferrer, hermano de la exmujer de Juan Manuel Asensi y tío de la esposa de Iván de la Peña, actuó como agente y defendió las condiciones de los contratos de todos ellos ante el director general de la AS Roma, Franco Baldini. Más allá de que las condiciones económicas fueran buenas —Luis Enrique cobraría 1,8 millones de euros netos por temporada y el club también se haría cargo de la vivienda—, aquel equipo técnico disfrutaría de unas magníficas instalaciones de trabajo y contaría con todos los elementos tecnológicos que se solicitaron.

La presentación de Luis Enrique tuvo lugar el día 14 de julio de 2011. En los días previos, los medios de comunicación italianos mostraron una gran curiosidad por conocer detalles sobre el que sería nuevo técnico romano y sobre los colaboradores que desembarcaban con él. Todos conocían perfectamente el historial de Lucho como futbolista y todos se referían a él como el delantero al que Mauro Tassotti —nacido en Roma, formado en el SS Lazio y encumbrado en la AC Milan— había agredido en el Italia-España de los cuartos de final del Mundial de Estados Unidos. Habían transcurrido diecisiete años desde entonces, pero la cara ensangrentada de Luis Enrique había sido portada en medio mundo.

La mayor curiosidad de los paparazzi giraba en torno al estilo de juego que Luis Enrique había desarrollado en su hasta entonces única experiencia en los banquillos y en conocer los detalles sobre quiénes eran y qué papel desempeñaría cada uno de sus ayudantes. Pero también querían saber qué similitudes había entre la forma de trabajar de Pep Guardiola y la del nuevo técnico de la AS Roma. Personalmente, me telefonearon muchos periodistas italianos a los que llamó poderosamente la atención que el segundo entrenador, Iván de la Peña, no tuviera ni siquiera el título de instructor de juveniles, conocido como Nivel 1 o UEFA B.

Consciente de que solo hay una oportunidad de causar una buena primera impresión, Luis Enrique preparó a fondo la rueda de prensa de presentación, que tendría lugar en Trigoria, la ciudad deportiva del club. Al margen de que se empapara de la historia de la AS Roma, de la pasada y de la reciente, contó con el consejo de dos de los miembros de su equipo, el psicólogo Joaquín Valdés y de Toñín Llorente, al que muchos atribuyeron el papel de coach del entrenador.

La expectación que había despertado la convocatoria fue tremenda. Cuando Luis Enrique apareció ante los periodistas, la sala estaba a reventar. No es ninguna exageración decir que había al menos doscientos profesionales de medios de comunicación, no solo italianos, sino de diversas nacionalidades. Y allí, ante aquella inmensa caja de resonancia mundial, Lucho asumió sus compromisos con una gran firmeza. «No vengo a la Roma para implantar el estilo del Barça», dijo a sabiendas de que ni contaba con una plantilla de jugadores con la que imitar al que todos consideraban como uno de los mejores equipos de la historia, ni podía intentar una cosa así en un país con una tradición y una cultura futbolística tan distinta.

«Sé que la AS Roma ha hecho una apuesta muy fuerte por mí, pero solo el tiempo podrá decir si esa apuesta ha sido ganadora. Mi idea está basada en jugar un fútbol de ataque, que sea atractivo para los aficionados. Todavía no sé qué sistema utilizaré, porque eso dependerá de los jugadores que tenga, pero lo que no estoy dispuesto a negociar, porque para mí es innegociable, es a tener el balón, porque cuando mi equipo tiene la pelota, los rivales sufren», dijo con una gran fuerza interior.

Luis Enrique, que ya había dirigido las dos primeras sesiones de entrenamiento con su nueva plantilla, rechazó cualquier comparación con el FC Barcelona y con Pep Guardiola: «El modelo de juego del Barça lleva muchos años funcionando y se utiliza desde que los niños empiezan a jugar al fútbol hasta que llegan al primer equipo. Yo no puedo aterrizar en Roma e imponer esa misma idea. Vengo a proponer una forma de jugar que se parecerá en muchas cosas, pero que no será exactamente la misma. También sé que a los periodistas os gusta mucho la comparación entre Pep y yo, pero yo estoy muy lejos de lo que él significa como entrenador».

No faltaron preguntas de los periodistas sobre las sensaciones que Luis Enrique había tenido en su primer contacto con los jugadores y sobre Francesco Totti, el gran tótem de la historia del club.

El técnico asturiano, que dijo estar «orgulloso de entrenar a un grande como la Roma», solo tuvo palabras de elogio para sus nuevos futbolistas y afirmó que «la actitud de Totti es maravillosa». No obstante, lanzó su primer aviso a la plantilla: «Yo intento meter a todos los jugadores en una dinámica de trabajo ganadora e importante». Aunque no lo dijo de forma literal, estaba claro que pensaba tratar a todos sus jugadores por igual.

Desde la primera sesión de entrenamiento hubo cosas de carácter general que les quedaron muy claras a todos los jugadores. Luis Enrique quería trabajo, quería intensidad, quería disciplina y quería compromiso. Iba a comportarse con todos los jugadores de la misma manera, exigiéndoles a todos por igual, sin importarle que fueran jóvenes o veteranos, que tuvieran galones o acabasen de llegar. Y en cuanto a los aspectos del juego, empezó por explicarlos el primer día. Quería que la Roma fuera sólida en defensa, que peleara por recuperar la pelota lo antes posible, que atacara cuando tuviera el balón y que presionara tan pronto como lo perdiera.

Para Luis Enrique era fundamental tener el balón. Pero no tenerlo por tenerlo. Sino tenerlo para atacar y atacar deprisa. Quería acortar el campo con la defensa adelantada, ensancharlo con los hombres de banda muy abiertos, crear espacios con circulaciones rápidas, con cambios de sentido y con cambios de orientación, y quería que las acciones de finalización concluyeran con la mayor eficacia. Pero si el equipo no tenía la pelota, entonces quería presión, coberturas, ayudas y basculaciones. En definitiva, todo aquello que sirviera para hacerle daño al rival e impedir que pudiera encontrar los puntos débiles a su equipo.

En cuanto al sistema de juego, usó varios. Preferentemente utilizó el 1-4-3-3 que más había jugado durante los catorce años en que fue futbolista profesional y al que más veces recurrió a lo largo de sus tres primeros años como entrenador. Pero también utilizó el 1-4-2-3-1 y en ocasiones el 1-3-4-3. Quizá no disponía de los jugadores más adecuados para colocar la defensa en el centro del campo, porque sus centrales eran lentos, o quizá le faltaran otros jugadores para darle amplitud y profundidad al campo. Pero en los primeros entrenamientos quería sentar las bases de su proyecto, desde la seguridad de que Walter Sabatini, el director deportivo del club, conseguiría cerrar los fichajes que la Roma había estado trabajando durante la anterior temporada o que había solicitado Luis Enrique.

Los primeros jugadores en llegar fueron Maarten Stekelenburg (Ajax), Gabriel Heinze (Olympique de Marsella), José Ángel (Sporting de Gijón), Marco Borriello (AC Milan) y Bojan Krkić (FC Barcelona). Pero más tarde se incorporarían a la plantilla Loïc Nego (Nantes), Miralem Pjanić (Olympique de Lyon), Simone Sini (Lecce), Pablo Osvaldo (Espanyol), Fernando Gago (Real Madrid) y Erik Lamela (River Plate). En total, once fichajes que complicarían aún más la puesta en marcha del proyecto de Luis Enrique. Cambiar el modelo de juego e integrar al mismo tiempo a tantos futbolistas nuevos no era nada sencillo y requería mucho tiempo. Si alguien esperaba resultados inmediatos, era un verdadero iluso.

Pronto, sin embargo, llegó el primer contratiempo. Aunque no tuvo nada que ver con sus futbolistas, sino con uno de los integrantes de su cuerpo técnico. Iván de la Peña, que debía ser su segundo entrenador, su mano derecha, se echaba atrás en la decisión de acompañarle en aquel viaje. ¿Qué había sucedido para que, en solo unos días, se produjera aquella deserción? Hubo tres factores. El primero, que Iván de la Peña se sentía incómodo en Roma, porque los tifosi le recordaban constantemente su pasado como jugador de la SS Lazio. El segundo, que Iván no quería —y no quiere— ser entrenador. Se sentía y se siente más atraído por temas relacionados con el scouting de jugadores y con la dirección deportiva. Y el tercero, y posiblemente el más importante, que su esposa, Lorena Asensi, y los dos hijos del matrimonio, Iván y Daniela, se habían quedado a vivir en Barcelona.

Luis Enrique, que mantenía una buena amistad con Iván de la Peña desde los tiempos en que coincidieron en la plantilla del Barça, no aceptó de buen grado la renuncia de su segundo. Es más, se molestó profundamente hasta el punto de que la relación se deterioró. Hoy la han recuperado, pero no al mismo nivel de antes de ese episodio. En fin, el caso es que Iván regresó a su casa, con su esposa y con sus hijos. Y lo hizo renunciando a un contrato de un millón de euros netos por temporada y renunciando, también, a cobrar la parte que le correspondía por el mes que estuvo trabajando en Roma.

El asturiano tuvo que tomar decisiones en muy poco tiempo. La temporada estaba a punto de comenzar y necesitaba incorporar a un segundo entrenador para su equipo técnico. Optó por encomendarle esa función a Robert Moreno, que en principio iba a encargarse del scouting, y modificar los planes que tenía con respecto a Marcos López, un asturiano de 36 años que iba a asesorarle en materia de fichajes desde la distancia. De hecho, la idea era que trabajara en su casa, enviara sus informes a través de internet y viajara a Roma una vez al mes. Ahora tendría que trasladarse a vivir a Roma y ampliar el ámbito de sus competencias.

Marcos López había sido jugador de fútbol —fue compañero de equipo de Marcelino García Toral—, estaba titulado como entrenador y en esos momentos dedicaba la mayor parte de su tiempo a dos de sus pasiones: asesorar a técnicos en materia de futbolistas y colaborar en distintos medios de comunicación. Concretamente, llevaba varios años escribiendo artículos de fútbol en un blog, *Futbolitis*, que contaba con el respaldo del periodista José Antonio Abellán, y hacía un año y medio que colaboraba con el también periodista Paco González, que en aquellos momentos dirigía el programa de radio *Tiempo de juego*, en la COPE.

Pero la renuncia de Iván de la Peña y la incorporación de Marcos López a tiempo completo fue un problema menor si lo comparamos con la situación que se le planteó a Luis Enrique en la segunda quincena de agosto. Profundamente convencido de que hay que tratar a todos los jugadores por igual, no tuvo el menor reparo en sentar en el banquillo a Francesco Totti en el primer partido oficial de la temporada. Fue con motivo del encuentro de ida de la eliminatoria previa de la Europa League que su equipo perdió (1-0) ante el Slovan de Bratislava, el día 19 de agosto. Totti no dijo ni una palabra, pero la mañana del 21 de agosto se presentó en la ciudad deportiva de Trigoria con una camiseta de color blanco, sin mangas, con una única palabra estampada en letras negras: «Basta».

Solo cuatro días más tarde, el 25 de agosto, la AS Roma era eliminada en la ronda previa de la Europa League por el Slovan de Bratislava, después de que Luis Enrique reemplazara a Totti por Okaka a falta de un cuarto de hora para la finalización del partido. Aquel empate (1-1) desató un alud de críticas contra el entrenador español. *Corriere dello Sport* fue el periódico más ácido: «Luis Enrique hunde a la Roma. El técnico quita a Totti y tira a la basura la clasificación. Una decisión incomprensible que ya pesa sobre la Roma y que dificultará el crecimiento del equipo». También *La Gazzetta dello Sport* calificaba la decisión de Luis Enrique como «un sinsentido». En opinión del diario deportivo, el cambio de Totti obedecía a «un ataque de ego masculino que agrava las diferencias» entre el entrenador y el capitán del equipo. Por su parte, el rotativo de información general *Corriere della Sera* explicaba que «cuando Totti salió del campo, la Roma dejó de jugar y no fue una casualidad que, tras unos minutos, llegase el empate».

Todas las crónicas de aquel día referían que los tifosi romanos que acudieron al Stadio Olimpico habían silbado a Luis Enrique a partir del mismo momento en que decidió sustituir a Totti y hasta el final del encuentro. Ese sería el inicio de un grave desencuentro, que empeoró con las declaraciones que el entrenador hizo, aquella misma noche, en la sala de prensa: «Entiendo perfectamente el interés que genera la figura de Totti, pero insisto en que siempre seré yo quien elija el equipo titular y las sustituciones. No me voy a dejar condicionar por nadie. Hay motivos para que decidiese sustituirle, pero no pienso hacerlos públicos».

Desde ese día, Luis Enrique no pudo quitarse de encima la leyenda —o no— de que estaba en guerra con Totti. Ni siquiera las declaraciones que el propio Totti realizó el día 24 de enero de 2012 al informativo *Tele Giornale 1* que se emite en la RAI sirvieron para rebajar la tensión entre los aficionados giallorossi y el entrenador de la Roma: «Hemos tenido una buena relación desde el principio. Me puse a su disposición y me ha tenido en cuenta. Es una gran persona. Quiere traer una nueva mentalidad, quiere traer nuevas ideas. A pesar de que al principio no estaba contento con la posición en que jugaba —le reconvirtió en centrocampista—, él tenía razón: me divierto yo, se divierte el equipo y se divierte la gente».

Sin embargo, un jugador que formaba parte de aquella plantilla, consultado expresamente con motivo de la publicación de este libro, tiene una versión muy distinta a la que Totti expuso aquel día ante la televisión italiana: «El conflicto existió, pero Francesco es un señor de pies a cabeza y nunca contará la verdad sobre sus relaciones con Luis Enrique. No dijo nada entonces y no lo dirá nunca». Este mismo futbolista considera que el entrenador no quiso aceptar nunca que «Totti era más importante que él y más importante que el papa de Roma». En cambio, el asturiano José Ángel, uno de los primeros jugadores que Luis Enrique incorporó a su proyecto deportivo, sostuvo entonces y mantiene todavía hoy que «todo lo que se dijo fue mentira» y que «la relación fue muy buena siempre».

En el mes de enero, la Roma había superado a la Fiorentina (3-0) en el partido único de los octavos de final de la Copa de Italia. Pero el día 24 de aquel mismo mes, fue eliminada por la Juventus (3-0) en los cuartos de final que se disputaron en Turín. Sin embargo, el equipo había experimentado una mejoría notable con respecto a las primeras jornadas de la competición liguera, en las que llegó a ocupar el decimoquinto puesto de la clasificación. Poco a poco, el proyecto de Luis Enrique iba tomando forma y los resultados empezaron a ser lo bastante buenos como para que el equipo remontara posiciones y se situara quinto, con posibilidades de clasificarse para la siguiente edición de la Champions League. La situación se había estabilizado, al menos en apariencia. Pero aún surgirían nuevos conflictos, uno de ellos con uno de los miembros de su propio equipo técnico.

A comienzos de febrero, Luis Enrique decidió prescindir de Marcos López. La noticia no debía tener, en principio, demasiada trascendencia. Máxime cuando el propio afectado por la decisión del entrenador no estaba dispuesto a echarle leña al fuego: «Nunca olvidaré al que me dio la oportunidad ni a los que confiaron en mí. Gracias a ellos pude vivir un sueño. Lástima que el despertador haya sonado antes de tiempo. Pero la vida es así». El problema surgió cuando Paco González dijo a través de los micrófonos de su programa de radio que «Luis Enrique me cae mal, porque ha tratado mal a un amigo mío». Aunque no pronunció el nombre de Marcos, era evidente que el despido de su amigo le había sentado mal y que las declaraciones del afectado tenían más de políticamente correctas que de sinceras.

Casi sin tiempo para que se apagaran los rescoldos de ese pequeño incendio, a Luis Enrique le surgió un nuevo problema con uno de los jugadores más importantes de la plantilla, Daniele De Rossi. Fue el día 26 de febrero, durante la concentración previa al partido que disputaron el Atalanta y la Roma. De Rossi llegó cinco minutos tarde a la charla técnica que el entrenador dio en el hotel, antes de salir hacia el Stadio Atleti Azzurri d'Italia. Aquel día, Luis Enrique le dejó fuera de la alineación y le castigó a ver el partido desde la tribuna. Cualquiera con dos dedos de frente habría respaldado la decisión del técnico. Pero lo cierto es que las críticas de los medios de comunicación volvieron a arreciar, entre otras razones porque el equipo perdió aquel encuentro por un contundente 4-1.

Hacía justo veinte días que De Rossi había firmado la renovación de su contrato por cinco temporadas, en una decisión a la que Luis Enrique no fue ajeno. En la rueda de prensa que se ofreció para comunicar el acuerdo entre el club y el futbolista, De Rossi fue tajante: «Mi amor por este club va más allá de sus dirigentes y de sus entrenadores, pero quiero dejar claro que Luis Enrique ha sido fundamental. Ha vuelto a encender esa llama que necesitamos los jugadores. Es el mejor entrenador con el que he trabajado, a nivel táctico y en las concentraciones». Hay quien piensa que el posterior incidente de Bérgamo pudo cambiar la opinión de De Rossi, pero el día 10 de junio, después de jugar como defensa central en el Italia-España (1-1) de la Eurocopa de 2012, volvió a elogiar a su entrenador de club: «Quiero dar las gracias a mis compañeros, a Cesare Prandelli y sobre todo a Luis Enrique, que fue el primero en ver que podía jugar en esa posición. Es un grande».

Antes de que finalizara la temporada, Luis Enrique ya había tomado la decisión de dejar la Roma, a pesar de que tenía firmado un año más de contrato. En diciembre varios medios de comunicación habían insinuado la posibilidad de que presentara la dimisión e incluso le habían preguntado directamente si le había pasado por la cabeza la idea de renunciar al cargo. La respuesta de Luis Enrique solo contribuyó a alimentar los rumores sobre su futuro fuera del club: «Nunca digas nunca». Apenas cuatro meses más tarde, el día 25 de abril, después de que el equipo perdiera ante la Fiorentina (1-2), ya parecía definitivamente resuelto a abandonar: «Tranquilos, ya queda un día menos para que me marche de aquí».

Desde ese mismo momento, ya fue una obviedad que Luis Enrique no seguiría en la Roma. Tanto que a nadie le sorprendió que el 11 de mayo, dos días antes del último partido oficial del año, el director general del club, Franco Baldini, hiciera pública la noticia de que el técnico asturiano no cumpliría su contrato: «Luis Enrique nos ha comunicado que no desea continuar, porque se siente muy cansado. Le hemos pedido que recapacite, pero nos ha dicho que su decisión es firme. Es una persona que vive su trabajo de una forma visceral y esa es la causa de su agotamiento». Baldini valoró positivamente el trabajo de Luis Enrique, hasta el punto de afirmar que no había fracasado y de sostener ante los periodistas que en aquel momento la Roma estaba considerada «el tercer mejor equipo del calcio en calidad de juego».

Solo veinticuatro horas después, Luis Enrique comparecía ante los periodistas para confirmar la noticia que había adelantado su director general. Fue en la rueda de prensa previa al último partido del campeonato, que la Roma ganó en el campo del Cesena (2-3). El capitán del equipo, Francesco Totti, no quiso perderse la despedida de su entrenador. Visiblemente emocionado, el jugador más emblemático de la historia del club pudo escuchar como el técnico se refería al presunto enfrentamiento que ambos habían mantenido durante la temporada: «Casi estoy enamorado de él. Incluso mi mujer está celosa. Desde el primer día he tenido una relación muy especial con él. Al principio, después de dejarle fuera de una alineación, le dije que no tenía ningún problema con él. Ha sido un placer trabajar con él. Es un campeón».

Tanto las declaraciones de Franco Baldini como las manifestaciones que Francesco Totti y Daniele De Rossi hicieron sobre Luis Enrique parecían indicar que el club y los jugadores de la Roma, al menos los de mayor peso específico de la plantilla, hubieran querido que continuara al frente del equipo. Quizá por eso cobró una gran fuerza la teoría de que el agotamiento del entrenador se había producido como consecuencia de su enfrentamiento con los periodistas, con los que mantuvo una relación beligerante durante toda la temporada, y con la actitud de los seguidores de la Roma, que nunca le perdonaron que dejara a Totti en el banquillo o que le sustituyera en la eliminatoria del mes de agosto de 2011 ante el Slovan de Bratislava. De hecho, a partir de aquella ronda previa de la Europa League y en todos los partidos que el equipo disputó durante la temporada en el Stadio Olimpico, Luis Enrique tuvo que convivir con una pancarta, de grandes caracteres, en la que se leía: «¡Totti non si discute..., si ama!».

Pero fue otra muy distinta la verdadera causa por la que Luis Enrique renunció al sueño de convertir a la AS Roma en un grande del fútbol italiano y a cumplir el año de contrato que le quedaba no solo a él, sino también a los demás integrantes de su equipo técnico. No quiso permitir que su familia tuviera que pagar las consecuencias de la actitud de los medios de comunicación y de los tifosi. Su esposa, Elena, fue amenazada varias veces mientras paseaba por las calles de Roma y sus hijos, Pacho y Sira, sufrieron el acoso de compañeros de la escuela inglesa en la que cursaron sus estudios durante esa tempestuosa temporada.

7

Un año sabático

> La felicidad no es hacer lo que uno quiere,
> sino querer lo que uno hace.
>
> JEAN PAUL SARTRE*

De regreso a casa, Luis Enrique advirtió a los miembros de su equipo técnico que no entrenaría durante la siguiente temporada, la 2012-13. Les dijo a todos ellos (Robert Moreno, Rafel Pol, Joaquín Valdés y Toñín Llorente) que podían planificar el año a su conveniencia. Sus escuderos en la AS Roma sabían perfectamente lo que quería transmitirles con ese mensaje. Él iba a tomarse un año sabático, pero seguiría contando con ellos en el futuro. No les dijo cuándo llegaría ese momento, pero estaba muy claro que, tan pronto como se recuperara del agotamiento mental al que Franco Baldini se había referido para explicar su renuncia al año de contrato que les quedaba en Italia, volvería a llamarlos para un nuevo proyecto.

Luis Enrique, de eso no había ninguna duda, iba a dedicar su tiempo de descanso a dos de sus tres grandes amores: la familia y la práctica de los deportes que había dejado un poco de lado, solo un poco, durante sus cuatro primeros años como entrenador profesional de fútbol. Durante su etapa en el Barcelona Atlètic y aprove-

* Jean Paul Sartre (París, 1905-1980), filósofo, escritor y activista político. Se integró en el movimiento existencialista y fue defensor del marxismo humanista. Fue propuesto como candidato al Premio Nobel de Literatura de 1964, pero rechazó la nominación porque jamás quiso aceptar ninguna distinción. Fue pareja de la filósofa Simone de Beauvoir.

chando las vacaciones de verano, había participado en el Ironman de Niza de 2009 y en la Titan Desert de Marruecos de 2011 —la prueba que no pudo correr en 2007 por la inoportuna fractura de radio que sufrió haciendo snowboard—. Pero ¿qué iban a hacer sus fieles colaboradores durante aquellos meses?

Robert Moreno, que antes de incorporarse al equipo de scouting del Barcelona B había puesto en marcha un proyecto empresarial con Manuel Conde —un entrenador gallego que llevaba años publicando libros, revistas y vídeos sobre el entrenamiento del fútbol—, creó con él la marca MC Sports: M de Moreno y C de Conde, por supuesto. Esa editorial especializada en la publicación de trabajos específicos para entrenadores había lanzado al mercado español en el año 2011 un libro titulado *La preparación ¿física? en el fútbol. El proceso de entrenamiento desde las ciencias de la complejidad*, del que era autor Rafel Pol.

Ahora, el segundo de Luis Enrique en la Roma se había desvinculado de MC Sports y se había lanzado a crear su propia editorial junto a Rafel Pol, Joaquín Valdés y otros dos entrenadores, Álex Sans y César Frattarola. La empresa fue bautizada con el sugerente nombre de Fútbol de Libro. Moreno y Pol llevarían todo el peso de la puesta en marcha del proyecto y el primero de ellos aprovecharía su tiempo libre para estrenarse como autor. *Mi «receta» del 4-4-2. Un modelo de juego basado en el Modelo Contextual Fundamentado*, con prólogo de Luis Enrique, terminó de escribirse en 2013, año oficial de su publicación. Sin embargo, la presentación tuvo lugar un año más tarde, cuando ya se había incorporado con casi todo el equipo a la dirección técnica del Barcelona.

Discípulo de Paco Seirul·lo, que fue uno de sus profesores durante los cursos de INEF, Rafel Pol había dedicado mucho tiempo al estudio y observación del entrenamiento. Es obvio que había conocido a Robert Moreno con ocasión de la publicación de su libro y que la relación personal que habían establecido ambos resultó decisiva para que Luis Enrique le escogiera como sustituto de José Ramón Callén para afrontar su compromiso con la Roma. Los primeros contactos entre el técnico asturiano y el preparador físico se produjeron durante la temporada 2011-12, en la que Pol asistió a muchos de los entrenamientos del Barcelona B.

Miembro del grupo de desarrollo del «modelo contextual fundamentado», colaboró con Robert Moreno en la preparación de su libro y dedicó una parte de su tiempo de ese año sabático a transmitir sus conocimientos en diversos centros de formación de técnicos deportivos. Fue profesor de la asignatura de Preparación Física del curso nacional de entrenador que convocó la Federación Catalana de Fútbol, en el máster universitario de Prevención y Readaptación de Lesiones en la Universidad de Castilla-La Mancha y también de la escuela de estudios universitarios del Real Madrid.

Joaquín Valdés, que también se implicó en el proyecto de Fútbol de Libro, inició una experiencia profesional relacionada con internet y las redes sociales. En 2012 puso en funcionamiento un servicio on-line de apoyo psicológico en el fútbol. Y en 2013 desarrolló otro proyecto idéntico para otros deportes. A ambas páginas web les puso un nombre que guarda una gran similitud en la idea con la iniciativa editorial de sus dos compañeros: Fútbol de Cabeza y Deportes de Cabeza. Además aprovechó su tiempo libre de esa temporada en blanco para atender a sus clientes de Formasport Global, empresa en cuya creación participó en 2006, y para realizar en el mes de mayo unas jornadas de formación para entrenadores, bajo el título «Liderarse a uno mismo para poder liderar a los demás».

Por su parte, Toñín Llorente regresó a su casa de Madrid, muy próxima al Estadio Santiago Bernabéu, y empezó a prepararse para participar en la Cape Epic de Sudáfrica, la prueba más dura de mountain bike que se disputa en el mundo. Se trata de una carrera por parejas, que consta de un prólogo y siete etapas, con un total de 800 kilómetros y con desniveles acumulados de hasta 3.000 metros. Llorente se inscribió para formar equipo con su amigo Vicente López. La preparación requirió cinco largos meses, en los que el objetivo fue adquirir volumen de carga. Entre septiembre y diciembre recorrió unos 8.000 kilómetros en bicicleta y a partir del mes de enero realizó quince sesiones de esquí de fondo.

La carrera, que se celebró entre los días 17 y 24 de marzo de 2013, contó con la participación de Luis Enrique. En principio iba a formar equipo con su amigo Carlos Nodar, gijonés como él. Pero Noly sufrió un contratiempo y a comienzos de febrero tuvo que abandonar. Finalmente, el equipo Aurun Store —nombre de una tienda de material deportivo con sede en Castelldefels, cuyo dueño es amigo personal del entrenador asturiano— lo formaron el propio Luis Enrique y Juan Carlos Unzué, cuyo amor por la bicicleta seguramente le viene dado por el hecho de que su hermano Eusebio, doce años mayor que él, lleva toda la vida vinculado a este deporte. Juan Carlos acababa de cumplir los tres años cuando Eusebio se inició en el ciclismo como corredor del equipo Izurzungo Nuevo Legarra. Tras militar como profesional en el equipo Reynolds, se convirtió en director de equipo. Actualmente, es el mánager general del Movistar Team.

También Unzué se vio forzado a vivir un año sabático porque el Racing de Santander le dejó en la estacada en pleno mes de agosto de 2012 y apenas pudo entrenarse con Luis Enrique, quien había hecho la mayor parte de su preparación con Carlos Nodar. No obstante, aún hicieron muchos kilómetros juntos y solo una semana antes de la prueba participaron en la Transmaresme, entre Santa Coloma de Gramenet y Santa Susanna —muy cerca de Malgrat de Mar—, con un recorrido de 82 kilómetros y desniveles muy seguidos de 2.532 metros. Cubrieron la carrera de mountain bike en 4 horas, 47 minutos y 14 segundos. En la Cape Epic deberían correr una distancia similar en cada una de las etapas.

Los dos equipos, el de Toñín Llorente y el de Luis Enrique, consiguieron el objetivo de finalizar la prueba. El entrenador y Unzué acabaron la carrera de Sudáfrica en el puesto 47 de su categoría (para mayores de 40 años), con un tiempo total de 48 horas, 16 minutos y 56 segundos. Hubo momentos difíciles. Pero al final, lo más importante para Luis Enrique siempre ha sido alcanzar los objetivos: «Todo lo que cuesta sacrificio lo acabas saboreando. Hemos disfrutado muchísimo de la dureza de la prueba, de la belleza de los paisajes y de la convivencia con los amigos».

Por supuesto, Luis Enrique no se preparó y corrió únicamente la Cape Epic durante su año sabático. Siguió montando en bicicleta, siguió corriendo y siguió nadando. No le importaba hacerlo solo. De hecho, con mucha frecuencia salía de casa montado en su Cervélo de carretera y se marchaba «a desgastar las piernas», como él mismo decía. Pero nunca lo hizo con el simple objetivo de rodar un poco. Estaba acostumbrado a los esfuerzos intensos y necesitaba hacer kilómetros de calidad. O sea, de los que exigen un altísimo nivel de sacrificio.

Uno de los «desgastes» que hace con mayor frecuencia es subir al Rat Penat, en Les Botigues, un barrio del municipio de Sitges que se encuentra en el límite del término de Castelldefels, sobre la playa y Port Ginesta. Conocido como el Turó de l'Alzina Freda («el cerro de la encina fría», en su traducción castellana), es un puerto de solo 4,8 kilómetros, con un desnivel medio del 9,6 por ciento y rampas de hasta el 22 por ciento. El ascenso al Rat Penat fue incluido por los organizadores de la Vuelta Ciclista a España del año 2013 en el recorrido de la decimotercera etapa, que finalizó en Castelldefels. Ese día, muchos ciclistas profesionales sufrieron en sus propias carnes la terrible dureza de un tramo («rompepiernas», le llaman) que para Luis Enrique no dejaba de ser un entretenimiento.

Es obvio que a Luis Enrique los retos le producen placer. Y más placer cuanto más complejos son. Pero más allá de aportarle grandes beneficios físicos y un alto grado de satisfacción personal, le han permitido consolidar y conquistar la amistad de muchas personas. Algunas, como José Ramón Callén, Toñín Llorente o Juan Carlos Unzué, se convirtieron en colaboradores profesionales en diferentes etapas de su carrera como entrenador. Otros, menos conocidos para la mayoría de la gente, forman parte de su selecto grupo de amigos. Algunos compartieron sus experiencias deportivas a partir de la existencia de una relación personal previa, pero unos cuantos empezaron siendo partícipes de sus aventuras en el ámbito del deporte y han acabado por entablar una gran amistad.

Muchas de esas amistades han participado con Luis Enrique en el ascenso a puertos míticos de las más grandes pruebas ciclistas. Sin ir más lejos, a final de ese año sabático, organizaron una excursión a Italia para subir con sus bicicletas hasta las cimas más conocidas del Giro. El día 8 de junio se trasladaron hasta los Dolomitas con todo el equipo, incluida una furgoneta de asistencia en carretera. Aunque en su cuenta de Twitter Luis Enrique se refería a la expedición como «La grupeta dolomítica», la iniciativa fue bautizada con el nombre de «Los Sodomitas 2013», tal como está grabado en las camisetas conmemorativas que encargaron con ocasión del evento. Eran de color rojo y en la espalda llevaban estampados los nombres y los apodos de los catorce participantes en la aventura.

Por el mismo orden en que aparecían en las camisetas eran Felipe el Mandi Martínez, Luis Enrique el Master 21 Martínez, Tomás Pequeño ruiseñor Latorre, Carlos Gran trabayador Benítez, Carlos Noly el discreto Nodar, David Cuerpu Rodríguez, Pepe el Triatleta Navarro, Vicente Pantani Fernández, Juanca Ruso charlatán Unzué, Jordi Pastis el tapao Cebrià, Antonio Sr. Wikipedia gruñón Alix, Miki Rebeld cono lover Arpa, Toñín El falsu Llorente y Claudio Di Bisceglieto Bisceglia. Felipe Martínez es hermano de Luis Enrique.

A partir del día 10 de junio cubrieron la primera de las cinco etapas, a razón de una por jornada, que habían programado para su aventura. Primero, ascendieron el Stelvio con lluvia y nieve. Pasaron dos veces por la cima Coppi, de 2.758 metros de altitud, la primera vez subiendo desde Bormio y la segunda desde Prato. La segunda etapa fue muy dura. Nada menos que el Mortirolo, de 1.851 metros, y el Gavia, de 2.621 metros. La tercera fue de recuperación. Subida al Passo Pordoi, de 2.239 metros; Passo Sella, de 2.214 metros; Val Gardena, de 1.563 metros, y Campolongo, de 1.875 metros. La cuarta les llevó a coronar monte Zoncolan, de 1.742 metros, y monte Crostis, de 1.892 metros. Y la quinta y última les llevó a ascender el Passo Fedaia-Marmolada, de 2.057 metros.

Antes de todo eso, Luis Enrique ya había culminado otros míticos puertos de montaña del Tour de Francia y de la Vuelta a España, todos ellos con desniveles y rampas muy considerables. Había ascendido el Tourmalet, de 2.115 metros de altitud; el Hautacam, de 1.653 metros; el Aubisque, por el Coll de Soulur, de 1.709 metros; el Galibier, de 2.645 metros; la Croix de Fer, de 2.067 metros; Alpe d'Huez, de 1.803 metros; el Col d'Izoard,de 2.360 metros; la Madeleine, de 1.993 metros, y, por supuesto, los lagos de Covadonga, de 1.135 metros. Y lo hizo siempre en compañía de los amigos con los que comparte la pasión por el deporte.

Esa misma pasión también está presente en el ámbito estrictamente familiar de Luis Enrique. Su esposa, Elena, y sus hijos, Pacho, Sira y Xana (e. p. d.) han compartido aficiones con el cabeza de familia. Elena también corre pruebas de resistencia y participa con frecuencia en carreras de cinco y diez kilómetros; Pacho juega al fútbol y es un gran aficionado al skateboard; Sira practica el tenis y se siente también muy atraída por la hípica y la pobre Xana no tuvo tiempo de escoger su especialidad o especialidades.

Durante ese año sabático, Luis Enrique compartió con su esposa y con sus hijos, especialmente con los dos mayores, muchos momentos de ocio deportivo. Aquel invierno hizo surf con Pacho y practicó el esquí alpino con Elena y sus tres hijos. Ya en primavera, concretamente en mayo, la familia participó en una carrera nocturna de resistencia. Fue en la Night Trail que organizaron sus amigos de Aurun Store, sobre dos recorridos, uno de ocho kilómetros y otro de dieciocho kilómetros. Se inscribieron para correr en la prueba corta y compartieron no solo la belleza del recorrido por la Morella, un monte de 594 metros de altitud en Castelldefels, sino también la sensación incomparable de correr de noche.

8
La atalaya del Celta

Tiene mejor conocimiento del mundo
no el que más ha vivido,
sino el que más ha observado.

ARTURO GRAF*

La noticia del fichaje de Luis Enrique como entrenador del Real Club Celta de Vigo se hizo oficial el sábado 8 de junio de 2013, mediante un comunicado que se publicó simultáneamente en la web y en la cuenta de Twitter del club. El texto, en el que se informaba de que el compromiso alcanzado con el técnico asturiano tendría una vigencia de dos temporadas, resultaba muy elocuente. En uno de sus párrafos podía leerse textualmente que «el exjugador internacional llega avalado por un juego alegre y ofensivo, una apuesta firme e inequívoca por la cantera y la gran competitividad que ha inculcado a estos (sus) equipos».

Los tres conceptos sobre los que se sustentaba la decisión del consejo de administración, que presidía el empresario Carlos Mouriño, eran significativos. El club quería que los aficionados pudieran disfrutar de un fútbol atractivo, que los jugadores formados en casa se convirtieran en protagonistas del proyecto y que todos los futbolistas, los de casa y los de fuera, asumieran que el esfuerzo y el compromiso eran aspectos innegociables si querían formar parte del

* Arturo Graf (Atenas, 1848-Turín, 1913), escritor y poeta italiano de ascendencia alemana. Fue profesor de literatura en la Universidad de Roma. Fundó el *Giornale della Letteratura Italiana*.

presente y del futuro de un club que, por ese entonces, llevaba demasiadas temporadas dando tumbos, a caballo entre la Primera y la Segunda División.

La temporada inmediatamente anterior, el Celta de Vigo había sufrido lo indecible. Paco Herrera, que se había incorporado al club en la temporada 2010-11 y que había conseguido el ascenso al año siguiente, sería destituido como entrenador en la jornada 24, después de perder (3-1) en su visita al Coliseo Alfonso Pérez de Getafe. El equipo ocupaba posiciones de descenso, con solo veinte puntos y a cuatro de la salvación, que entonces marcaba el Real Zaragoza. Herrera, un entrenador magnífico, con una trayectoria llena de éxitos y con una gran experiencia no solo en los banquillos, sino también en la dirección del fútbol formativo y en la dirección deportiva, era reemplazado por Abel Resino, que el año anterior había salvado al Granada del descenso con un buen final de temporada.

Esta vez, Abel también consiguió el objetivo de la permanencia para el que había sido contratado. Fue en la última jornada, en un encuentro dramático frente al RCD Espanyol. El Celta venció (1-0) y acabó superando al Real Mallorca, al Deportivo de La Coruña y al Real Zaragoza, en una clasificación muy apretada. De hecho, el equipo celeste se salvó del descenso por un solo punto, y de haber perdido ese partido en Balaídos hubiese finalizado con los mismos 34 puntos que logró el colista. El consejo de administración y el director deportivo del club, Miguel Torrecilla, agradecieron profundamente el trabajo de Abel Resino. Otros en su mismo lugar tal vez le habrían prorrogado el contrato. Pero el fútbol con el que el equipo había logrado la salvación, basado en la solidez defensiva y en las transiciones defensa-ataque, no era lo que querían para su Celta de Vigo.

Es muy probable que, por esa circunstancia, el club gallego ya tuviera decidido cambiar de entrenador antes de ese 1 de junio en el que se consiguió la permanencia en Primera. Pero también es muy posible que los contactos iniciados por Torrecilla para encontrarle un sustituto a Abel Resino se toparan con la dificultad de que los candidatos mejor posicionados —entre ellos Luis Enrique— no quisieran comprometerse hasta que se supiera si el equipo iba a conservar la categoría o debería competir en la Liga Adelante, en Segunda División.

Entre el final del encuentro frente al Espanyol y el momento en que se anunció la contratación de Luis Enrique transcurrieron siete días justos. Es decir, el Celta de Vigo y el entrenador asturiano tuvieron que cerrar su acuerdo en solo una semana. Entre otras razones, porque Luis Enrique no estaba dispuesto a renunciar de ninguna de las maneras a disfrutar de la aventura ciclista que él y trece amigos suyos habían organizado para los días siguientes en los Dolomitas. De hecho, el club hizo pública la noticia a las 20.00 del sábado 8 de junio y a esas horas la expedición ciclista ya debía encontrarse en Italia.

Unos minutos después de confirmarse la noticia, Luis Enrique hacía sus primeras declaraciones como entrenador del Celta. Y también lo hacía de forma virtual, es decir, utilizando las redes sociales. «Muy ilusionado con el reto en Vigo. Os mando un saludo a todos los celtiñas y espero devolver con alegrías vuestra confianza. ¡Hala Celta!», escribió en su cuenta personal de Twitter. Fue al regreso de los Dolomitas, el 18 de junio, cuando tuvo lugar el acto de su presentación oficial.

La expectación mediática que despertó el acto fue muy grande. Numerosos periodistas y fotógrafos se agolparon en torno a los protagonistas de la rueda de prensa. El presidente Carlos Mouriño apareció acompañado de su director deportivo, Miguel Torrecilla, y del nuevo entrenador celeste. Antes de iniciarse el acto, los informadores gráficos tuvieron unos minutos para tomar infinidad de instantáneas. Tantas que, mientras miraba a las cámaras, Luis Enrique se permitió hacer una broma: «Hombre, si no hacéis una foto buena hay que echaros a todos».

El presidente abrió los parlamentos. Sus palabras solo sirvieron para confirmar lo que el club ya había expuesto en su comunicado oficial diez días antes. Es decir, que fichaban a Luis Enrique para que el Celta jugara al ataque, para que fuera un equipo competitivo y para que pudiera nutrirse de jugadores formados en la cantera. «Somos un club que quiere crecer y ser importante desde la base del esfuerzo y un club que no puede tirar de la chequera», enfatizó Mouriño.

Después, Torrecilla explicó que la elección del nuevo entrenador se había producido teniendo en cuenta los resultados de su trabajo en el filial del Fútbol Club Barcelona y en la AS Roma: «Los equipos de Luis Enrique se identifican por varias facetas. Son equipos que juegan con muchísima intensidad, equipos que trabajan muy bien el robo de balón tras la pérdida, equipos que quieren la pelota para ser protagonistas..., y que coincide con una filosofía que el Celta tiene consolidada. Hablando con él te das cuenta del respeto que tiene por la formación y que es un entrenador que va a poner en el campo a los jugadores que se lo ganen, a los jugadores que él crea que son mejores, con independencia de su edad, currículo y trayectoria».

Las primeras palabras de Luis Enrique fueron estas: «Me he traído a la familia. Los tengo a todos ahí para animarme y para aplaudir». Al fondo de la sala no estaban Elena, su mujer, ni estaban Pacho, Sira y Xana, sus tres hijos. Ellos cuatro iban a quedarse en Barcelona durante la temporada. Quienes sí estaban allí eran los miembros de su equipo técnico: Juan Carlos Unzué, que debutaba como segundo del entrenador asturiano; Robert Moreno, el ayudante que ya estuvo con él en el Barcelona B y la Roma; Rafel Pol, el preparador físico que le acompañó en la aventura italiana; Joaquín Valdés, el psicólogo que trabajó a tiempo parcial en el Barça B y a tiempo completo en Roma; y Patxi Villanueva, entrenador de porteros y único integrante del staff vigués que continuaba en el club.

Luis Enrique no dijo nada que no se supiera de antemano. Se limitó a comentar que se sentía «encantado de estar en Vigo», que estaba convencido de que el Celta era «un buen sitio» para él, que quería «un equipo que ataque lo mejor posible y un equipo que defienda lo mejor posible», que «en el fútbol, los romanticismos se quedan a un lado cuando los resultados no llegan», que jugarían «los que se lo merezcan» y, en un guiño a la afición, que estaba «completamente seguro» de que apoyaría al equipo como lo había hecho hasta el último partido de la temporada que acababa de terminar. Ya en el turno abierto de preguntas, explicó que contaba con los tres porteros de la casa (Sergio, Rubén y Yoel), que el sistema de juego dependería «de los jugadores que haya» y que lo más probable sería que el dibujo fuese variando a lo largo del año. No quiso soltar prenda sobre los cambios que iban a producirse en la plantilla, porque antes de hacer públicas las bajas «primero hay que hablar con los jugadores» y porque si se habla de un posible fichaje «el precio sube al doble». El gran titular que dejó en su primer contacto con los periodistas gallegos fue que dentro de «tres o cuatro años, el 90 por ciento de la plantilla será de la cantera».

El día 8 de julio se iniciaron los entrenamientos en las instalaciones deportivas de A Madroa. Luis Enrique repitió, a partir de ese día, la fórmula que ha utilizado siempre en todos sus equipos. Es decir, entrenar mucho durante las primeras semanas con un doble objetivo: que los jugadores adquieran volumen de carga física y que él pueda recalcar, tantas veces como sea necesario, los conceptos tácticos que pretende implantar en el equipo. Las dos cosas tenían mucho sentido y, sobre todo, la segunda porque «un equipo no se hace en dos días».

Iago Aspas, que estaba considerado como el mejor jugador que había en la plantilla, ya había sido traspasado al Liverpool por nueve millones de euros, un dinero que el Celta necesitaba para aligerar la mochila de sus deudas y para hacer frente a los fichajes que Luis Enrique solicitaba para mejorar determinadas posiciones del equipo y para desarrollar un proyecto deportivo que comportaba un cambio de sistema de juego. Hasta entonces, el equipo celeste había utilizado de forma habitual el dispositivo 1-4-2-3-1 y el nuevo entrenador quería jugar con el 1-4-3-3 que él mismo había aprendido como jugador y que había utilizado mayoritariamente en sus dos anteriores equipos. Y como no es lo mismo jugar al ataque que hacerse fuerte desde atrás, ni jugar con la línea de cuatro cerca del área que hacerlo con la defensa adelantada, ni jugar con dos mediocentros que hacerlo con uno, ni jugar con dos mediapuntas de banda que hacerlo con dos extremos, se incorporaron a la plantilla los defensas Andreu Fontás y Jon Aurtenetxe —para cubrir la baja de Roberto Lago, que había acabado su contrato y se marchaba al Getafe—, el centrocampista Rafinha Alcántara y los delanteros Nolito y Charles Dias.

Al Celta empezaron a vérsele las costuras muy pronto. Luis Enrique quería que los laterales se proyectaran mucho en ataque, el mediocentro se incrustara entre los dos centrales para darle mejor salida al balón, los interiores tuvieran llegada desde la segunda línea, los extremos jugaran por fuera y que, cuando estuvieran allí los laterales, buscaran el dos contra uno y que uno de los dos jugara por dentro, que todos presionaran en cuanto se produjera una pérdida de balón y que la salida fuera lo más rápida posible cuando se hubiera recuperado la pelota. Nada nuevo para quien conociera mínimamente la trayectoria del entrenador.

Alguno de los jugadores que tenía no respondía al perfil que necesitaba. Uno de esos casos fue el del defensa central Andrés Túñez, habitual con los entrenadores anteriores y fijo en todas las convocatorias de la selección de Venezuela. Luis Enrique quiso estar seguro de su decisión y esperó a que se cumpliera el primer mes de entrenamientos para comunicarle que no contaba con él y que si quería podía buscarse equipo. Fue el sábado 10 de agosto, después del partido amistoso que el Celta disputó frente al Marítimo de Funchal. Túñez se marchó al día siguiente a Venezuela, para disputar un encuentro oficioso ante Bolivia. Pero antes de que regresara, su representante ya había obtenido la autorización del Celta para negociar una cesión. El defensa acabó marchándose al Beitar de Jerusalén.

Una situación muy parecida le tocó vivir a Fabián Orellana. Luis Enrique disponía de jugadores suficientes como para doblar las tres posiciones del ataque de su equipo y quiso ser honesto con el delantero chileno. El 24 de agosto habló con el futbolista para decirle que apenas tendría minutos y que no pondría ningún obstáculo a su salida. Igual que a Túñez, le dijo que si deseaba cumplir su contrato, no le pondría ninguna traba. Y como Orellana no tenía ganas de irse, aunque eso pusiera en peligro su participación en el Mundial de 2014, tomó la decisión de quedarse, eso sí, convencido de que podría revertir la situación y ganarse la confianza de su técnico. Al final, Orellana acabó jugando treinta y un partidos, catorce de ellos completos, y marcando cinco goles. Y estuvo entre los veintitrés de Chile en Brasil.

El Celta de Luis Enrique se había estrenado en el campeonato de Liga el lunes 19 de agosto. Se enfrentó al mismo adversario (el Espanyol) y en las mismas condiciones (en Balaídos) de la última jornada del campeonato anterior. Entonces, el equipo dirigido por Abel había ganado por la mínima y había salvado la categoría. Los comienzos del encuentro fueron muy buenos y el público disfrutó de un primer tiempo muy esperanzador. Se llegó al descanso con los goles de Álex López y Charles. Todo invitaba a pensar que la segunda parte sería plácida. Pero el Espanyol empató el partido (2-2) con tantos de Víctor Sánchez y Thievy.

La semana siguiente, el Celta ganó (1-2) en el Benito Villamarín. Y para celebrarlo, Luis Enrique aceptó la invitación de Eusebio Unzué, director general del Movistar Team y hermano del segundo entrenador celeste, para vivir una etapa de la Vuelta a España desde el coche del equipo. Fue el 26 de agosto. La etapa se inició en Vigo y finalizó en el Mirador de Lobeira, en Villagarcía de Arousa. El recorrido era muy llano, aunque la llegada fuera en un pequeño monte de 250 metros de altitud. Era una etapa para rodar, sin demasiadas emociones. Pero la experiencia le gustó mucho.

Luis Enrique estaba muy absorbido por su trabajo y, aunque debía tener muchas ganas de subirse a la bicicleta, apenas tenía tiempo. Además, los resultados del Celta no eran buenos y tampoco era cuestión de dejarse ver dando paseos por ahí. Pero Juan Carlos Unzué sabía que el ciclismo ayudaría mucho a rebajar la tensión del entrenador celeste y trataba de arrastrarle siempre que podía a la carretera. Preparaba los recorridos y se ponía delante para marcar un ritmo de pedaleo alto.

Esos primeros meses fueron muy difíciles. Tras la novena jornada y después de perder cuatro partidos consecutivos, el Celta se situó en el decimonoveno puesto de la clasificación, con solo seis puntos de los veintisiete que se habían disputado. Y para colmo de males, el equipo no era capaz de darle una alegría a su público en Balaídos. Hasta esa jornada, había cosechado tres empates y dos derrotas en los cinco encuentros jugados en casa. Esa racha, culminada con el triunfo del Levante (0-1), era como para llorar. Máxime teniendo en cuenta que no se había conseguido ni un solo gol en los tres últimos partidos en Vigo.

En la rueda de prensa posterior a ese último traspié, Luis Enrique fue muy claro a la hora de contestar a los periodistas sobre las causas por las que no llegaban las victorias: «No voy a ponerme a llorar. Seguiré trabajando a tope hasta que me digan que hay otra persona mejor que yo». Era obvio que no estaba dispuesto a bajar los brazos —nunca lo ha hecho—, pero como él mismo dijo en la rueda de prensa de su presentación «los romanticismos se quedan a un lado cuando los resultados no llegan». En esta situación, es posible que más de uno se quedara con ganas de recordarle la frase que pronunció mientras le fotografiaban, aquel 18 de junio: «Hombre, si no hacéis una foto buena hay que echaros a todos».

El equipo necesitaba resultados para que el club no se viera abocado a tener que tomar la decisión de despedir a Luis Enrique y a sus técnicos. Pero para revertir la situación era preciso cambiar algunas cosas y recuperar la confianza de los jugadores, que no se sentían demasiado cómodos con el modelo que su entrenador pretendía implantar. El principal problema era que el Celta no se encontraba cómodo en la fase de creación del juego. Si el mediocentro se situaba entre los dos centrales para dar salida al balón, la distancia con respecto a los interiores se ampliaba y costaba más hacer el fútbol de pases cortos que debía proporcionarles el control de los partidos y darles continuidad en el juego. Oubiña, Fontás y Krohn-Dehli habían pasado por esa demarcación, todos con el mismo resultado.

En esos días, además, circulaba el rumor de que Luis Enrique tenía problemas con Borja Oubiña. Pero nadie se atrevió a pronunciar ni a escribir una sola palabra sobre el pretendido enfrentamiento entre el capitán del equipo y su entrenador. Y la única vez que se oyó decir a alguien que en el Celta se había repetido la misma historia que en la Roma, en una clara alusión a Francesco Totti, fue un año después y en una emisora de radio de la Ciudad Condal. El 3 de octubre de 2014, el padre de Bojan Krkić, jugador del equipo italiano en esa etapa, soltaba ante los micrófonos de Radio Barcelona que el asturiano siempre tenía problemas con los jugadores más emblemáticos de sus equipos: «En el Celta también tuvo un conflicto con un líder, Borja Oubiña. Después parece que se arregló. Supongo que Luis Enrique se dio cuenta de que era un jugador imprescindible en el vestuario, buena persona y buen profesional». Nunca más se ha oído un solo comentario parecido.

Al contrario, el protagonista de la historia se ha deshecho en elogios hacia Luis Enrique siempre que ha tenido la oportunidad de referirse a él. Quizá sea porque en el fútbol hay un código no escrito que todos —o al menos los medianamente inteligentes— respetan siempre. O quizá no fuera verdad que Oubiña hubiera tenido problemas ni pequeños ni grandes con su técnico. En cualquier caso, hay dos ejemplos muy significativos. Durante el mes de noviembre de 2013 y cuando el Celta seguía sin ganar un solo partido en Balaídos, la prensa inglesa publicó que el Tottenham Hotspur quería fichar a Luis Enrique para reemplazar al portugués André Villas-Boas. Ante la noticia, el capitán celeste hizo un elogio de su entrenador: «Los resultados siempre crean desconfianza en la gente que no está dentro, la que no conoce el trabajo diario; pero al final en el mundo del fútbol todos hablamos y sabemos quién va a llegar lejos y quién no». Ocho meses más tarde, cuando Luis Enrique ya estaba dirigiendo al Barcelona, Oubiña fue mucho más directo: «Tuve muy buena relación con él. Es una persona de la que he aprendido muchísimo. El fútbol es un aprendizaje constante y con él y con su equipo técnico viví una manera diferente de ver el fútbol. Fue un gran año en el aspecto individual y de grupo, seguramente porque recibíamos mucha información todos los días».

Dos nuevas victorias fuera de casa ante el Málaga (0-5) y ante el Sevilla (0-1) y una derrota injusta ante la Real Sociedad (4-3) en Anoeta, intercaladas con dos nuevos tropiezos en Balaídos, contra el Barcelona (0-3) y el Rayo Vallecano (0-2), dieron paso a la primera victoria del equipo en su propio campo. Fue en la jornada decimoquinta frente al Almería (3-1). El triunfo volvería a festejarse en la última jornada de la primera vuelta, esta vez ante el Valencia (2-1). Las cifras del Celta seguían sin ser buenas —solo 19 puntos—, pero el equipo ocupaba el decimoquinto puesto en la clasificación y las cosas ya no se veían tan negras. Sobre todo porque las sensaciones que transmitía el equipo, con Oubiña por delante de los dos centrales y con Rafinha y Krohn-Dehli en los interiores, empezaban a ser buenas.

Luis Enrique, como suele hacer siempre en todos sus equipos, mantenía cerrados los entrenamientos a la prensa. No quería que se filtraran informaciones sobre los aspectos tácticos que el equipo trabajaba cada semana, siempre en función del rival al que debía enfrentarse el Celta. Pero un día trascendió que el técnico asturiano se había hecho levantar una plataforma de mecanotubo para presenciar, desde una altura considerable, los movimientos que realizaban sus jugadores. Es evidente que contemplar las cosas desde lo alto le permitía tener una visión mucho más global y más real de lo que sucedía sobre el césped. A pie de campo, difícilmente pueden calcularse las distancias entre jugadores o entre líneas, básicas para saber que un movimiento de presión colectiva o un simple posicionamiento defensivo, con coberturas y permutas, se está realizando correctamente.

Cuando los jugadores practicaban conceptos tácticos, Luis Enrique abandonaba el terreno de juego de las instalaciones deportivas de A Madroa y se subía a aquella atalaya particular. La idea no era suya. Ni nueva. Ya en la década de los años 80 del siglo pasado hubo muchos entrenadores de diversos países que utilizaron ese sistema para calibrar mejor los movimientos individuales y colectivos de sus jugadores. Arrigo Sacchi se hizo construir una terraza en uno de los edificios del centro de entrenamiento de Milanello con ese único fin. Los jugadores bautizaron esa instalación como «la gabbia» («la jaula», en castellano). En esa misma línea, Terry Venables presenciaba las primeras partes de los partidos que el FC Barcelona disputaba en el Camp Nou desde el palco presidencial y en el descanso bajaba al vestuario para corregir los errores que habían cometido sus futbolistas. A fin de cuentas, si hubiera un lugar mejor para ver el fútbol, los directivos seguro que habrían ordenado que los palcos presidenciales cambiaran de ubicación.

Que Sacchi, Venables y otros entrenadores utilizaran este recurso hace treinta años o más era bastante normal. Pero en pleno siglo XXI carece de sentido. Las nuevas tecnologías aplicadas al análisis del fútbol incorporan esa posibilidad y muchas más. Actualmente hay infinidad de productos como cámaras, grabadoras y programas muy sofisticados que ya calculan las distancias entre jugadores y las velocidades de los jugadores. Y más aún, con la incorporación del GPS pueden incluso controlarse constantes vitales y, a partir de ellas, determinar si los jugadores se han empleado con la intensidad que les exigen sus entrenadores. Eso sin contar con la opción de comprar un dron, uno de esos artilugios voladores a control remoto, que permiten grabar imágenes aéreas.

La posibilidad de que el Celta no dispusiera de recursos económicos para poner a disposición de Luis Enrique todo ese material puede ser una de las causas por las que el técnico celeste tuviera que conformarse con aquel andamio o atalaya, como fue bautizada por los medios de comunicación. El entrenador, sin embargo, tiró de imaginación y bautizó la construcción de mecanotubo con el nombre de EOT, siglas que significaban Estación de Observación Técnica. Pero con independencia de todo ello, resulta evidente que a Luis Enrique le gusta ver las cosas desde una posición preeminente o prominente, dos palabras que tienen un significado muy parecido pero no idéntico y que reflejan su forma de ser.

Entretanto, el Celta empezaría la segunda vuelta del campeonato con una derrota (1-0) en Cornellà-El Prat. Pero ya nadie podía negar que los ajustes que Luis Enrique había hecho le daban al equipo un aire distinto, más convincente y en consonancia con lo que tanto el presidente del club como el director deportivo, Mouriño y Torrecilla, habían esgrimido para explicar el motivo de la contratación del entrenador. Los resultados no tardarían en llegar y Luis Enrique recuperaría todo el crédito que algunos le habían discutido hasta entonces.

Una primera racha de cinco partidos sin perder, con tres victorias y dos empates, entre las jornadas 20 y 24, y una segunda tanda de otros cinco encuentros en los que el Celta logró un empate y cuatro victorias, la última de ellas frente al Real Madrid (2-0), determinaron una brillante clasificación final. El equipo acabó la Liga en el noveno puesto y con 49 puntos. Es decir, que si en la primera mitad del campeonato había logrado 19 puntos —una cifra que si se extrapolaba a la totalidad del torneo podía convertirse en una amenaza de descenso—, en la segunda había obtenido 30 puntos. Como siempre hasta entonces, un equipo de Luis Enrique había experimentado una considerable mejoría, tanto de juego como de resultados, en la segunda mitad de la competición. Había sucedido en el filial azulgrana —sobre todo en la primera de sus tres temporadas—, había sucedido también en la AS Roma y se repetía, una vez más, en el Real Club Celta de Vigo.

Luis Enrique y los miembros de su equipo técnico tenían el contrato en vigor para una segunda temporada. Pero las circunstancias, y no precisamente las que se estaban dando en el club celeste, donde las alabanzas empezaban y no acababan nunca, sino las que venían produciéndose a más de mil kilómetros de distancia, se convertían para los dirigentes y aficionados gallegos en una clara advertencia de que el asturiano y su gente estaban muy cerca de hacer las maletas y marcharse con sus bicicletas a otra parte. Los rumores de que Luis Enrique no cumpliría su compromiso con el Celta dejaron de serlo el día 15 de mayo de 2014.

En la rueda de prensa previa al último partido de Liga, Luis Enrique compareció ante los periodistas acompañado por el presidente del club, Carlos Mouriño, para confirmar lo que todos se temían: «Creo que ha llegado el momento de anunciar que no continuaré la próxima temporada. El objetivo por el que viene a Vigo se ha cumplido y la verdad es que me resulta muy difícil estar lejos de mi familia. No sé dónde voy a entrenar el año que viene. Aunque os parezca raro, no tengo ningún acuerdo con nadie», afirmó el entrenador ante los medios de comunicación.

Caracterizado por ser siempre —o casi siempre— un hombre directo y muy sincero, esta vez había mentido a los periodistas, ya que dos semanas antes se había reunido en Gavà con la cúpula de la dirección técnica del FC Barcelona. En lugar de decir que no sabía dónde entrenaría la temporada siguiente y que no tenía ningún acuerdo con nadie, podía haber afinado su declaración y haber dicho que no había firmado ningún contrato con nadie. De haberlo hecho de esta manera, habría cumplido con los dos objetivos de su actuación: decir la verdad y respetar escrupulosamente el hecho de que su club de destino iba a jugarse el título de Liga al día siguiente, en la última jornada, y quién sabía si en el último minuto, del campeonato.

9

Un secreto televisado

Tres podrían guardar un secreto
si dos de ellos hubieran muerto.

Benjamin Franklin*

El día 22 de noviembre del año 2011, el Fútbol Club Barcelona emitió un comunicado oficial en el que se informaba de que Tito Vilanova, entonces segundo entrenador de Pep Guardiola, había sido intervenido quirúrgicamente de un cáncer en la glándula parótida. La noticia cayó como una tremenda bofetada en el club y su entorno. Solo ocho meses antes, el 15 de marzo de ese mismo año, se había tenido conocimiento de que el jugador Éric Abidal debía recibir tratamiento para combatir el cáncer de hígado que le habían detectado los médicos.

La trágica enfermedad de Tito Vilanova —falleció el 25 de abril de 2014— marcó profundamente la vida del club durante los dos años y cinco meses que duraría ese terrible proceso. Aparentemente recuperado de la dolencia, el entrenador aceptó el reto de reemplazar a Pep Guardiola como responsable técnico del primer equipo del club, cuando el día 27 de abril de 2012 el técnico que había sublimado el modelo de juego barcelonista decidió hacer pública su

* Benjamin Franklin (Boston, 1706-Filadelfia, 1790), político, científico e inventor estadounidense. Participó en el proceso de liberación de Estados Unidos e influyó en la redacción de su Declaración de Independencia. Inventó el pararrayos, las lentes bifocales, el humidificador, los catéteres urinarios, el cuentakilómetros y las aletas de nadador.

decisión de abandonar el banquillo tan pronto como finalizase aquella temporada 2011-12.

Vilanova se estrenó como entrenador azulgrana con un éxito extraordinario. El FC Barcelona cerró la primera vuelta de la Liga 2012-13 con el récord de puntos (55 sobre 57) en la historia de un campeonato que esa misma temporada cumplía su edición número 82. Pero el día 20 de diciembre de 2012 y tras sufrir una recaída, el técnico de Bellcaire d'Empordà (Girona) tuvo que ser nuevamente intervenido del cáncer. La decisión de someterse a un innovador tratamiento en una clínica de Nueva York comportó que Jordi Roura, su segundo, se hiciera cargo del equipo durante dos meses y medio. El día 26 de marzo regresó a Barcelona para retomar su trabajo y conquistar el título, igualando el récord de los cien puntos.

El Barça le pidió que permaneciera al frente de la plantilla, y el día 26 de abril Tito Vilanova confirmó que seguiría en el puesto: «Me siento con ganas y fuerzas para continuar». Unos días más tarde, el 31 de mayo, y tras pasar un control médico, el técnico confirmó que cumpliría su contrato: «Los médicos me han dicho que tire para adelante y voy a tirar para adelante». Después de participar activamente en la confección de su nuevo equipo técnico —Domènec Torrent y Carles Planchart se marchaban al Bayern de Múnich con Guardiola— y de su plantilla, inició los entrenamientos el día 4 de julio de aquel año 2013. Pero desdichadamente tuvo que abandonar dos semanas después. La tarde del 19 de julio, el presidente y el director deportivo del club, Sandro Rosell y Andoni Zubizarreta, ofrecían una rueda de prensa para comunicar que Tito Vilanova tenía que someterse a un nuevo tratamiento que era incompatible con su trabajo. Rosell informó a continuación que el vicepresidente del club, Josep Maria Bartomeu, y Andoni Zubizarreta presentarían a su sustituto en el plazo de una semana.

En cumplimiento de sus atribuciones, el director deportivo empezó a buscar un nuevo entrenador. Sus dos candidatos habían sido jugadores del Barcelona, conocían perfectamente el modelo y encajaban, con pequeñas diferencias de matiz, en el perfil que el club necesitaba para sustituir a Tito. La primera apuesta de Zubizarreta era Luis Enrique y la segunda Ernesto Valverde, en esos momentos entrenadores respectivos del Real Club Celta de Vigo y del Athletic Club de Bilbao. El problema residía en que los dos tenían contrato en vigor y ninguno de los dos parecía dispuesto a dejar en la estacada a su club en unos momentos como esos. Es decir, en plena pretemporada.

Zubizarreta no quiso dejar de intentarlo. Y habló con los dos. En el caso de Luis Enrique, había firmado una cláusula en su contrato por la que podría desvincularse del Celta si le llegaba la oferta de un club importante. Eso sí, en ese caso, habría que pagar una indemnización que el Fútbol Club Barcelona estaba dispuesto a desembolsar. El asturiano, sin embargo, no dio opción. Se había implicado mucho en el proyecto celeste y prefería darse un poco más de tiempo antes de cumplir su sueño de regresar a su antiguo club para dirigir a la plantilla profesional. Una plantilla que, dicho sea de paso, ya estaba cerrada y seguramente no era la que él hubiera querido.

A los pocos días se filtró que el sustituto de Tito Vilanova sería Gerardo «el Tata» Martino, un exjugador (Newell's Old Boys, Tenerife, Lanús, O'Higgins y Barcelona de Guayaquil) y entrenador (Almirante Brown, Platense, Instituto de Córdoba, Libertad de Asunción, Cerro Porteño, Colón de Santa Fe, selección nacional de Paraguay y Newell's Old Boys). Precisamente en su club de siempre, el que lleva en el corazón, acababa de conquistar su único título como técnico, el Torneo Final de 2013.

La contratación de Martino causó una gran sorpresa. En primer lugar, porque la decisión de que sustituyera a Vilanova no la había tomado la dirección deportiva del club —fue directamente de Sandro Rosell—; en segundo lugar, porque a lo largo de su carrera profesional no había utilizado y no conocía un sistema de juego que era innegociable en el Barcelona, y la tercera, porque se trata de una persona de una extraordinaria bondad. Demasiada para dirigir un transatlántico como el que un presidente con alma de entrenador acababa de entregarle.

La dinámica ganadora del equipo, que finalizó la primera vuelta de la Liga con cincuenta puntos, se fue truncando a medida que los jugadores perdieron la fe en su modelo y en sus métodos de trabajo. Martino, que tampoco contaba con el respaldo de su principal valedor —Rosell dimitió el 23 de enero de 2014—, se dio cuenta de que pintaba muy poco en el Barcelona y, mucho antes de que acabase la temporada, ya le había comunicado al club que regresaría a Argentina tan pronto como se disputase el último partido del año. La decisión del Tata fue anterior a que se decidieran los títulos importantes. Y lo cierto es que, a pesar de todo, el equipo perdió la final de la Copa del Rey por un único gol, se quedó a un solo tanto de clasificarse para la final de la Champions League, y que de nuevo un único gol le impidió ganar el título de Liga, aunque esta vez sí se consiguió pero fue anulado de manera incomprensible.

Teniendo en cuenta que Rosell había dimitido y que Martino había comunicado su decisión de marcharse en el mes de marzo, Zubizarreta tenía libertad y tiempo suficientes para preparar el desembarco de Luis Enrique. Además contaba con un aliado muy valioso. Nadie sabía, ni nadie supo hasta mucho tiempo después, qué hubiera pasado si el Barcelona ganaba la Champions League o la Liga. Es más, existía el convencimiento de que si el argentino contribuía a conquistar uno de esos dos títulos, continuaría al frente de la plantilla.

Puede afirmarse con toda rotundidad que los primeros contactos entre Zubizarreta y Luis Enrique se produjeron mucho antes de que finalizara la temporada y que tanto el director deportivo como el entrenador ya pusieron en marcha todos los mecanismos necesarios para que la confección de la nueva plantilla no sufriera retrasos como consecuencia de que las negociaciones para la compra y venta de los jugadores se alargaran más tiempo del estrictamente necesario.

En cualquier caso, hay hechos que son tan irrefutables como que el FC Barcelona sabía que tendría que fichar a Claudio Bravo —un portero por el que Juan Carlos Unzué ya había confirmado sus preferencias varios años atrás—, Jérémy Mathieu, Ivan Rakitić y Luis Suárez o que tendría que recuperar a Rafinha Alcántara y a Gerard

Deulofeu de sus cesiones al Celta y al Everton, respectivamente. En esa misma línea, Zubizarreta sabía que podía aceptar ofertas por Cesc Fàbregas y por Alexis Sánchez y que en cambio tendría que rechazar todas las propuestas que llegaran por Pedro Rodríguez, Javier Mascherano y algún otro jugador de la plantilla.

Las semanas fueron transcurriendo como suelen transcurrir en estos casos. Demasiado deprisa para los que tenían que preparar tantas y tantas cosas y demasiado despacio para los que esperaban el momento de desembarcar en sus nuevos puestos de trabajo. Y todos, los unos y los otros, tenían que ser muy prudentes, porque una filtración antes de tiempo podía provocar infinidad de problemas. No lo consiguieron. A pesar de tomar precauciones, una indiscreción desembocó en la crónica anticipada de la contratación de Luis Enrique.

A primera hora de la mañana del lunes 5 de mayo de 2014, Andoni Zubizarreta, Narcís Julià y Albert Valentín, los tres tenores de la dirección deportiva azulgrana, salían de la Ciutat Esportiva Joan Gamper en el Audi A6, de color azul metalizado y matrícula 4033 DJL que el club había cedido a Julià. Nadie debía saber a dónde se dirigían, porque la reunión que iban a celebrar era secreta. Pero no tuvieron en cuenta que, en esas fechas, los periodistas iban a estar pendientes de cualquier detalle, por muy insignificante que este fuera.

Apenas media hora después de que Julià se pusiera al volante del automóvil, Zubizarreta se sentara a su lado y Valentín ocupara el asiento trasero derecho del vehículo, el director deportivo barcelonista, su mano derecha y su mano izquierda llegaban a su destino. Su sorpresa —o quizá no fuera una sorpresa para alguno de ellos— fue que allí, frente a la puerta del domicilio habitual de Luis Enrique, estaban esperándoles varios periodistas y cámaras de diferentes cadenas de televisión.

Muy poca gente sabía que Luis Enrique estaba en Barcelona. El Celta había jugado el sábado día 3 su partido de la jornada 36 de la Liga BBVA en Pamplona. El equipo, que había ganado a Osasuna (0-2) con dos goles de Nolito, había regresado a Vigo después del encuentro. A la mañana siguiente, como todos los días posteriores a la disputa de un partido, la plantilla iba a realizar un entrenamiento de recuperación. Pero a falta de solo dos jornadas para que finalizase el campeonato, el entrenador había concedido un día y medio de descanso a sus jugadores.

No era nada extraño que Luis Enrique y Juan Carlos Unzué hubieran viajado desde Vigo. Esa temporada 2013-14 lo hicieron con tanta frecuencia como se lo permitieron sus obligaciones profesionales. Cuando cerraron su compromiso con la directiva del Celta de Vigo, los dos matrimonios decidieron que las esposas y los hijos de ambos se quedarían a residir en sus respectivos domicilios barceloneses para no alterar el ritmo de vida —estudios, deportes y amistades— de sus hijos.

En cambio, sí era extraño, muy extraño, que la reunión secreta que Luis Enrique —seguramente acompañado de Juan Carlos Unzué— iba a mantener con los tres integrantes de la dirección deportiva barcelonista hubiera llegado a conocimiento de los medios de comunicación. ¿Qué había pasado? Zubizarreta, Julià y Valentín no supieron darle una respuesta convincente al protagonista de la cita. Pero solo había dos opciones, o alguien se había ido de la lengua o los periodistas que esa mañana se encontraban en la Ciutat Esportiva Joan Gamper para realizar su trabajo consideraron que no era normal que Zubizarreta, Julià y Valentín se marcharan juntos y decidieron seguirles.

Pensar que el club había filtrado deliberadamente la noticia para acallar el descontento que el empate de la jornada 36 ante el Getafe (2-2) había producido entre los aficionados no era nada descabellado. Sobre todo teniendo en cuenta que ese fin de semana el Atlético de Madrid había perdido en su desplazamiento al campo del Levante (2-0) y que el Real Madrid no había pasado del empate ante el Valencia (2-2) en el Santiago Bernabéu. Los socios y seguidores azulgrana estaban convencidos de que la pérdida de esos dos puntos sería determinante para el desarrollo final del campeonato, a favor del Atlético de Madrid.

No obstante, los resultados de la siguiente jornada, con la derrota del Real Madrid en Balaídos (2-0) y los empates del Atlético en el Vicente Calderón frente al Málaga (1-1) y del propio Barcelona en su visita al Martínez Valero de Elche (0-0), dejaron al Madrid sin opciones para conquistar el título y convirtieron en decisivo el partido entre barcelonistas y rojiblancos de la última jornada en el Camp Nou. Si el Barça ganaba el 18 de mayo sería campeón y Martino se despediría a lo grande. En caso contrario, la Liga sería para el Atlético. El partido acabó en empate (1-1), aunque los culés no olvidan que Mateu Lahoz, el árbitro que gusta a José Mourinho, anuló un gol legal a Messi.

Pero dos semanas antes, aquel 5 de mayo, entre las paredes de la casa de Luis Enrique se contemplaron solo dos razones por las que los periodistas estaban allí, delante de su casa. La de la filtración y la de la perspicacia de los periodistas. Zubizarreta, naturalmente, se apuntó a la segunda. Pero si había sido por la perspicacia de los periodistas, ¿cómo era posible que ya estuvieran allí cuando llegaron el director deportivo, el secretario técnico y el jefe del departamento de scouting del club? Se supone que si les siguieron, habrían llegado después y no antes. Pero aceptar la teoría de la filtración hubiera sido el primer paso para exigir que el chivato fuera fulminado. Y allí no pasó nada. Bueno, nada tampoco, porque Luis Enrique se pilló un rebote del quince.

A mediodía, todos los informativos de radio y televisión abrieron sus espacios con la noticia de que se había celebrado la reunión. Y todos se apuntaron a la teoría de que el Barcelona había abierto ese día las conversaciones para la sustitución de Gerardo Martino. Sin embargo, en la emisora de radio RAC1, del Grupo Godó de Comunicación, afirmaron que no era la primera reunión que mantenían, que el club confiaba en cerrar el acuerdo en breve, que se habían discutido aspectos del proyecto deportivo y que tenían previsto volver a reunirse en breve.

Luis Enrique regresó a Vigo, donde en la rueda de prensa del día 16 de mayo anunció que dejaba el Celta, pero que no sabía dónde entrenaría la temporada siguiente. Solo tres días después, el 19 de mayo, el Barça celebraba la reunión mensual de su junta. Nada más finalizar, el presidente Josep Maria Bartomeu comparecía ante los periodistas para anunciar que Luis Enrique sería presentado el miércoles inmediato como nuevo entrenador del club.

La noticia daría lugar a una larga cadena de informaciones. La mayor parte de ellas eran una consecuencia directa de las condiciones que Luis Enrique había puesto para firmar su contrato. Así que pronto se anunciaron la baja de José Manuel Pinto, el fichaje de Marc-André ter Stegen, el regreso de Deulofeu y Rafinha a casa, la renovación de Eusebio Sacristán como entrenador del Barcelona B y los nombramientos de Jordi Roura y Aureli Altimira —miembros de los equipos de Guardiola y Vilanova— como nuevos coordinadores del fútbol formativo del club. El nuevo proyecto, el de Luis Enrique, se había puesto en marcha.

10

Su equipo y sus medios

> Llegar juntos es el principio.
> Mantenerse juntos es el progreso.
> Trabajar juntos es el éxito.
>
> HENRY FORD*

Cuando el fútbol dejó de ser solamente un deporte —y de eso hace ya muchos años—, el entrenador empezó a rodearse de especialistas con los que compartir la gran responsabilidad que significaba conducir a un grupo de futbolistas profesionales hacia un objetivo determinado. Y cuanto más transcendentes resultaban el juego y sus consecuencias, más numeroso se iba haciendo su equipo de colaboradores. De este modo, el entrenador dejó de hacer frente a la soledad que caracteriza a los corredores de fondo —una sensación que Luis Enrique conoce muy bien— y empezó a compartir su ámbito de trabajo y de decisión con personas que, además de hablar su mismo lenguaje, asumían tareas que él solo no podría llevar a cabo.

Preparadores físicos, ayudantes técnicos, especialistas en el entrenamiento de porteros, médicos —estuvieron desde el principio de los tiempos pero ahora se incorporaban a horario completo—, fisioterapeutas, analistas del juego, expertos en comunicación y demás personal auxiliar, fueron incorporándose a los equipos técnicos en un

* Henry Ford (Greenfield, 1863-Fair Lane, 1947), empresario estadounidense del ramo del automóvil. Fundador de la compañía Ford e inventor de las cadenas de producción, fue todo un referente en el ámbito del trabajo en equipo como método para alcanzar el éxito empresarial.

número directamente proporcional a la potencia de los clubs. Y eso ya era más o menos así cuando Luis Enrique inició su carrera como futbolista profesional. Todos sus entrenadores disfrutaron de la posibilidad de negociar sus contratos junto a dos, tres o cuatro técnicos de su máxima confianza.

Bobby Robson fue, seguramente, el único de sus entrenadores que, al comienzo de una temporada, aterrizó con la única compañía de un segundo, José Mourinho. Pero Louis van Gaal —que profesionalizó el concepto del staff técnico— o Frank Rijkaard ya contaron con equipos tanto o más numerosos que su plantilla de jugadores. Eso sí, nunca antes un club había vivido una experiencia tan compleja como la de la temporada que precedió a la llegada de Luis Enrique. El ejercicio 2013-14 se había iniciado con los especialistas que había solicitado Tito Vilanova y que, en número, eran más o menos los mismos que en los años anteriores. El problema surgió cuando se produjo el abandono forzoso de Tito y Gerardo Martino se trajo desde Argentina a cuatro ayudantes, de dos en dos, y aceptó la petición del club de mantener a todos y cada uno de los técnicos que tenían contrato.

Al margen de que los métodos de Martino, su segundo entrenador Jorge Pautasso, su preparador físico Elvio Paolorosso y sus dos scouts Adrián Coria —había sido entrenador de Lionel Messi— y Raúl Markovic resultaran tan anticuados que un día, durante un entrenamiento, Xavi Hernández le soltó al Tata algo tan duro como «¿No ve que esto es una vergüenza? Con esta intensidad no vamos a ninguna parte», el equipo técnico de ese año contaba con tantos componentes que Luis Enrique ya tuvo que tomar decisiones antes de desembarcar con su gente de confianza.

Estaba claro que con Martino se irían sus cuatro magníficos. Tanto como que antes de presentar al nuevo entrenador, el club ya tenía instrucciones para despedir o reubicar a otros técnicos. Joan Francesc «Rubi» Ferrer renunció al año de contrato que le quedaba. Se había incorporado al equipo por petición expresa de Tito Vilanova, después de una temporada excepcional como entrenador del Girona, al que clasificó para el play-off de ascenso a Primera

División y con el que quedó a una sola eliminatoria (ante la UD Almería) de conseguir un reto histórico. Nunca ha jugado en Primera. Y también dejarían el equipo, aunque no el club, Jordi Roura y Aureli Altimira, segundo entrenador y preparador físico de Tito. Los dos fueron reubicados como responsables del fútbol no profesional, hasta el Juvenil B.

Se iban a liberar ocho plazas, de las que cuatro serían ocupadas por Juan Carlos Unzué, Robert Moreno, Rafel Pol y Joaquín Valdés. No obstante, después de la presentación de Luis Enrique se producirían nuevos cambios. Alguno de ellos, tan inesperado como el despido de Txema Corbella, utillero del equipo desde 1982. El director deportivo le comunicó la decisión el mismo día que se incorporaba a su trabajo para preparar el material necesario para la pretemporada. Parece que Luis Enrique no tuvo nada que ver con su salida, que fue atribuida a Emili Sabadell, un liquidador de personal de las empresas de Sandro Rosell que había asumido el rimbombante cargo de team manager de la plantilla profesional. Sin embargo, resulta obvio que ni el nuevo entrenador ni nadie hizo nada por evitarlo.

Durante esos días, se filtró a los medios informativos —estas cosas no las sabe nadie si nadie las cuenta— que Sabadell también iba a prescindir de Pepe Costa, que en 2003 había llegado a la secretaría técnica de la mano de Rosell, con quien había coincidido en Nike, y que en 2008 había sido reclamado por Pep Guardiola para trabajar en el vestuario profesional como responsable de la atención a los jugadores. Costa se encontraba en Brasil, por encargo del club, acompañando a Messi durante su concentración mundialista con la selección de Argentina. Se enteró de la noticia por medio de un amigo, a través de un un mensaje por WhatsApp. Cuando se reincorporó a su puesto de trabajo, con unas atribuciones distintas a las que había tenido hasta ese momento, los capitanes de la plantilla intercedieron ante Luis Enrique para que Pepe, un tipo de una grandeza humana superior incluso a su grandeza física —mide más de 1,90 metros y debe pesar más de 95 kilogramos—, continuara realizando las mismas funciones de siempre.

Quedaban por resolver otras cuestiones que podían parecer menores. Pero esas tuvieron que esperar hasta después de la presentación de Luis Enrique. Fue entonces cuando se despidió a Álex García, un exjugador y exentrenador de la casa que había sustituido a Jordi Roura en el área de scouting del primer equipo cuando Tito le nombró segundo entrenador. Y cayó también Quim Ayats, uno de los dos colaboradores externos que viajaban por toda España y Europa con el encargo de grabar los partidos de los rivales. En cambio, Jordi Pallarols se mantuvo en sus funciones. De esta manera, seguía reduciéndose el número de integrantes del cuerpo técnico y, simultáneamente, se dejaban puestos libres para que pudieran incorporarse personas de la confianza de Robert Moreno, que se convertiría en el primer responsable del grupo de trabajo. Aun siendo así las cosas, las entrevistas con los posibles candidatos a convertirse en nuevos scouts del primer equipo las hizo Andoni Zubizarreta, de modo que se guardaba la apariencia de que era él quien asumía la responsabilidad de las decisiones.

Aunque era un secreto a voces, la composición del núcleo central del equipo técnico se dio a conocer de manera oficial en la rueda de prensa de la presentación del entrenador, que tuvo lugar el día 21 de mayo. Con el asturiano desembarcaban los mismos cuatro profesionales que le habían acompañado en Vigo. Juan Carlos Unzué había debutado como segundo de Luis Enrique precisamente en el Celta; Robert Moreno repetía experiencia, después de haber debutado en el Barcelona B (2010-11) y haber estado también en la Roma (2011-12) y en el club celeste (2013-14); Rafel Pol seguiría siendo el preparador físico, como ya lo había sido en la Roma (2011-12) y en el Celta (2013-14), y Joaquín Valdés, el psicólogo, se convertía en el único que había participado en todos los proyectos de Luis Enrique, en el Barcelona Atlètic, en el Barcelona B, en Italia y en tierras gallegas.

Más allá de haberse ganado la confianza de Luis Enrique, los cuatro tenían un currículo repleto de títulos académicos y de experiencias profesionales. Juan Carlos Unzué (Pamplona, 1967) es entrenador nacional con licencia UEFA Pro desde diciembre de 2008.

Realizó el curso con un grupo de ilustres exjugadores, entre los que se encontraban Pablo Alfaro, el Mono Burgos, Santi Denia, Juan Eduardo Esnáider, Donato Gama, Dani García, Fernando Giner, Toni Jiménez, Aitor Karanka, Meho Kodro, José Molina, Mauricio Pellegrino, Alfonso Pérez, Mauricio Pochettino, Miguel Porlán Chendo, Martin Posse y Fernando Hierro.

Unzué se inició como entrenador de porteros, experto en estrategia y usuario de las nuevas tecnologías en 2003, cuando se incorporó al equipo técnico de Frank Rijkaard. Estuvo en el Barcelona hasta junio de 2010. En ese momento decidió iniciar su carrera como entrenador en solitario. Aceptó una oferta del Numancia y se fue volando hasta Los Pajaritos. Completó la temporada y clasificó al equipo justo en mitad de la tabla. En verano de ese 2011 regresó al club azulgrana, pero un año después se marchó de nuevo, esta vez para dirigir al Racing de Santander. Firmó por dos temporadas, pero no llegó a estrenarse en partido oficial. Antes de iniciarse el campeonato tuvo que dejar el cargo, según parece por discrepancias de criterio sobre el contrato que debía vincularles.

Durante ese año en blanco forzoso, Juan Carlos se convirtió en compañero de aventuras de Luis Enrique, con el que formó equipo para participar en la Cape Epic de Sudáfrica. Aunque ya se conocían, porque coincidieron durante dos años en la Ciutat Esportiva Joan Gamper, esa experiencia en el mundo de la mountain bike les llevó a transformar su relación profesional en una relación de amistad. Comparte con el entrenador asturiano mucho más que la pasión por la bicicleta, el fútbol y la cultura del esfuerzo que ha presidido todas sus actuaciones.

Con solo 18 años y siendo jugador de categoría territorial, Robert Moreno (Barcelona, 1977) decidió que quería ser entrenador y se matriculó para realizar el curso de primer nivel en la Federación Catalana de Fútbol. Había hecho sus primeros pinitos como monitor en uno de los equipos del club que presidía su padre y estaba convencido de que ese era el mundo que quería vivir y del que quería vivir.

Obtuvo el título nacional en 2003, en un curso que compartió, entre otros, con Jordi Roura y con Rubi. Posteriormente cursó la diplomatura en Empresa Internacional y obtuvo un máster en Táctica y Entrenamiento en el Fútbol Profesional. Ha sido entrenador de diversos equipos de fútbol formativo, durante tres años como mi segundo y después en solitario.

En la primavera de 2008 fue propuesto para integrarse en la secretaría técnica del FC Barcelona, que entonces comandaba Txiki Begiristain. La entrevista resultó satisfactoria, de modo que se incorporaría al club para realizar funciones de scout. Pero la moción de censura de la que fue objeto Joan Laporta, que desembocó en la dimisión de varios de sus directivos, entre ellos el vicepresidente deportivo Marc Ingla, y el salto de Pep Guardiola desde el filial hasta el primer equipo, jugaron en su contra. Siguió entrenando y se adentró en el mundo editorial, asociándose con Manuel Conde y poniendo en marcha MC Sports.

Dos años más tarde, con el respaldo de dos amigos, uno de ellos el segundo entrenador del Barcelona B, Joan Barbarà, Moreno vio cumplido su sueño de trabajar para el club. Alexanko cerró el acuerdo de su incorporación como miembro del equipo de scouting de Luis Enrique en el filial barcelonista. El entrenador asturiano quedó muy pronto cautivado por sus conocimientos y por su capacidad de trabajo. Hasta el punto de que contó con él en todos y cada uno de los proyectos profesionales que afrontó durante los cuatro años anteriores.

Rafel Pol (Campanet, Mallorca, 1987) es el preparador físico. Licenciado por el INEF de Barcelona en 2010 —con especialización en Maestría en Fútbol— y máster en Prevención y Readaptación de Lesiones Deportivas en el Fútbol, fue uno de los alumnos aventajados de Paco Seirul·lo. Conoció a Robert Moreno a través de la editorial MC Sports, con la que publicó su hasta ahora único libro. Durante aquellos meses, Pol presenció entrenamientos tanto del primer equipo del FC Barcelona como del filial, donde Moreno trabajaba como scout de Luis Enrique. Fue entonces cuando conoció al entrenador asturiano, que no dudó en incorporarlo a su equipo de colaboradores cuando firmó por la Roma, después de que José Ramón Callén decidiera continuar como preparador físico del Barcelona B.

Al margen de tener una extraordinaria preparación y una insultante juventud —en la Roma se sorprendieron de que Luis Enrique contara para una función tan transcendente con un tipo de solo 24 años y sin experiencia profesional—, tiene una magnífica sintonía con todos los técnicos del equipo y de manera especial con Robert Moreno. Ellos dos planifican los entrenamientos, de modo que los ejercicios permitan alcanzar los objetivos físicos, técnicos y tácticos que se persiguen en cada una de las sesiones de toda la temporada. Unzué, por su parte, realiza una aportación decisiva en todo aquello que guarda relación con la estrategia.

De todos los miembros de su núcleo duro, Joaquín Valdés (Oviedo, 1965) es el que lleva más años con Luis Enrique, al que ya acompañó en su estreno como entrenador del Barcelona Atlètic en 2008. Licenciado en Psicología, máster en Psicología del Deporte y diplomado en Magisterio, entre otras titulaciones, es otro apasionado del deporte. Fue varias veces campeón de Asturias de judo y una vez subcampeón de España universitario. Es maestro nacional, sexto dan, árbitro y cinturón negro de jiu-jitsu y ha sido seleccionador asturiano sub-21 de judo y seleccionador de la Universidad Nacional de Educación a Distancia (UNED).

Es, posiblemente, la persona de mayor confianza de Luis Enrique, para el que ejerce como psicólogo y coach. Está presente, como observador, en todas las actividades profesionales que desarrolla el entrenador asturiano, con el que prepara y analiza todas las ruedas de prensa. Cuando Luis Enrique atiende a los periodistas, Valdés está siempre ahí, a una distancia prudencial, pero siempre dentro del campo visual del entrenador. Jamás mueve un músculo, en línea con una de sus máximas como profesional: mantener siempre una discreción absoluta.

Entre las múltiples actividades profesionales que ha realizado y realiza, hay una que llama mucho la atención. Desde hace muchos años, colabora con la empresa Make a Team («fabricar un equipo», en castellano). Dicha empresa fue creada por profesionales del mundo del deporte y de ella son socios Jorge Valdano, Juan Antonio Corbalán, Juanma López Iturriaga y Andoni Zubizarreta, director deportivo del Barça entre 2010 y principios de 2015.

El equipo de Luis Enrique cuenta, sin embargo, con otros dos miembros. Coincidiendo con su presentación y aunque las decisiones ya estaban tomadas, se confirmó de manera oficial que José Ramón de la Fuente sería el entrenador de porteros y que Joan Barbarà completaría el grupo, en calidad de ayudante técnico. Ambos formaban parte de la nómina del club, De la Fuente en la plantilla profesional desde que Unzué se marchó en 2012 al Racing de Santander, y Barbarà desde la temporada 2004-05, cuando entró en el club para realizar una tarea específica de entrenador de delanteros en el fútbol base.

José Ramón de la Fuente (Castell-Platja d'Aro, 1970) fue portero de fútbol en numerosos equipos, entre ellos el Barcelona B. Cuando colgó las botas se especializó en el entrenamiento específico para guardametas. Fue el responsable de la preparación de Víctor Valdés y de José Manuel Pinto a partir de la temporada 2012-13, cuando Unzué dejó el club por segunda vez, ahora para vivir una frustrante experiencia en Santander. De la Fuente, pues, venía de trabajar a las órdenes de Tito Vilanova y de Gerardo Martino. Su llegada al primer equipo se produjo por recomendación de Unzué, que ya había trabajado con él en el grupo de entrenadores de porteros del fútbol formativo azulgrana.

En cuanto a Joan Barbarà (L'Hospitalet de Llobregat, 1966), tuvo una brillante carrera como futbolista en el CE Sabadell y, sobre todo, en la UD Salamanca. Cuando se retiró, empezó a trabajar como técnico, convirtiéndose en el segundo entrenador de Quique Costas a partir del año 2005. Desde entonces había desempeñado esa función u otras muy similares con Pep Guardiola, Luis Enrique y Eusebio Sacristán. Sus tres años de trabajo con el técnico asturiano fueron determinantes. Su incorporación al primer equipo estaba cantada.

En la foto oficial de la temporada, únicamente aparecen estos seis técnicos: Unzué, Moreno, Barbarà, Pol, De la Fuente y Valdés. Pero la realidad es que el equipo completo está formado por una treintena de personas, divididas por áreas. La de scouting es una de las que adquiere mayor relevancia y consta de seis miembros. Se mantienen con respecto a la temporada anterior Jaume Torres, Jordi Melero y el colaborador Jordi Pallarols. Y se han incorporado Isidre Ramon Madir, que trabajó con Luis Enrique en sus dos últimas temporadas en el filial; Carlos Martínez, que fue propuesto por Robert Moreno, y Jesús Casas, que recibiría el encargo de realizar las grabaciones en vídeo de entrenamientos y partidos.

El área de scouting, como todas las demás —física, médica, prensa, etcétera—, cuenta con unos medios extraordinarios. Robots, servidores portátiles, cámaras, ordenadores, programas específicos para el tratamiento y análisis de las imágenes, pulsímetros y un sinfín de materiales que hacen prácticamente imposible que pueda escaparse un detalle, por pequeño que pueda parecer. En este ámbito, Luis Enrique ha introducido un cambio. Hasta su llegada, el club realizaba los estudios sobre los rivales con un programa denominado Eric 2.0, creado en Barcelona por la empresa 1d3a. Ahora trabaja con un software australiano, Sport Code, que ha obligado a cambiar todos los ordenadores y demás dispositivos, reemplazando los viejos procesadores de Windows por los más modernos de Apple.

Volviendo al equipo multidisciplinar de Luis Enrique, también cuenta con los preparadores físicos Eduard Pons y Francesc Cos —experto en tareas de gimnasio—; los doctores Ricard Pruna y Daniel Medina; los fisioterapeutas Jordi Mesalles, Xavi López, Xavi Linde —estos dos últimos incorporados para cubrir las bajas de Jon Álvarez y Carlos Pérez—, Roger Gironés y Juanjo Brau —el hombre que tuvo la máxima confianza de Lionel Messi durante muchos años y que poco tiempo después cayó en desgracia—; los utilleros José Antonio Ibarz, Gabriel Galán y Jordi Durán —el primo de Gerard Piqué, licenciado en INEF, llegó para sustituir a Txema Corbella—;

los periodistas Josep Miquel Terés, José Manuel Lázaro y Xavi Guarte; el responsable de la oficina de atención a los jugadores Pepe Costa y el delegado del equipo Carlos Naval, incombustible a lo largo de los últimos treinta y ocho años.

11

Una declaración de intenciones

Los planes son solamente buenas intenciones,
a menos que degeneren inmediatamente en trabajo duro.

PETER F. DRUCKER*

Luis Enrique Martínez (Gijón, 1970) fue el entrenador número 55 de la historia del Fútbol Club Barcelona, cuando este cumplía sus 116 años de existencia. Desde John Barrow, que fue el primer técnico en 1917, el club ha tenido la buena costumbre de presentarlos a todos ante los medios de comunicación. Resulta una obviedad decir que a las primeras puestas en escena apenas asistieron periodistas. En aquellos tiempos tan lejanos existían muy pocos periódicos —*La Vanguardia*, *Las Noticias* y *Mundo Deportivo*— y el fútbol aún estaba muy lejos de convertirse en el deporte de masas que es hoy en día. Por no existir, no existían ni siquiera las salas de prensa.

Es evidente que tanto los medios de comunicación como el interés social que ha generado el fútbol han experimentado un crecimiento sostenible durante el tiempo que ha transcurrido desde la presentación de Barrow y que el interés de los medios ha aumentado considerablemente. En todo este tiempo, han desaparecido muchos periódicos, de información general y deportivos, pero otros medios,

* Peter Ferdinand Drucker (Viena, 1909-Claremont, 2005), abogado, escritor, filósofo y tratadista austríaco. Especializado en la gestión de administraciones públicas y de organizaciones privadas, está considerado el padre del management. Sus obras —escribió más de treinta libros— siguen siendo objeto de estudio en las escuelas de negocios de todo el mundo.

como las emisoras de radio, las cadenas de televisión, internet y las redes sociales, han convertido aquellos minúsculos actos de la primera mitad del siglo XX en acontecimientos de primerísima magnitud que han contado, sobre todo en lo que llevamos de siglo XXI, con la presencia de varios centenares de periodistas.

Paralelamente a esa evolución natural, las páginas web de muchos medios han puesto en marcha encuestas mediante las cuales dar a conocer qué porcentaje de socios o aficionados de un club estaban de acuerdo o en desacuerdo con la contratación de un entrenador. Muchas de esas encuestas se han hecho con anterioridad a la presentación, pero solo una de ellas ha arrojado un resultado tan abrumador como el que tuvo Louis van Gaal cuando estaba a punto de incorporarse al club. Fue en 1997 y el entrenador obtuvo un 91,3 por ciento de los votos favorables, con un 5,1 de respuestas «no sabe, no contesta». El otro caso sonado, pero en el extremo diametralmente opuesto, fue el de Pep Guardiola, que en 2008 se encontró con un 80 por ciento de «noes». Incluso Frank Rijkaard, al que iba a sustituir, consiguió un porcentaje más alto de «síes» en esa ocasión.

El fichaje de Luis Enrique dio lugar a infinidad de encuestas a partir del mismo momento en que se celebró la reunión de primeros de mayo en el domicilio barcelonés del técnico asturiano. En algún caso se dio a escoger entre varios candidatos al banquillo, con un resultado negativo. En uno de ellos, Jurgen Kloop, el entrenador del Borussia de Dortmund, obtuvo un 46 por ciento de los votos, frente a un 30 de Luis Enrique. Y cuando se planteó el dilema entre el «sí» y el «no», casi siempre tuvo entre el 41 y el 51 por ciento de los votos. A pesar de su magnífica temporada en el Celta de Vigo, no despertaba demasiada confianza.

El caso de Pep Guardiola, que había provocado el mayor rechazo jamás registrado en una encuesta de este tipo, demostraba que el ejercicio de un entretenimiento periodístico no sirve para nada. En solo un año, el FC Barcelona consiguió algo que jamás había logrado ningún otro equipo en la historia del fútbol: participar en seis competiciones y ganar las seis. El único antecedente parecido obraba también en poder del club azulgrana, cuando el equipo bautizado con el nombre de El Barça de les Cinc Copes hizo un cinco de cinco en la temporada 1951-52. Vamos, que como escribió un buen amigo mío, «las encuestas las carga el diablo».

La presentación de Luis Enrique tuvo lugar el día 21 de mayo de 2014. El acto se celebró en el Auditori 1899, construido sobre el antiguo Palau Blaugrana-2, y registró una expectación solo comparable a la de los grandes acontecimientos. Asistieron unos doscientos periodistas, correspondientes a sesenta medios de comunicación. Todos querían conocer, por boca del nuevo entrenador, en qué consistiría el proyecto que iba a poner en marcha, qué fichajes iban a realizarse, qué bajas iban a concederse y todo tipo de cuestiones. Luis Enrique sabía que tendría que enfrentarse a preguntas comprometidas y sabía también que esa era una magnífica oportunidad para hacer su declaración de intenciones.

Después de recibir los elogios del presidente Josep Maria Bartomeu y del director deportivo Andoni Zubizarreta, Luis Enrique se arrancó con un monólogo: «Hoy para mí es un día muy ilusionante. Es un día muy especial. Es un día en el que creo que empezamos a construir un nuevo Barça. Un Barça que pueda ilusionar, un Barça que recoja de nuevo todos los intereses y que consiga todos los resultados que buscamos. Hoy es un día muy especial porque ya me habían dicho, cuando me marché del Barça B, que era un "hasta luego" y que en breve podría estar por aquí. Han cumplido su palabra, a pesar de la dificultad que sabía yo que tenía ese mensaje. Pero para mí hoy es un día en que se cumple todo a lo que puede aspirar un entrenador, no solo por el hecho de que este es el club que primero confió en mí cuando todavía no tenía ninguna experiencia como entrenador... Me marché porque nunca tuve como objetivo entrenar al primer equipo del Barça. Y explico un poco el porqué de todo esto. Pues porque creo que ese es el tipo de cosas tan maravillosas que como te las plantees no aparecen. Mejor hacer tu camino, hacer el mayor mérito posible para que, si algún día lo estiman oportuno, se presente. Hoy es ese día y por eso solo puedo que estar aquí feliz, sonriendo. Espero darle al club todo lo que necesita, espero seguir siendo fiel a lo que soy como persona y como entrenador... Y nada, empiezo una temporada hoy mismo ya. Esta misma tarde ya empezamos a decidir cosas que son más o menos importantes, cosas que espero que acaben con una grandísima temporada. Sé de la responsabilidad y la dificultad que tiene el proyecto, pero estoy deseando escuchar de nuevo el himno del Barça en el Camp Nou. Escucharlo esta vez no como socio, sino como entrenador, y disfrutarlo, que de eso se trata. Espero disfrutar muchísimo. Y nada, espero no haberme olvidado de nada importante».

Como tarjeta de presentación, quedaba claro que Luis Enrique llegaba con ilusión, responsabilidad y cargado de buenos deseos. Pero esa introducción no dejó de ser un calentamiento. Cuando llegaron las preguntas de los periodistas, empezó a disputar su partido. Y ahí ya se mostró en todo su carácter, con toda su decisión, todo su compromiso, toda su ambición. Como cuando jugaba, y como cuando dirigía a sus tres equipos anteriores. Eso sí, en muchos momentos recurrió a la ironía y a la broma. Por ejemplo, en respuesta a un periodista que le pidió que se definiera como entrenador, empezó diciendo que era «alto, guapo, simpático y asturiano», aunque luego acabó por desnudarse: «Un entrenador, al final, más que un entrenador es un líder. La capacidad que tenga para liderar se puede medir por muchos aspectos. Ya no hablo solo de conocimientos técnicos o tácticos, sino de los conocimientos a la hora de gestionar un grupo, gestionar egos, motivación... Muchísimas cosas que influyen. Un entrenador no es solo una persona que pone once jugadores. Hay un trabajo previo durante la semana, un trabajo de conocimiento personal del jugador... Por supuesto, decidir quiénes son los que participan y los que inician los partidos. Pero va mucho más allá de eso. Creo que intento englobar todo lo que significa ser un líder. Intento hacerlo de la mejor manera posible, siendo fiel a mis principios y eso es lo que vais a ver un poco por aquí».

En sus experiencias anteriores como entrenador, Luis Enrique nunca se había autoproclamado como el líder de sus equipos. Esta vez, en cambio, sí lo hacía. Quizá porque nunca en sus anteriores clubs había tenido al mejor jugador del mundo, Lionel Messi, en la plantilla. Y casualidad o no, su segunda respuesta giró en torno al futbolista argentino, que a fin de cuentas era y es el líder del vestuario. Luis Enrique tenía muy clara su respuesta: «Estoy encantado y maravillado de tener al mejor jugador del mundo en la plantilla. Este es un hecho imposible de olvidar y es un hecho que me motiva cantidad. Acaba de firmar su contrato de renovación, con lo cual Messi también está encantado de seguir aquí. Siempre ha dicho, por activa y por pasiva, que le gustaría acabar su carrera en el Barça. Fantástico. No puede haber un nexo más grande que este entre tres partes: jugador, entrenador y club. A partir de ahí, es evidente que su rendimiento de esta temporada no ha sido tan increíble como lo fue en temporadas anteriores, pero sigue siendo el número uno. Lo que pasa es que se han acostumbrado a 700.000 goles y cuando metes 100.000 parece que la cosa se queda ahí. Messi aporta muchas cosas más que goles. Es indispensable para el grupo. Creo que va a ser un referente único. Espero que conmigo encuentre su mejor versión, y si no la encuentra lucharemos y buscaremos las condiciones necesarias para que se dé. Pero ya no solo con Messi. A los Iniesta, a los Neymar y a todos los jugadores que forman la plantilla, a todos los jóvenes de la cantera y que también están en el primer equipo. A estos les vamos a exigir muchísima hambre, porque lo tienen que demostrar cada día».

Había hablado de los dos líderes, del entrenador y del estandarte del equipo. Pero ¿cómo iba a jugar el Barça de Luis Enrique? El asturiano lo tenía muy claro: «Jugaremos al ataque, como se nos ha identificado últimamente. Con un fútbol atractivo, que ha enganchado a millones de personas de todo el mundo. Queremos que a la gente le apetezca ver un partido del Barça. Eso significa que también vamos a defender, como es lógico. Pero le vamos a ver jugar de la misma manera. Le daré los matices que considere que pueden ayudar a este equipo. Hablaré con los jugadores, pero no solo se trata de decirlo, sino de que ellos lo hagan suyo, de que lo asimilen. Y espero ver una versión muy atractiva y efectiva. Para eso estoy aquí. Me veo capaz. Creo que puedo aportar cosas a los jugadores, cosas al equipo y cosas al club. Y ese es mi reto». Más tarde completó su idea con nuevas aportaciones: «El Barça ha sido un referente mundial y ha ganado muchísimos títulos y además no solo ha ganado, sino cómo ha ganado. Eso genera que el nivel de exigencia sea mayor. El socio culé está acostumbrado a ver un fútbol de otra galaxia y es difícil que se acostumbre a otra cosa [...]. No valdrán los títulos ganados al patadón. Acepto esa exigencia y la aceptaré hasta el último día, cuando el club crea que no soy la persona adecuada. Entonces me iré a un lado y seguiré siendo lo que soy hasta ahora. Pero espero que esto sea duradero. Al menos hasta que se me acaben las fuerzas».

Faltaban por llegar muchas preguntas. Y entre ellas las que hicieron referencia al sistema que utilizaría Luis Enrique: «Con 9 o sin 9, eso es algo que tendremos que valorar. Nos reforzaremos con los mejores jugadores que podamos. Y en cuanto a la táctica, esto del 1-4-3-3, el 1-3-4-3, el 1-5-3-2 o el 1-4-4-2 son dibujos tácticos que trabajaremos con los jugadores en función de lo que queramos. De repente aparecerá una línea de tres, de cuatro o de cinco, dependiendo de nuestros intereses. Más allá de un dibujo, que evidentemente va a ser asociativo y con el que llevemos el peso del partido, se verá en función de los jugadores que tengamos y de los estados de forma [...]. Mi objetivo es que a mi equipo, gane o no, se le vean patrones de juego, que se vean cosas que se pueda decir que el equipo está trabajado y quiere ir a por el partido, ya sea en casa o fuera. El Barça siempre irá a por el partido y lo intentará hacer de una manera bonita para el espectador [...]. No hay mejor cosa que tener el balón para defender. La idea va ligada a lo que es el Barça desde hace bastantes años. Pero también es cierto que hay que ir evolucionando esta idea, perfeccionándola, mejorándola... de manera que podamos sorprender al rival para que no sepa qué tipo de juego vamos a hacer. Serán matices que puedan enriquecer la propuesta. Es una faceta en la que debemos mejorar para no ser predecibles».

También le preguntaron por la gestión de los egos; por su relación con Francesco Totti en la Roma («A alguien le interesó decir que yo tenía una pelea con él. Llamaba a mi madre a casa y me preguntaba qué me pasaba con Totti y yo le respondía, pues nada, no pasa nada. Tuve y mantengo una relación muy buena con Francesco»); por los criterios que utilizaría a la hora de decidir quién jugaría; por los refuerzos que iba a solicitar; por el papel que debían desempeñar los jugadores ya consolidados de la plantilla; por su relación con Pep Guardiola; por el hecho de que hubiera coincidido en un mismo vestuario con Louis van Gaal, José Mourinho y Guardiola; por la cantera y por el papel que jugaría en su proyecto; por Joaquín Valdés («No os preocupéis, que el psicólogo es para mí. O sea, que tranquilos. Y si algún periodista lo necesita, también podemos darle la tarjeta»); por el andamio que se hizo construir en el Celta de Vigo y hasta por el uso de las redes sociales.

A todo respondió del mismo modo que cuando quisieron conocer, por su propia boca, si iba a imponer mano dura a sus jugadores: «No sé lo que entendéis por mano dura. Yo siempre soy positivo, no os preocupéis. Voy a gestionar el grupo, a los jugadores, como lo pude hacer en el Barcelona B, en la Roma o en el Celta. Son personas, juegan muy bien al fútbol, los admiro como socio que soy, pero como entrenador mi objetivo es ayudarles, porque debemos hacer algo, dentro del campo, de manera colectiva. Un jugador siempre tiene una percepción individual. Mi trabajo es que esa mentalidad y ese objetivo sean globales. Con lo cual, siempre habrá un tira y afloja. Pero no creo que necesite mano dura. Creo que necesitamos mucha comunicación, ir todos juntos de la mano, ser muy exigentes en el trabajo. Eso ya lo adelanto. Me gusta mucho que los jugadores se entrenen bien, que nadie se vuelva loco [...]. No voy a sacar bicicletas, ni cosas raras. Entrenaremos con balón. Creo que en un club de esta magnitud, y con unos jugadores de este nivel, lo importante es que los jugadores disfruten del entrenamiento [...]. Como en todos los grupos, surgirán dudas, surgirá algún que otro problemilla de convivencia, de comunicación. Entonces lo afrontaremos, lo valoraremos y seguiremos todos hacia delante, porque el objetivo es común. De lo que no cabe duda es de que todos, jugadores, cuerpo técnico, directiva, y sobre todo la afición, debemos caminar juntos porque así seremos más fuertes».

Su intervención ante los periodistas se alargó por espacio de una hora, diez minutos y dieciséis segundos. Fue como si Luis Enrique hubiera disputado una media maratón. Pero acabó la prueba menos cansado que si la hubiera corrido. Y encima cruzó la línea de meta en primera posición. Su actuación generó buenas sensaciones entre los socios y los aficionados. Es posible que si al día siguiente se hubiera realizado una encuesta, los resultados hubieran sido diametralmente opuestos a los de los días precedentes. Luis Enrique dio respuestas convincentes a todo lo que podía contestar. Era obvio que había preparado minuciosamente su comparecencia —con su psicólogo Joaquín Valdés— y sabía perfectamente dónde estaba y a dónde quería ir. No dio una sola puntada sin hilo y entre frase y frase explicó con una claridad meridiana las líneas maestras del trabajo que pensaba desarrollar y con quién quería hacerlo. La única incógnita que dejó en el aire guardaba relación con el papel que Xavi Hernández podría jugar en su proyecto deportivo.

12

Fichajes de manual

Puedes diseñar, crear y construir
el lugar más maravilloso del mundo;
pero se necesita gente
para hacer el sueño realidad.

WALT DISNEY*

La misma tarde de su presentación, después de comer, Luis Enrique, Juan Carlos Unzué, Robert Moreno, Rafel Pol y Joaquín Valdés acudieron a la Ciutat Esportiva Joan Gamper de Sant Joan Despí para empezar a trabajar. Primero visitaron las instalaciones reservadas al equipo profesional y también la Masia Oriol Tort, que el entrenador asturiano tenía interés por conocer. El edificio se había inaugurado unos meses después de que Luis Enrique diese por finalizada su estancia de tres años en el filial y emprendiese su aventura en la AS Roma. Todo estaba muy bien, pero el nuevo técnico barcelonista estaba inquieto por empezar las reuniones de trabajo con el objeto de llegar al primer día de entrenamiento, que sería el 14 de julio, con el mayor número posible de temas resueltos.

Algunas cosas ya eran sabidas, como la retirada de Carles Puyol y las bajas de los guardametas Víctor Valdés, que un año y medio

* Walt Disney (Chicago, 1901-California, 1966), productor, guionista y director cinematográfico estadounidense. Está considerado como el mejor especialista en dibujos animados de la historia del cine. Creó personajes míticos, como Mickey Mouse, el Pato Donald y otros muchos, y fue distinguido con veintiséis Oscar de Hollywood y siete Premios Emmy. Falleció como consecuencia de un cáncer de pulmón.

antes había anunciado su decisión de marcharse a jugar en el extranjero, y de José Manuel Pinto, al que el Barcelona decidió no renovarle el contrato. Por otra parte, estaba ya firmada la incorporación del portero Marc-André ter Stegen, procedente del Borussia Moenchengladbach, que sería presentado al día siguiente, y se había comunicado a Gerard Deulofeu (Riudarenes, 1994) y a Rafinha Alcántara (São Paulo, 1993) que debían regresar a casa, tras jugar en el Everton y el Celta de Vigo respectivamente, en calidad de cedidos. Todo lo demás estaba todavía por hacer.

El profundo conocimiento que Luis Enrique tenía de la filosofía del club; de las carencias y necesidades de la plantilla que heredaba de Gerardo Martino; de las características que debían de tener los jugadores con los que pretendía preservar las esencias del modelo, y al mismo tiempo trabajar distintas variantes del juego para hacer menos previsible el fútbol del equipo; de los jóvenes jugadores que en ese momento formaban las plantillas del Barcelona B, del juvenil de División de Honor y otras tantas cuestiones fueron clave para que el nuevo entrenador azulgrana pudiera afrontar la primera etapa de su trabajo con una gran seguridad.

Y no solo tenía muy claras las ideas, sino que además estaba decidido a llevarlas a cabo con toda la firmeza habida y por haber. Oyó una por una las propuestas que le hicieron los responsables técnicos del club, Andoni Zubizarreta, Narcís Julià y Albert Valentín, pero casi siempre hizo valer sus argumentos. Era justo que la última palabra fuera la suya, porque si las cosas salían mal, la primera víctima sería él mismo. En este sentido, Luis Enrique sabe que no está en posesión de la verdad absoluta y que por tanto puede equivocarse. Pero cuando sucede, nunca se esconde. Siempre asume su responsabilidad. Como dice Manel Ferrer, el hombre que negoció los contratos del entrenador asturiano y de los miembros de su equipo con la AS Roma, «es un poco cabezota, pero es muy honesto».

Sobre el papel de una libreta de esas que tienen un campo de fútbol dibujado en todas sus hojas, se colocaron los nombres de los veinticinco jugadores que la temporada anterior habían tenido dorsal del primer equipo. Se marcaron las bajas ya conocidas de Víctor Valdés, José Manuel Pinto y Carles Puyol. A partir de ese momento se señalaron los nombres de los jugadores que Luis Enrique no quería en su plantilla. Por último, se valoró qué futbolistas eran susceptibles de ser traspasados o cedidos, no solo para generar nuevas vacantes, sino también para calcular de un modo aproximado qué dinero podría obtenerse por ellos.

Este último aspecto resultaría fundamental porque Luis Enrique necesitaba cubrir algunos puestos del equipo con jugadores de alto nivel competitivo y en algunos casos con más de un jugador por posición o por línea. Hacía falta fichar a un segundo portero, quería que se contrataran no menos de dos defensas —los dos centrales—, era preciso incorporar a un centrocampista y el entrenador quería, mejor dicho, tenía metido entre ceja y ceja un delantero centro. Y no uno cualquiera. Quería a Luis Suárez, el goleador del Liverpool, que había terminado la temporada con 32 goles en la Premier League. Así que tirando por lo bajo, el club debería invertir unos ciento cincuenta millones de euros, además de los doce que ya se había comprometido a desembolsar por Ter Stegen.

El FC Barcelona había presupuestado un gasto de cincuenta millones de euros para el capítulo de adquisiciones de jugadores. Pero en esta ocasión se daban dos circunstancias excepcionales. La primera, que se iniciaba un proyecto nuevo, y la segunda, mucho más trascendente, que el club había sido sancionado por la FIFA a causa del incumplimiento del Estatuto del Jugador en materia de incorporaciones de futbolistas menores de edad. El castigo inicial, que fue comunicado el día 2 de abril de 2014, comportaba que los azulgrana no podrían realizar fichajes durante dos mercados, hasta el verano de 2015. No obstante, la FIFA concedió una suspensión cautelar de la sanción hasta que se resolviera el recurso presentado por el club y el Barcelona pudo fichar jugadores ese verano.

Sin esa suspensión cautelar, el proyecto de Luis Enrique se habría visto muy comprometido. Pero más allá de esta circunstancia, se temía que los recursos presentados por el Barcelona, primero ante la FIFA y en última instancia ante el Tribunal Arbitral du Sport (TAS), no prosperarían y que por lo tanto el club no podría fichar jugadores en los dos siguientes mercados, en enero y en verano de 2015. En previsión de que fuera así —la sanción se confirmó el 30 de diciembre— había que contratar al mayor número posible de futbolistas, porque durante todo el año siguiente el club únicamente podría incorporar a su plantilla a jugadores recuperados de cesiones o formados en las categorías inferiores.

La principal dificultad para llevar a cabo las distintas operaciones de traspasos, cesiones y fichajes fue que muchos de esos jugadores estaban disputando el Mundial de Brasil. Pero aun así se cerraron acuerdos durante la competición, a través de los representantes de los futbolistas y de los propios clubs. De este modo, Luis Enrique pudo ver cumplidos sus deseos antes de que comenzaran las competiciones oficiales con dos excepciones. El acuerdo para la cesión de Alex Song al West Ham no se produjo hasta el 30 de agosto y el fichaje de Luis Suárez, que se había cerrado el 11 de julio, se complicó por la sanción de cuatro meses de suspensión que le impuso la FIFA por darle un mordisco al italiano Giorgio Chiellini durante el Italia-Uruguay del día 24 de junio.

Además de las bajas de Valdés, Pinto, Puyol y Song, se registraron las del portero Oier Olazábal, que recibió la carta de libertad y fichó por el Granada; Jonathan dos Santos, que fue traspasado al Villarreal por dos millones de euros; Ibrahim Afellay, que fue cedido al Olympiakos griego; Cristian Tello, que se marchó al Oporto en préstamo, por dos millones de euros, con una opción de compra por ocho millones más; Isaac Cuenca, que negoció la resolución de su contrato y se marchó al Deportivo de La Coruña; Cesc Fàbregas, que fue vendido al Chelsea por 33 millones de euros, y Alexis Sánchez, por quien el Arsenal pagó 42,5 millones de euros. En total, abandonaron la plantilla once jugadores y el club ingresó, por todos los conceptos, la suma de 79,5 millones de euros, que no serían netos porque aún quedaban cantidades pendientes por amortizar de cuando fueron fichados.

En cuanto a las incorporaciones, el manual del 1-4-3-3 que el FC Barcelona desarrolla desde hace muchos años define con todo lujo de detalles las condiciones físicas, técnicas, tácticas y de personalidad que deben reunir sus jugadores en función del puesto que vayan a ocupar en el campo. Cualquiera que forme parte de la estructura técnica del club tiene la obligación de conocerlas. Luis Enrique, por supuesto, las tiene grabadas a fuego y nadie mejor que él conocía y conoce los pormenores de su propio proyecto. Por lo tanto, estaba garantizado que los fichajes se llevarían a cabo con mucho criterio. So pena que al entrenador no le quedara otro remedio que aceptar alguna operación ya comprometida o se presentaran algunos condicionantes insalvables en el marco de las negociaciones.

La portería se había quedado vacía. Los tres guardametas de la temporada anterior ya no estaban. Valdés, que había sufrido una rotura del ligamento cruzado anterior de la rodilla derecha en el mes de marzo de 2014, se marchó con la intención de incorporarse a la plantilla del AS Monaco, con el que había suscrito un contrato por cinco temporadas. El club francés incumplió su compromiso con el argumento de que el portero estaba lesionado, y en enero de 2015 Víctor firmó por el Manchester United de Louis van Gaal. En cuanto a los otros dos guardametas, Zubizarreta y Luis Enrique consensuaron la decisión de no renovar el contrato de Pinto y de dar por finalizada la estancia de Oier en el club. Paralelamente y en cumplimiento de una de las cláusulas de su contrato, Jordi Masip (Sabadell, 1989) dejó el Barcelona B para ascender a la plantilla profesional.

Marc-André ter Stegen (Moenchengladbacch, 1992) estaba fichado desde hacía varios meses. El club le había seguido durante casi dos temporadas. Prácticamente desde el mismo momento en que Víctor Valdés hizo pública su decisión de dejar el Barcelona. Respondía al perfil de guardameta moderno, seguro bajo palos, bueno por alto, rápido en las salidas, con un buen uno contra uno y con un juego de pies —con los dos— que se prestaba a discusión. No porque tuviera un mal golpeo de balón, sino porque su juventud le había traicionado muchas veces y varios vídeos suyos corrían por las redes como ejemplos de acciones tragicómicas. Su margen de mejora era muy grande, pero parecía demasiado atrevido ponerle en el disparadero de buenas a primeras. Tenía que reemplazar a uno de los mejores porteros del mundo.

Por esa misma razón, Luis Enrique exigió la contratación de otro guardameta. Claudio Bravo (Buin, 1983) fue el elegido. Había estado en la agenda del FC Barcelona durante los cinco años en los que Juan Carlos Unzué formó parte del staff de Frank Rijkaard y fue, simultáneamente, la persona encargada de realizar los informes de los porteros para la secretaría técnica que comandaba Txiki Begiristain. El chileno Bravo también era un fichaje de manual. Reunía todas las condiciones que se requieren para encajar en el modelo. Domina todas las acciones técnicas propias de un portero moderno; es espléndido con los pies («Creo que ha sido la mejor demostración de juego y pases con los pies que he visto en un portero», dijo el seleccionador Roy Hodgson tras el Inglaterra-Chile [0-2] de noviembre de 2013); es reactivo; lee muy bien las distintas situaciones que se producen durante los partidos y tiene mucha experiencia. Además, conocía muy bien la Liga Española por haber jugado durante ocho temporadas en la Real Sociedad. Aunque no se dieron a conocer las cifras del traspaso, el club pagó doce millones de euros, igual que por Ter Stegen.

La defensa era la otra línea del equipo que requería de mayor atención. Más allá de que existieran dudas sobre el rendimiento futuro de Dani Alves y de que fuera interesante fichar a un segundo lateral para el caso de que se confirmara la sanción de la FIFA, el fiasco de la contratación de Alex Song para jugar en el centro de la zaga y la retirada de Carles Puyol hacían necesaria la incorporación de dos centrales de categoría. El club tenía por norma contar con dos jugadores para cada puesto y si Mascherano iba a ser utilizado como medio centro —esa fue la primera intención de Luis Enrique—, Piqué y Bartra necesitaban compañía y competencia.

El FC Barcelona había tanteado la posibilidad de fichar a Jérémy Mathieu en el anterior mercado de diciembre, porque la esperada recuperación de Puyol no se producía. Ahora en cambio, iba a cerrar la operación. Las negociaciones fueron muy duras y largas, porque el Valencia no daba su brazo a torcer. Quería que el jugador se quedara en Mestalla y la única opción era que el club azulgrana depositara los veinte millones de euros de su cláusula de resolución de contrato. Y así fue. El francés Mathieu (Luxeuil-les-Bains, 1983) se incorporó a la plantilla a finales de julio. Defensa lateral durante la mayor parte de su carrera, había decidido un año antes que no quería jugar más en la banda. Quería ser central. Es zurdo; tiene capacidad para dar salida al balón; tiene llegada al área contraria —aunque eso no es muy frecuente que suceda con los centrales del Barcelona—; es un buen especialista en las acciones de estrategia, tanto a favor como en contra —mide 1,92 metros—; es un buen marcador; es muy rápido y tiene una gran capacidad correctora. Quizá fuera caro dada su edad y sus achaques físicos —suele padecer molestias en los tendones de Aquiles—, pero cualquier otra opción habría resultado mucho más cara y el presupuesto global tenía que dar para otros fichajes.

Después de trabajar sobre diversas opciones, Thomas Vermaelen (Kapellen, 1985) acabó por convertirse en el otro defensa central que necesitaba la plantilla. Jugador del Arsenal e internacional por Bélgica, donde desempeñaba indistintamente las funciones de central y de lateral zurdo, se había dado a conocer en el Ajax de Ámsterdam. El club tenía magníficos informes suyos desde el año 2008, pero no se habían dado las condiciones para su incorporación. Es un jugador rápido, domina los diferentes tipos de marcaje, tiene calidad técnica, va bien de cabeza, lee bien el juego, se anticipa muy bien y es inteligente. El día que fue presentado, Zubizarreta dijo que se trataba de un futbolista «de rendimiento inmediato». Pero no fue así. Vermaelen, que había perdido la titularidad en el equipo de Wenger, en parte por una lesión en la espalda, regresaba del Mundial de Brasil con una lesión en los isquiotibiales que acabaría por llevarle al quirófano en el mes de diciembre, con un pronóstico mínimo de cuatro meses de baja. El precio del traspaso fue de diecinueve millones de euros, aunque en determinados medios se sostiene que fueron diez millones, con unas variables de cinco millones más. Hubo quien vinculó la operación del fichaje de Vermaelen con la venta de Alexis Sánchez al club londinense.

Luis Enrique quería que los laterales del equipo jugaran prácticamente como extremos. Aunque contaba con Dani Alves —que finaliza su contrato en junio de 2015—, Martín Montoya, Jordi Alba y Adriano Correia, todos ellos de características muy ofensivas, trató de incorporar al colombiano Juan Guillermo Cuadrado, cuyos derechos pertenecían a la Fiorentina y que en diciembre fue traspasado al Chelsea. Pero el precio que exigía el club italiano y las limitaciones presupuestarias del club hicieron inviable la operación. Se estudiaron otras opciones y a punto de cerrarse el mercado se fichó al brasileño Douglas Pereira (Monte Alegre de Goiás, 1990), que jugaba como lateral en el São Paulo. Las negociaciones con la empresa Traffic —la misma que había gestionado tiempo atrás los contratos de Henrique Adriano y Keirrison de Sousa— levantaron suspicacias. Existía la sospecha de que tras la operación se escondía un negocio turbio. Y debía ser verdad, porque en el último momento el precio del traspaso bajó de un modo anormal. Al final se pagaron 5,5 millones de euros por un futbolista que siguió siendo una incógnita durante años. Sus limitaciones superan a sus virtudes.

A pesar de la venta inesperada de Cesc Fàbregas al Chelsea de José Mourinho y de las dudas que hubiera con respecto al futuro de Xavi Hernández, el centro del campo solo necesitaba un retoque. Con Sergio Busquets y la alternativa de Mascherano para el puesto de mediocentro, el Barça contaba con Andrés Iniesta, Sergi Roberto y Rafinha Alcántara para cubrir los puestos de los interiores. Luis Enrique quería a un futbolista de otras características para poder desarrollar un repertorio táctico más amplio. Ya había dicho que uno de sus objetivos era que el equipo dejara de ser previsible. Quería a un jugador de mayor recorrido físico y con un buen desplazamiento de balón en largo. Y eso, además de cumplir con los requisitos generales de que fuera rápido, técnico e inteligente.

Ivan Rakitić (Mölhin, 1988) reunía todas aquellas cualidades. El jugador suizo de origen croata había jugado en el Basilea y en el Schalke antes de fichar por el Sevilla en 2011. A pesar de su edad, tenía experiencia y también conocía la Liga Española. Y ese era un valor añadido. Aunque a lo largo de su carrera había jugado como medio centro —en un sistema de doble pivote— y como mediapunta —una posición que no suele utilizarse en el Barcelona, y que cuando se utilizaba era para Messi—, podía adaptarse perfectamente al puesto de interior. Su calidad técnica en el golpeo estaba contrastada, por lo que podía aportar pases largos para un juego más directo, disparo desde media distancia para desatascar situaciones en las que el equipo no tenga espacios para practicar su fútbol de pase corto y con un gran repertorio para la estrategia ofensiva —falta directa, indirecta y córner—. La operación se cerró, finalmente, por veinte millones de euros.

La venta controlada de Alexis Sánchez abrió la puerta a la llegada de Luis Suárez (Salto, 1987). Más que el sueño de Luis Enrique, era la condición de Luis Enrique. Desde el primer instante lo había dejado muy claro. Ni siquiera dudó cuando el delantero uruguayo del Liverpool y de la selección charrúa fue sancionado por la FIFA con cuatro meses de suspensión. Estaba dispuesto a esperarle hasta el mes de octubre. Tampoco le preocupaba que el mordisco a Chiellini fuera el tercero de su carrera profesional. En 2010 fue castigado con siete partidos de suspensión por hincarle los dientes a Otman Bakkal, jugador del PSV Eindhoven, y en 2013 con diez partidos por morder a Branislav Ivanović, defensa del Chelsea. Cuando llegara a Barcelona, Joaquín Valdés ya se encargaría de encontrarle solución a ese problema de carácter psicológico. Quería a un delantero centro de primer nivel mundial, que creara espacios con sus desmarques y también diagonales, que tuviera gol, que destacara por su poder de duelo, que trabajara con y sin balón, que se asociara con sus compañeros y que fuera capaz de fijar a los centrales del equipo contrario, para liberar a Messi y Neymar de los marcajes múltiples a que eran sometidos. Al club no le quedó otra que pagar 81 millones de euros.

Antes de iniciarse la temporada, Luis Enrique tomó la decisión de prescindir de Gerard Deulofeu. No iba a tener muchos minutos y era mejor encontrarle un equipo donde pudiera jugar cada semana. Así podría finalizar su proceso de formación y regresar un año después en mejores condiciones. «Tiene que mejorar mucho en defensa», había dicho el entrenador barcelonista después del amistoso que el Barcelona perdió el 6 de agosto frente al Napoli. El Sevilla de Unai Emery mostró un gran interés por la cesión del delantero y se cerró el acuerdo. Deulofeu se encontraría allí con Denis Suárez, jugador del Barcelona B que había entrado en la operación del fichaje de Rakitić. En el caso de Denis Suárez, los clubs firmaron un compromiso de cesión por dos temporadas y con unas cláusulas de compra y recompra. Si el Sevilla quiere quedarse con el jugador en propiedad, deberá pagar seis millones de euros, y si después de eso el Barcelona quiere recuperarlo tendrá que abonar nueve millones.

En definitiva, los meses previos al inicio de la competición resultaron movidos en materia de entradas y salidas de jugadores. El club había hecho un importante esfuerzo económico. Es cierto que había ingresado 79,5 millones, pero había desembolsado la nada despreciable suma de 169,5 millones de euros. Eso sí, el Barcelona llegaba al inicio de la competición con la plantilla remodelada. Habían abandonado el club once jugadores y habían llegado nueve. En teoría, Luis Enrique había reducido de 25 a 23 el número de fichas profesionales, pero dos jugadores del Barcelona B, Munir el Haddadi (El Escorial, 1995) y Sandro Ramírez (Gran Canaria, 1995) se habían hecho un hueco en el corazón y en la libreta de su entrenador.

13

La vuelta de Xavi

> El corazón tiene razones
> que la razón desconoce.
>
> Blaise Pascal*

La temporada 2013-14 fue muy dura para Xavi Hernández. La renuncia forzosa de Tito Vilanova le produjo, como a la inmensa mayoría de sus compañeros de plantilla, un impacto terrible. Los jugadores sabían que esa retirada era definitiva y la llegada de Gerardo Martino —un tipo con muy buen carácter y una bondad infinita— no sirvió para aliviar los males de nadie en un vestuario que tardó muy poco tiempo en darse cuenta de que los métodos de trabajo del argentino y de sus ayudantes desprendían olor a naftalina. Aparentemente no pasaba nada. Pero la realidad era muy distinta a lo que señalaban los indicadores externos.

Martino se había comprometido a respetar el modelo de un modo escrupuloso, pero pronto empezó a introducir variantes que hicieron del Barcelona un equipo largo, con demasiada distancia entre líneas, y más vulnerable de lo que suponía jugar con la defensa adelantada, como venían haciendo desde hacía muchos años. Xavi, que se había incorporado al fútbol base del club en 1991 y que en

* Blaise Pascal (Clermont-Ferrand, 1623-París, 1662), científico y filósofo francés. A los 16 años formuló el teorema de Pascal sobre geometría proyectiva, a los 19 inventó la primera calculadora mecánica y a los 25 demostró que el nivel de mercurio en los barómetros estaba condicionado por la presión atmosférica. En 1654 abandonó las matemáticas y la física para dedicarse a la filosofía y a la teología.

1998 había debutado como profesional, no tardó en darse cuenta de que esa temporada iba a ser difícil. El equipo cerró la primera vuelta como líder de la Liga y con la nada despreciable cifra de cincuenta puntos, pero las sensaciones no eran buenas.

Es posible que el Barcelona estuviera funcionando por pura inercia. Pero si el equipo seguía trabajando de esa manera, con una intensidad tan baja, cuando llegara el momento de disputar los títulos no tendría la energía necesaria para ganarlos. La lesión muscular que Messi sufrió en septiembre y de la que tuvo una recaída muy importante en noviembre —estuvo casi dos meses fuera de combate— pareció no tener consecuencias para el equipo. Pero es posible que la explicación a aquella dolencia hubiera que buscarla en la diferencia sustancial que existía entre los entrenamientos de Paco Seirul·lo y los de Elvio Paolorosso, el preparador físico que se había traído Martino desde Argentina.

Xavi cumplió su partido oficial número setecientos con la camiseta azulgrana solo unos días después de que Messi regresara de Rosario, donde había llevado a cabo la parte final de su recuperación. El mejor jugador del mundo reapareció el 8 de enero con dos goles ante el Getafe y el centrocampista catalán celebró su efemérides en el partido de vuelta de esa eliminatoria de Copa. Los síntomas, sin embargo, seguían sin ser buenos. El equipo iba perdiendo fuelle y generando dudas. Y eso era un mal síntoma, agravado por dos hechos bien distintos. Uno, que Lionel Messi y Neymar da Silva estaban inmersos en procesos judiciales que podían distraerles de su trabajo. El argentino había sido imputado por un presunto delito de fraude fiscal y el brasileño era objeto de una querella presentada ante la Audiencia Nacional por un socio del club, Jordi Cases, que quería conocer las cifras reales de la operación de su fichaje. El otro, que en junio se disputaría el Mundial de Brasil y más de la mitad de los jugadores de la plantilla —al final fueron trece— podían ser prisioneros de su propio miedo a lesionarse y perderse la cita.

El Barça seguía vivo en las tres competiciones —Liga, Copa y Champions—, pero resultaba obvio que esa no era la mejor manera de hacer las cosas y que los títulos podían escaparse en un suspiro.

Siempre respetuoso y discreto, llegó un día en el que Xavi no pudo más y les soltó a Martino y a Pautasso, el segundo entrenador, una frase por la vergüenza que le producía la escasa intensidad con la que estaban entrenándose. Pautasso le pidió a Xavi que no se enojara. Aparentemente, se trataba de una reacción encaminada a evitar el conflicto. Pero ese atrevimiento le pasaría factura.

Los títulos se escaparon. De uno en uno. Primero fue la Champions League en los cuartos de final ante el Atlético de Madrid. Después, la Copa del Rey en la final contra el Real Madrid. Y por último la Liga. En todos los casos fue por un gol, por un detalle que podía parecer insignificante, pero que marcaba la diferencia entre ser campeón y ser el primero en la lista de fracasados. De los tres, el golpe más duro se encajó en el último partido. El 17 de mayo la Liga estaba en juego. Era en el Camp Nou y ante el Atlético de Madrid. Una victoria valía un campeonato. El encuentro acabó en empate (1-1) y lo peor no fue que Mateu Lahoz anulara a Messi el gol que habría valido el título. Lo peor fue que los barcelonistas que llenaron el estadio aceptaron ese revés con la resignación propia del reo que está condenado a muerte y que sabe que no tiene escapatoria posible.

Tito Vilanova había fallecido tres semanas antes y el vínculo sentimental con el pasado brillante de los años anteriores, los de Pep Guardiola y su alma gemela, los de la sublimación del modelo, se había roto con la misma crueldad que la enfermedad se había llevado a un tipo tan humilde, tan apasionado por la vida y por el fútbol, con tanto sentido común y tan grande... Ahora habría que empezar de cero. La *gent* blaugrana pedía una revolución, pedía un proyecto nuevo y pedía que una mayoría de los jugadores que tanto le habían dado al club fueran apartados del futuro que se abriría tan pronto como acabase el Mundial.

Xavi finalizó la temporada sumido en un profundo desencanto. Le rondaba por la cabeza la idea de dar por acabada su etapa en el club de toda su vida. Pero no tenía prisa. Primero estaba el campeonato del mundo. Luego ya tendría tiempo para decidir. En esto, Luis Enrique firmó su contrato con el Barcelona y el mismo día de su presentación sembró el Auditori 1899 de dudas sobre el centrocampista: «Es un amigo y un excompañero. Podría hablar maravillas de Xavi, como de alguno de los ex que he tenido. Llegará el momento de sentarnos a hablar. Ahora tiene una cita importantísima en el Mundial. Después habrá que valorar y ver qué cosas quiere Xavi y qué cosas queremos nosotros... Ver un poco por dónde van los tiros de todos».

El fiasco de Brasil, donde Xavi terminó del mismo modo que había acabado su temporada en el club, es decir, en el banquillo, le llevó a anunciar que no volvería a jugar nunca más con la selección española y le tuvo a punto de tomar la decisión de dejar el Fútbol Club Barcelona. Es más, hubo quien creyó que ya se había ido, aunque no supiera si a Estados Unidos o a los Emiratos Árabes. De momento, estaba de vacaciones y era su representante, Iván Corretja —el hermano de Álex, el tenista—, quien estaba al mando de las operaciones. Se había reunido con el presidente Josep Maria Bartomeu y con el director deportivo Andoni Zubizarreta a mediados de la tercera semana de junio y a partir de esa cita se aseguró que Xavi anunciaría en breve que ponía punto final a veintitrés años en el club.

Corretja planteó la probable marcha de Xavi y la respuesta que recibió de Bartomeu y Zubizarreta fue que el club no le pondría ningún impedimento si finalmente decidía marcharse. Pero eso no significaba, de ninguna manera, que el Barcelona quisiera prescindir de sus servicios. El futbolista de Terrassa, que había cumplido los 34 años, tenía contrato hasta el 30 de junio de 2016 y, a partir de esa conversación de su representante con el presidente y con el director deportivo barcelonistas, se convertía en dueño único y absoluto de su futuro. Podía hacer las maletas, porque el club le facilitaría la salida, y podía quedarse en casa y cobrar hasta el último céntimo de los 15 millones de euros que tenía firmados, a razón de 7,5 millones netos por temporada, premios por títulos aparte.

La oferta que había recibido del New York City, la franquicia del Manchester City en la Major League Soccer estadounidense, era muy tentadora. La liga americana tiene fijados límites salariales por debajo de lo que cobraba en el Barcelona, pero él iba a ser uno de los tres jugadores franquicia del equipo y sus ingresos estarían por encima del tope. Allí, además, podría reencontrarse con su amigo David Villa, que ya se había comprometido con Txiki Begiristain a jugar en el club estadounidense. El convencimiento de que Xavi se marchaba, de que ya estaba fuera de su club de toda la vida, era absoluto. Pero decidió volver. Consultó, directa o indirectamente, con familiares, amigos y hasta con videntes. Una gran mayoría le recomendó que se quedara, incluso bajo el argumento de que si las cosas no iban como él quería, tendría la posibilidad de salir en diciembre e incorporarse al New York City con tiempo suficiente para iniciar la temporada oficial, prevista para el mes de marzo.

El día 22 de julio, solo dos días antes de incorporarse a los entrenamientos con el resto de los internacionales que habían sido eliminados prematuramente del Mundial, Xavi hizo saber de manera oficiosa que se quedaba. No hacía falta dar oficialidad a su decisión, porque a fin de cuentas nunca había dicho públicamente que se iba. Con que lo supiera el club y lo supiera Luis Enrique había más que suficiente. Y ya tendría oportunidad de decir lo que creyera conveniente cuando, por turno de reparto, le tocara comparecer ante medios informativos en la sala de prensa. Eso sucedió el día 5 de agosto: «Pensé que mi etapa en el Barça se había terminado. Estaba decepcionado, tanto desde un punto de vista colectivo como personal. Ahora veo que la decisión de marcharme fue precipitada. Me han convencido de que puedo ser importante. Luis Enrique es la persona clave para que siga. Me ha cambiado la mentalidad. Hemos hablado tres o cuatro veces y me ha dicho que está encantado con que me quede. No me ha dicho que mi papel vaya a ser secundario, ni que vaya a tener ningún privilegio. Vuelvo a sentirme con fuerza y trataré de demostrarle al míster que estoy aquí para sumar. Lo voy a dar todo por el equipo, que es lo más importante. Las sensaciones, de momento, son muy buenas. Tengo dos años de contrato, y en este momento mi intención es cumplirlos hasta el final».

Hubo quien pensó que el papel de Xavi sería residual, que Luis Enrique contaría poco con él y que, cuando llegara el mes de diciembre, recuperaría la idea de abandonar el club. Pero el primer capitán de la plantilla —junto a Iniesta, Messi y Busquets, que reemplazó a Puyol— llegó al mercado de invierno contento por su situación y no solo en el terreno de juego. Se había confirmado que su rol sería importante en el vestuario y en el campo. Su presencia en las alineaciones había sido de un 60 por ciento, con un 40 por ciento de los minutos totales jugados. Ya en el mes de febrero, en una nueva comparecencia ante la prensa, Xavi celebraba su decisión de continuar en el club: «Estoy disfrutando de mi papel en el equipo. No tengo el mismo nivel físico de cuando tenía 28 años, pero me siento útil. Al fin y al cabo, se trata de sumar y ahora sé que quedarme fue un acierto».

14

La evolución del modelo

> No hay monotonía más fatigosa
> que la monotonía de lo sublime.
>
> Ernest Legouvé*

Mariano Moreno, director de la Escuela Nacional de Entrenadores y profesor de Luis Enrique en las clases de táctica, siempre quiso que sus alumnos memorizaran las definiciones de los conceptos, como base fundamental para su correcto desarrollo sobre los terrenos de juego. Por esta razón, dedica las primeras horas de sus enseñanzas a repetir, tantas veces como sea necesario, qué es la táctica, cuáles son los principios ofensivos y defensivos del juego, qué es la estrategia, qué es un sistema y qué son las variantes del sistema. Es muy posible que sus alumnos de los cursos UEFA, que tienen que haber ejercido al menos ocho temporadas como futbolistas profesionales, haber sido un mínimo de cinco veces internacionales o haber ganado el oro olímpico, ya sepan lo que significa cada cosa. Pero como por mucho trigo nunca es mal año, se lo recuerda.

Los libros de texto de Mariano Moreno señalan que la táctica es «el conjunto de principios ofensivos y defensivos que utiliza un equipo con el objeto de combatir y contrarrestar a un adversario con

* Ernest Legouvé (París, 1807-1903), dramaturgo y poeta francés. Su madre falleció cuando él tenía 3 años y, muy poco tiempo después, su padre tuvo que ser ingresado en un sanatorio psiquiátrico, donde murió solo dos años más tarde. Heredero de una gran fortuna, recibió una educación exquisita de su tutor, que le transmitió la pasión por la literatura.

el balón en juego», que los principios ofensivos (ataque, contraataque, creación de espacios libres, desmarques, control del juego, ritmo de juego, etcétera) y defensivos (marcaje, coberturas, permutas, apoyos, desdoblamientos, presión, etcétera) determinan la forma de jugar de un equipo, que la estrategia «es el conjunto de acciones que desarrolla un equipo con el objeto de sacar provecho y neutralizar a un adversario en acciones a balón parado», que el sistema «es la posición de partida de los jugadores sobre el terreno de juego antes de que se inicien los movimientos ofensivos y defensivos» y que una variante consiste en el hecho de que «un jugador, partiendo de una posición inicial, adelanta o atrasa dicha posición sin llegar a incorporarse a otra línea».

A partir de ese conocimiento tan y tan básico, los aspirantes a entrenadores reciben información sobre los fundamentos del juego (un conjunto de axiomas a partir de los que comprender, por ejemplo, que todos deben atacar y todos deben defender, que el terreno de juego debe ocuparse de un modo racional o que los cambios de orientación o diagonales sirven para generar espacios), sobre la forma de combatir y contrarrestar cada uno de los principios, sobre las fases (inicio, creación y finalización cuando tienen el balón, y presión, repliegue y finalización cuando no lo tienen) y los momentos del juego (posesión, transición defensiva, pérdida y transición ofensiva), sobre las acciones combinadas y sobre los distintos sistemas que existen, con especificación de las ventajas e inconvenientes que tiene cada uno de ellos. En definitiva, todo aquello que ha de servirle a un futuro técnico para que pueda definir y desarrollar su propio modelo de juego.

Cuando Luis Enrique empezó su carrera como entrenador no tenía solamente los conocimientos teóricos y prácticos que le habían enseñado en la Ciudad del Fútbol de Las Rozas. Tenía algo mucho más importante. Aterrizaba en un club, el FC Barcelona, que llevaba más de cuarenta años aferrado a una filosofía, a un sistema y a un modelo que él mismo había conocido y había visto evolucionar durante sus ocho años como jugador. Ahora, diez años más tarde y con la experiencia de cinco temporadas en los banquillos, tres de ellas en el Barcelona B, afrontaba el reto de dirigir a un equipo que había alcanzado todos los éxitos habidos y por haber mediante la sublimación de una vieja idea. El gran problema al que se enfrentaba no era de carácter estructural. Era de funcionamiento, y por lo tanto coyuntural.

Muchos de los jugadores que habían tocado las mejores partituras de la historia del club ya no estaban. Otros habían ido cumpliendo años y seguramente no podrían mantener el nivel de sus mejores actuaciones. Y los nuevos músicos de la orquesta tenían que adaptarse a las exigencias de un guion que, por otra parte, se había vuelto muy previsible. Todos los rivales sabían cómo jugaba el Barcelona y cada vez les resultaba menos complicado hacerle frente. En parte, porque la monotonía se había instalado en un grupo que, a base de hacer siempre lo mismo, no encontraba soluciones a los problemas que le planteaban sus oponentes. Luis Enrique tenía mucho trabajo por delante para hacer un equipo que, respetando las líneas maestras de la filosofía, el sistema y el modelo, fuera capaz de ilusionar de nuevo. En definitiva, tenía que evolucionar el modelo, como antes habían hecho Johan Cruyff, Louis van Gaal, Frank Rijkaard o el mismísimo Pep Guardiola.

Luis Enrique explicó en la rueda de prensa de su presentación que el Barcelona 2014-15 iba a jugar como siempre al ataque, con un fútbol atractivo y efectivo. Expuso que su equipo también iba a defender y afirmó que aplicaría los matices que considerase que mejor podían ayudar al equipo. Todo eso quería decir que trabajaría sobre la base del 1-4-3-3, a partir de los conceptos generales ya conocidos por el gran público. El interés de todos —directivos, jugadores, prensa, aficionados y adversarios— residía en conocer cuáles serían los aspectos del juego que diferenciarían su versión de las versiones precedentes, y en especial de la que Pep Guardiola había convertido en la mejor de la historia.

Las respuestas a las preguntas que flotaban en el ambiente no tardaron demasiado en conocerse. No todas, porque hacía falta tiempo para mecanizar los matices con los que Luis Enrique quería dotar a su equipo. Aun así, pronto empezaron a plasmarse sobre el césped las razones por las que el nuevo entrenador había confeccionado su plantilla de la forma que lo hizo, con porteros que dominaran el juego de pies en general y con un golpeo largo en particular; con laterales tan largos que parecieran extremos; con centrales que tuvieran buena salida de balón; con un centrocampista diferente a los que ya tenía y con un delantero centro puro.

Desde los primeros amistosos de pretemporada, en los que todavía no estaban los internacionales de la plantilla, pudo comprobarse que en fase de posesión, los laterales —los dos a la vez— jugaban muy arriba. No llegaban desde atrás. Estaban instalados en posiciones de ataque, para generar la mayor amplitud posible. Simultáneamente, los dos delanteros de banda se desplazaron hacia adentro. No partían desde la banda. Jugaban ahí. El delantero centro, en cambio, seguía ocupando una posición más retrasada, realizando una función más propia de un mediapunta que de un nueve puro —Luis Suárez no iba a incorporarse hasta finales de octubre—. Los interiores, en cambio, estaban a mayor distancia del área y escorados hacia las bandas, para realizar el desdoblamiento de los laterales y cerrar los espacios a un posible contraataque de los rivales. Y el medio centro se incrustaba entre los dos centrales, como uno más de ellos.

En esa situación, cuando el equipo perdía la pelota —generalmente en el área contraria— había cuatro jugadores, los dos laterales y los dos teóricos delanteros de banda, dispuestos a iniciar la presión para recuperar el balón lo antes posible. Este mecanismo había sido fundamental en tiempos de Rijkaard, de Guardiola y, por supuesto, de Vilanova para minimizar los riesgos en defensa. Si el contrario era capaz de superar la primera línea de presión, había demasiados espacios en las bandas y por detrás de la defensa. En consecuencia, los rivales podían sacar partido de su juego de contraataque y generar ocasiones de gol. Por eso, para dificultar al máximo las transiciones rápidas de los rivales, los interiores caían hacia las bandas y el medio centro se convertía en un tercer defensa central.

La realidad es que esa idea reforzaba el frente de ataque, pero generaba un problema de equilibrio. Si cubría las bandas con los interiores y el mediocentro se incrustaba entre los centrales, la ocupación del terreno dejaba de ser racional. Había demasiado espacio entre el ataque y la defensa. Adelantar la posición de los centrales, acercándolos a los jugadores que se encontraban por delante suyo, ampliaba todavía más la distancia entre la defensa y la portería. Además, resultaba fácil combatir un posicionamiento tan atrevido. Los contrarios tenían suficiente con dejar a uno o dos delanteros sobre la línea que divide el campo en dos mitades y si el Barcelona no realizaba las funciones de vigilancia —marcaje cuando el equipo tiene el balón—, se multiplicaba el riesgo de recibir contragolpes.

El Barcelona seguía dominando la pelota durante la mayor parte del tiempo. Nadie hubiera aceptado, en los inicios del nuevo proyecto, que pudiera ser de otra manera. El estilo se había apoderado de todo y eso no dejaba de ser un problema. Los aficionados parecían dispuestos incluso a aceptar la derrota, siempre que no se renunciara a una manera de hacer las cosas. Pero ya se sabe que las apariencias engañan y más aún cuando ese invento que se llama Seient Lliure («asiento libre», en castellano) ha hecho posible que un porcentaje muy elevado de los espectadores que asisten a los partidos sean personas, muchas veces extranjeras, que no sienten el club de la misma manera que los socios de siempre. Al final, pocas veces se acepta la derrota como moneda de cambio de nada.

Era obvio, ya en esos primeros ensayos, que cuando empezara la competición oficial, el equipo jugaría habitualmente de la misma manera, tanto en sus partidos de casa como en los desplazamientos. Pero aún quedaban por despejar muchas incógnitas. ¿Qué pasaría si el rival jugaba encerrado atrás, cediendo las bandas y concentrando a ocho o nueve jugadores de campo en la zona central del área? ¿Sería capaz el equipo de resolver esas situaciones que en temporadas anteriores se le atravesaban? ¿Qué sucedería si el adversario superaba la presión de la primera línea azulgrana y se desplegaba con la suficiente rapidez como para aprovechar los espacios que, con el mediocentro y los interiores desdoblados, se generaban entre el ataque y la defensa? ¿Qué sucedería si un rival, especialmente los de primer nivel, se atrevía a adelantar sus líneas e ir a buscar al Barcelona en su propio campo, haciéndole probar su propia medicina?

Hacían falta alternativas. La suerte es que Luis Enrique no estaba improvisando. Tenía identificados los posibles problemas y las posibles soluciones. Lo único que le hacía falta eran horas de entrenamiento para trabajar los conceptos tácticos con los que hacerle daño al rival e impedir que el rival le hiciera daño a su equipo. El calendario iba a complicarle las cosas, porque cuando no puedes disponer de una parte importante de tu plantilla —la que ha jugado el Mundial y se incorpora tarde al trabajo— y tienes que jugar un partido cada tres días, es imposible trabajar con la frecuencia e intensidad necesarias. Desarrollar un automatismo es complejo. Hacen falta muchas sesiones de entrenamiento y muchas repeticiones. Y lo mismo sucede con las acciones de estrategia, que en el fútbol moderno permiten a los equipos conseguir una media del 35 por ciento de sus goles.

A pesar de las limitaciones de tiempo, la temporada empezó bien. Los matices tácticos que Luis Enrique estaba incorporando al modelo permitieron al equipo afrontar los primeros partidos de competición oficial con buenos resultados, pero lejos todavía del nivel que se pretendía alcanzar. Es normal y lógico cuando un equipo está en construcción, aunque eso no signifique demasiado para los que no conocen el fútbol de verdad y lo viven desde un asiento en la grada o sentados en el sofá de su casa delante del televisor. De este modo, cuando se plantearon las primeras dificultades y, más concretamente, cuando se produjeron los primeros resultados en contra, muchos empezaron a dudar del proyecto.

Decir que las notas se dan a final de curso está muy bien. Pero el fútbol no es precisamente un juego que se haya distinguido por la paciencia de los que lo rodean. A Luis Enrique le quedaban cosas por mejorar, otras por corregir y unas cuantas por introducir. Y aunque trataba de aislarse de la crítica, las ruedas de prensa, una antes de cada partido y otra después, se convertían en un termómetro que le marcaba la temperatura que hacía en el exterior. Una temperatura que, afortunadamente para él, no era la misma que se registraba en el ámbito de su vestuario. No es que las constantes térmicas se mantuvieran de puertas adentro. Pero el entrenador también tenía previsto que eso iba a ser así. «Como en todos los grupos, surgirán dudas, surgirá algún que otro problemilla de convivencia, de comunicación. Entonces lo afrontaremos, lo valoraremos y seguiremos todos hacia delante, porque el objetivo es común», había dicho el día de su presentación oficial.

Luis Enrique corrigió los desequilibrios e incorporó conceptos nuevos. Los laterales dejaron de atacar en posición de extremos. Se retrasaron unos pocos metros, lo suficiente para tener una ocupación más equilibrada, y lo suficiente también para que pudieran llegar desde atrás, generando efecto sorpresa. Al mismo tiempo, los interiores se metieron un poco más hacia adentro, no tan exigidos por la obligación de convertirse en defensas de ala. También cambiaron cosas en el ataque. En noviembre, el equipo empezó a jugar con un nueve puro y volvió a situar a los extremos cerca de la línea de la cal, pero no con la idea de que buscaran la línea de fondo, sino para que trazaran diagonales y los laterales pudieran incorporarse al espacio libre, como ya habían hecho mucho antes.

Poco a poco se trabajaron otros conceptos, como el de las transiciones rápidas defensa-ataque para sorprender a los rivales, y amenazarlos con que si iban a presionar la salida de balón acabarían pagando las consecuencias. Tener dos porteros con un buen golpeo de balón, disponer de defensas y centrocampistas con calidad para el pase largo y tener delanteros muy rápidos y con una gran calidad técnica le permitía dotar al equipo de unos recursos que hasta entonces se habían utilizado muy pocas veces. Hubo quien interpretó que el Barcelona estaba cambiando de estilo y hasta quien dijo que el equipo se parecía cada vez más a su principal adversario en las competiciones domésticas. Nada que ver. Al partido siguiente, volvía a su fútbol de siempre, de control y pase corto.

Ajustar los mecanismos de esa otra manera de jugar tan directa también se hacía necesario. Porque si la acción finalizaba en gol o la pelota se perdía por la línea de fondo, no había ningún problema. Pero si la defensa contraria interceptaba el balón o la jugada acababa con la pelota en las manos del portero rival, la distancia entre líneas y el hecho de que los jugadores estuvieran regresando de posiciones tan adelantadas constituiría un problema. Una transición rápida y precisa o un reinicio del juego ejecutado con velocidad convertiría los partidos en un intercambio de golpes para el que el Barcelona no estaba preparado.

No era cuestión de renunciar a esa alternativa. Ni mucho menos. Pero para llevarla a cabo había que minimizar los riesgos que comportaba. ¿Cómo? Mejorando tanto como fuera posible la precisión y la efectividad de esas transiciones ofensivas, ordenando a los jugadores que en el mismo instante de iniciarse la jugada salieran a toda velocidad para reducir al máximo la distancia entre líneas y trabajando los mecanismos necesarios para mejorar las transiciones defensivas. En cuanto al desgaste físico que comporta ese fútbol de ida y vuelta, con recorridos tan largos, no debía preocupar demasiado. El equipo estaba trabajando esos conceptos en los entrenamientos y lo hacía con la intensidad necesaria. Además, Luis Enrique considera a todos sus jugadores aptos, por lo que tiene recambios suficientes para cuando un futbolista se lesiona o necesite descanso.

La estrategia también se trabaja desde el primer día. Unzué es el responsable. Prepara las acciones, se encarga de llevarlas a la práctica en los entrenamientos, realiza una charla específica para asignar las funciones a cada jugador en la previa de los partidos y durante ellos, cuando se produce una acción de falta lateral o de córner abandona su asiento en el banquillo y se va hasta el área técnica para dar instrucciones. Entonces, como el reglamento prohíbe que haya más de una persona en esa zona, Luis Enrique se marcha a su asiento para cederle el espacio y todo el protagonismo a su segundo entrenador.

El Barcelona empezó defendiendo las acciones de córner con el marcaje zonal heredado de temporadas anteriores. Es menos solidario que el marcaje combinado —dos o tres en zona y el resto al hombre—, pero los jugadores se sentían muy cómodos formando una línea de cuatro sobre el borde del área pequeña, con dos compañeros por delante y otro un poco más adelantado, formando una pirámide. Pero a medida que Unzué tuvo minutos para trabajar en los entrenamientos, el equipo fue cambiando el marcaje zonal por el combinado, más solidario y efectivo. Y los resultados han sido inmejorables. Si las faltas laterales se producen cerca de la línea de fondo, sucede prácticamente lo mismo, pero si son frontales, la defensa se coloca fuera del área grande para mantener a los contrarios lo más alejados de la portería. Y en cuanto a las faltas directas y los penaltis, Unzué respeta las jerarquías, pero otorga un número de orden a los especialistas. De momento tres jugadores distintos han marcado goles en lanzamientos de falta directa.

Entre unas cosas y otras, el Barcelona empezó a mostrar su mejor versión en el mes de enero, justo después de que el equipo sufriera una dolorosa derrota en su regreso de las vacaciones de Navidad. Ahora era capaz de manejar diferentes alternativas de juego y ejecutarlas con éxito, incluso frente a adversarios de un alto nivel competitivo. Los jugadores habían ganado en confianza y en seguridad. El equipo era cada vez menos previsible y la monotonía de la temporada anterior era solo un recuerdo. Luis Enrique había conseguido otro de los retos que planteó en su primera comparecencia ante los medios informativos: «Creo que lo más bonito y lo más importante es que los jugadores disfruten con su trabajo».

Otro elemento fundamental, que no solo guarda relación con la evolución del equipo, sino también con la identificación de los jugadores con el proyecto, es que Luis Enrique ha llevado el concepto de las rotaciones de sus jugadores hasta un nivel que a muchos les ha parecido exagerado. No falta quien defiende que un equipo es importante cuando los aficionados saben recitar de memoria sus alineaciones, pero los equipos grandes, los que compiten cada tres días, necesitan que todos los jugadores se sientan implicados y comprometidos en una tarea que no es individual, sino colectiva. Y repartiendo minutos se consigue que todos sepan lo que tienen que hacer, que estén habituados a hacerlo y que los esfuerzos se repartan de tal manera que el equipo pueda mantener su nivel competitivo a lo largo de una temporada en la que hay demasiados partidos por disputar.

15

Trabajo, intensidad y disciplina

> La única parte donde el éxito
> aparece antes que el trabajo
> es en el diccionario.
>
> VIDAL SASSOON*

La personalidad, entendida como el conjunto de rasgos, cualidades y defectos que configuran la manera de ser de una persona, y que al mismo tiempo la diferencian de los demás, suele tener componentes genéticos, pero tiene al mismo tiempo aspectos que se adquieren o se modulan a partir de las experiencias adquiridas a lo largo de la vida. Luis Enrique no es una excepción. Entre unas cosas, las que venían en su propio equipaje de nacimiento, y las otras, las que ha aprendido a lo largo de sus 55 años de existencia, nadie puede dudar de que el entonces entrenador del FC Barcelona ya era un tipo decidido, perseverante, con una gran fuerza de voluntad, muy respetuoso con las normas y las reglas, de sentimientos inequívocos y duraderos y amante de la tranquilidad, aunque este último concepto pueda entrar, a veces, en contradicción con alguna de sus otras virtudes. Por el contrario, en ocasiones se deja llevar por impulsos, es de ideas fijas, demasiado rígido y tozudo.

Todas esas constantes se han trasladado siempre a sus expe-

* Vidal Sassoon (Londres, 1928-Los Ángeles, 2012), peluquero y empresario. Se hizo famoso por idear un corte de pelo geométrico, inspirado en el movimiento artístico de la Bauhaus, y por fabricar diversos productos para el tratamiento capilar. Falleció a causa de una leucemia.

riencias, no solo en su vida privada, sino también en el mundo del fútbol, primero como jugador y ahora como entrenador. Es decir, que se comportó tal como era a la hora de relacionarse y de afrontar sus retos personales y profesionales. Sus actuaciones como entrenador del Barcelona estuvieron marcadas por esa forma de ser, por ese convencimiento interior de que únicamente con el trabajo, la intensidad, la disciplina y el compromiso de todos los integrantes de su cuerpo técnico —empezando por él mismo— y de todos los futbolistas de su plantilla, podrán alcanzarse los objetivos que están planteados en su proyecto.

Luis Enrique predica con el ejemplo. Más allá de que forme parte de su actividad habitual, algunos días renunciaba a la comodidad del automóvil y llegaba a la Ciutat Esportiva Joan Gamper, en Sant Joan Despí, montado en su bicicleta. Son once kilómetros por trayecto si se hace en línea recta, campo a través, o dieciséis kilómetros si lo hace por carretera. Muy poco para aquello a lo que está acostumbrado tras sus experiencias en el mundo del ciclismo en carretera o de montaña. Es cierto que eso no pueden ni deben hacerlo los futbolistas, porque entre otras cosas la bicicleta no es compatible con el entrenamiento futbolístico y porque el reglamento disciplinario que los jugadores firman con sus contratos lo prohíbe taxativamente. Pero ese pequeño sacrificio que para él representa desplazarse a fuerza de pedales y golpes de riñón refleja perfectamente la personalidad del asturiano.

Un día normal de trabajo, es decir, de entrenamiento, Luis Enrique llega a su despacho sobre las 7.30 de la mañana y no da por finalizada su jornada laboral hasta doce horas después. Un tiempo al que hay que sumar los cincuenta minutos que necesita para ir y los cincuenta minutos para volver cuando va en bicicleta, o los veinte minutos por trayecto cuando va a trabajar en coche. Si su método de transporte ha sido la mountain bike, lo primero que hace es ducharse. Si utiliza el automóvil, entra directamente en el despacho que comparte con sus ayudantes. En eso ha introducido una novedad con respecto al pasado, ya que todos los técnicos que le precedieron tenían una dependencia individual. Pero si hablamos de los hábitos de trabajo, es evidente que la forma de actuar de Luis Enrique tiene muchas similitudes con las de entrenadores como Louis van Gaal o Pep Guardiola, que pueden y deben considerarse como sus dos grandes referentes.

Después de la ducha, el asturiano desayuna y se pone a repasar notas o vídeos de los entrenamientos y de los partidos. Su equipo de scouting lo graba todo, aprovechando los avances tecnológicos de última generación que el club dispone. Este proceso rutinario suele durar alrededor de una hora y media. Porque dos horas antes del entrenamiento, que en invierno suele comenzar a las 11.00 horas, llegan a las instalaciones Juan Carlos Unzué, Robert Moreno, Joan Barbarà, José Ramón de la Fuente, Rafel Pol y Joaquín Valdés. La primera tarea en común consiste en preparar los ejercicios que van a desarrollarse durante la sesión del día. En el reparto de funciones, Moreno y Pol son los que más protagonismo tienen en la elaboración de los contenidos del entrenamiento, como responsables del análisis de los rivales y del propio equipo y a la vez del acondicionamiento físico. Eso, a menos que en la sesión vaya a trabajarse la estrategia —generalmente en el entrenamiento previo a los partidos—, porque en ese caso es Unzué quien lleva la voz cantante.

Los jugadores tienen que llegar con un mínimo de una hora de antelación sobre la que está fijada para el comienzo del entrenamiento. Amante del orden, la disciplina y los reglamentos, Luis Enrique estableció desde el primer día un decálogo de conducta, y advirtió a sus futbolistas que sería muy rígido en la aplicación correspondiente de las sanciones. Y llegar a la Ciutat Esportiva una hora antes de cada sesión es el primero de los diez mandamientos del entrenador asturiano.

El resto de las normas establecidas por Luis Enrique consiste en la prohibición de beber alcohol durante las comidas; la obligación de estar en casa antes de medianoche los dos días anteriores a la disputa de un partido; la exigencia de ser respetuosos en todas sus declaraciones; la responsabilidad en cuanto al uso de las redes sociales —siempre fuera del recinto del club y de forma correcta—; el imperativo de vestir la ropa oficial en todos los actos y viajes del club; la prohibición absoluta de practicar deportes de riesgo, y todo eso bajo la sujeción a tres normas de carácter sancionador. Un acto de indisciplina considerado muy grave puede significar no solo la apertura de un expediente, sino también la expulsión del club; las multas oscilan entre los mil y los seis mil euros en función de su gravedad y el importe de las sanciones se destinará a final de la temporada a una entidad de carácter benéfico. Llegar unos minutos tarde a cualquier sesión de entrenamiento comporta el pago de mil euros de multa.

Hay episodios que reflejan muy bien el espíritu de ese decálogo general —la norma contiene muchos matices y muchos casos particulares— y la exigencia de Luis Enrique en cuanto a su aplicación. Uno de los ejemplos más claros lo protagonizó Gerard Piqué cuando utilizó el móvil en el banquillo durante la Supercopa de Catalunya que el FC Barcelona y el RCD Espanyol disputaron el 29 de octubre de 2014. El defensa central salió como titular y fue reemplazado en el transcurso del partido. Tras ducharse, regresó al banquillo. Llevaba el móvil en el bolsillo del pantalón del chándal y, quizá de una forma instintiva, echó mano de él. La imagen fue captada por las cámaras de televisión que retransmitían el partido y Piqué fue castigado por su entrenador. Al margen de la multa, estuvo tres encuentros sin jugar, dos de ellos sin entrar ni siquiera en la convocatoria. Luis Enrique negó que hubiera una relación causa-efecto entre una cosa y la otra, pero el jugador reconoció sutilmente en una entrevista que concedió a la COPE: «El inicio de la temporada no fue el deseado porque tuve dos o tres incidentes extradeportivos. Luis Enrique no me daba la continuidad que me está dando ahora».

Antes de empezar los entrenamientos, Luis Enrique tiene la costumbre de entrar en el vestuario de los jugadores. Algo que no hacía ninguno de sus predecesores, salvo que hubiera alguna causa de fuerza mayor. El asturiano aprovecha ese momento para relacionarse con los futbolistas. Quiere saber si están bien, a punto para empezar la sesión, pero también utiliza esos momentos para mostrarse como el tipo cercano, distendido y bromista que es. Eso sí, en el momento en el que empiezan los entrenamientos, Luis Enrique es inflexible y propone una exigencia máxima. Ese aspecto del trabajo es innegociable. El entrenador ya lo advirtió el mismo día de su presentación: «La intensidad tiene que estar presente en todo lo que hagamos. Al final, cómo te entrenas es el reflejo de lo que vas a hacer en el campo. El jugador es egoísta, pero sabe que tiene que entrenarse bien para poder competir. Estoy seguro de que vamos a ponernos de acuerdo en esto».

Las sesiones son todas a puerta cerrada. Nada de periodistas ni familiares o amigos de los jugadores, ni los suyos propios. A lo sumo, permite que se cumplan determinados compromisos del club durante diez o quince minutos. Esos son los minutos del calentamiento. Entonces, los futbolistas realizan rondos o juegos de posición en espacios reducidos. Pero tan pronto como va a iniciarse la parte principal, en la que van a trabajarse conceptos que el equipo va a desarrollar durante los partidos, los asistentes son invitados a abandonar la pequeña grada del campo de entrenamiento. Y esos momentos de la sesión, los que incorporan movimientos tácticos o de estrategia, son grabados íntegramente por los miembros del área de scouting y revisados después por el entrenador.

Luis Enrique no tiene andamio en la Ciutat Esportiva. No le hace falta. No solo porque los entrenamientos se graben, sino porque la grada bajo la que se encuentran los vestuarios, las dependencias médicas y algunos despachos es lo suficientemente alta como para que pueda observarse lo que pasa sobre el césped desde una perspectiva suficiente. No obstante, el entrenador abandona pocas veces al césped para marcharse a la grada. Habitualmente permanece de pie sobre la hierba, o a lo sumo sentado sobre un balón de fútbol. Siempre en actitud observadora, sin que se le escape ningún detalle de lo que sucede en los ejercicios. Al principio, actuaba mucho más. Daba consignas, paraba el juego, corregía las cosas que no se estaban haciendo bien o, simplemente, pedía «más, más, más y más» intensidad a unos jugadores que no tienen tiempo para aburrirse. Ahora delega mucho en sus ayudantes y él se limita a observar. Los ejercicios son muy variados y tienen siempre el balón como protagonista. Si hay que correr, que hay que correr, se hace, pero siempre reproduciendo con la máxima fidelidad los esfuerzos y las situaciones de juego que van a darse en el transcurso de los partidos.

Cuando alguien no actúa con la intensidad necesaria, Luis Enrique reclama a sus jugadores el ritmo y la tensión competitiva que quiere para su equipo. Y cuando alguien no responde de la forma adecuada, le resta protagonismo en los partidos. Los futbolistas lo saben, porque se lo dice de frente, como siempre hace las cosas. Le ha pasado a Jordi Alba, a Rakitić y a Mathieu, a quien no le gustó jugar como lateral izquierdo en el Bernabéu y a quien el entrenador le dejó muy claro que si se sorprendía era su problema. «Apaga y vámonos», le dijo textualmente. La gente, en cambio, no se entera de todo eso, porque al margen de la discreción que el entrenador exige a todos los que le rodean, las entradas y salidas de los jugadores en la alineación por falta de intensidad quedan enmascaradas por las rotaciones que practica durante toda la temporada. Rotaciones que tienen dos claros objetivos. El primero, que todos estén en condiciones de desarrollar los conceptos que se trabajan, y el segundo, distribuir las cargas de trabajo, dosificar los esfuerzos para evitar lesiones y preparar a los jugadores para que cuando llegue el momento de disputar los títulos (abril y mayo) estén al ciento por ciento.

La gestión de los entrenamientos y de los partidos ya es mucho más sencilla para Luis Enrique. Los jugadores han incorporado a su repertorio los cambios que él ha introducido en el modelo, y se encuentran cómodos interpretando la partitura más clásica, la del fútbol de los últimos años, aunque con finalizaciones más explosivas y directas —con menos tiki-taka—; las transiciones defensa-ataque que se utilizan ante los rivales que suben a presionar la salida de balón del Barcelona y el ritmo intenso y por momentos vertiginoso de los entrenamientos y de los partidos. Y no solo se han habituado, sino que además disfrutan con lo que hacen. Han desaparecido las dudas que provocaban los desajustes iniciales y ya todos están convencidos de que el camino marcado por Luis Enrique es el correcto.

Basta con leer o escuchar las declaraciones de los propios futbolistas para darse cuenta de que esto es así. Sirve cualquier manifestación reciente de cualquier jugador azulgrana para comprobarlo.

Pero con tres basta. Gerard Piqué: «Esta temporada me lo estoy pasando bomba. Cada vez amo más esta profesión y me gustaría estar más años. Hoy puedo decir que me voy a retirar en el Barça». Xavi Hernández: «No podemos negar que a veces las cosas nos salen mejor y otras peor. Pero lo que de verdad ha cambiado es el resultado. La mayoría de la gente no se para a analizar el juego». Y Andrés Iniesta: «Sabemos que estamos en un club con mucha exigencia, donde todo se magnifica muchísimo. Ahora estamos para ganarlo todo. Contamos con un gran equipo, venimos de un año de decepción, y eso tiene que servir para rebelarnos o motivarnos más para intentar acabar este año con alegría, con títulos, y que la gente pueda volver a disfrutar».

La víspera de los partidos, Luis Enrique atiende a los periodistas en la sala de prensa de la Ciutat Esportiva. Suelen ser comparecencias de quince minutos. Pero, por lo general, cuando acaba el entrenamiento vuelve al despacho donde comenta los detalles de la sesión y donde observa las imágenes de vídeo que han registrado sus colaboradores. Tiene por costumbre escuchar las opiniones de Unzué, Moreno, Barbarà y Pol, pero él tiene siempre la última palabra. Es un hombre de ideas fijas, las defiende con pasión y va con ellas hasta las últimas consecuencias.

El grueso del cuerpo técnico come casi a diario en la zona de restaurante de los jugadores, que por lo general se marchan a comer a su casa. Allí, Luis Enrique y los suyos hablan de sus cosas. El fútbol, muchas veces pasa a un segundo plano. Aficiones, retos, proyectos... le ganan protagonismo a las cuestiones de trabajo. Y como sucedía en las comidas de los alumnos en los cursos de entrenador de la Ciudad del Fútbol de Las Rozas, cada uno saca lo mejor de sí mismo y las bromas ganan espacio a la seriedad y al rigor de tantas horas de trabajo.

La vuelta a los despachos, para seguir estudiando a los próximos rivales, para seguir ideando fórmulas con las que hacerles daño a los adversarios e impedir que estos le hagan daño al Barcelona, para plantear nuevas situaciones de entrenamiento, para plasmar sobre un papel nuevas ideas en acciones de estrategia que se trabajarán en los días y semanas siguientes, para archivar toda la información que sea susceptible de volver a ser utilizada... ocupan las tres o las cuatro horas siguientes al almuerzo. Ya sin la luz del sol, todos vuelven a sus casas para disfrutar de sus familias, esposas e hijos, comentar las cosas que han sucedido a lo largo del día, cenar y acostarse pronto, porque al día siguiente empieza una jornada más. Nueva, distinta, pero igualmente intensa y exigente.

16

El (no) conflicto con Messi

El hombre se descubre
cuando se mide con un obstáculo.

ANTOINE DE SAINT-ÉXUPERY*

Al finalizar la temporada 2009-10, Lionel Messi era un hombre feliz, muy feliz. Hacía lo que más le gusta —jugar al fútbol—, coleccionaba títulos colectivos —los que más valora— con el Fútbol Club Barcelona y con la selección de Argentina, había conseguido el primero de sus ocho Balones de Oro y empezaba a recibir la consideración de mejor jugador del planeta. El día 24 de junio había cumplido 23 años y el sueño de ganar el Mundial de Sudáfrica estaba intacto —la albiceleste se había clasificado para los octavos de final con un pleno de puntos, nueve sobre nueve, en la fase de grupos—. Ya había sido campeón en todas las competiciones de club —Mundial, Champions League, Supercopa de Europa, Liga, Copa del Rey y Supercopa de España— y ya se había colgado dos medallas de oro con el equipo nacional de su país: en el Mundial sub-19 de 2005 y en los Juegos Olímpicos de Pekín en 2008.

La eliminación frente a Alemania en los cuartos de final le hizo

* Antoine de Saint-Éxupery (Lyon, 1900-mar Mediterráneo, 1944), piloto aéreo y escritor. Conocido popularmente por ser el autor de *El principito*, dedicó la mayor parte de su vida a la aviación civil y de pruebas. Al estallar la Segunda Guerra Mundial fue movilizado por el ejército francés. El avión que pilotaba desapareció el 31 de julio de 1944, cuando volaba entre Cerdeña y Córcega. Un pescador encontró objetos personales del piloto en 1998. Los restos del avión P-38 no fueron hallados hasta el año 2000.

daño. A los ganadores nunca les gusta perder y menos de la forma en que había caído Argentina (4-0). El día 4 de julio regresó a su país en el avión de su selección y empezó sus vacaciones. La temporada había sido muy larga y necesitaba descansar para hacer su particular *begin the beguine*. Cuando regresara a Barcelona iba a reencontrarse con su entrenador y con sus compañeros. Pero el club había cambiado de presidente y de directiva en las elecciones que se celebraron el 13 de junio. Messi conocía a Sandro Rosell, que había sido vicepresidente de Joan Laporta, pero solo habían coincidido durante poco más de un año. La Pulga había debutado con el primer equipo del club en marzo de 2004 y Rosell había dimitido en junio de 2005. Eran tiempos en los que Messi todavía no tenía galones.

Su relación con Laporta había sido magnífica y confiaba en que con el nuevo presidente seguiría siendo igual. Y de hecho lo fue mientras el equipo siguió ganando títulos. O sea, hasta 2013. Rosell incluso le había mejorado el contrato en diciembre de 2012 y en julio de 2013. En mayo, el Barcelona había cerrado la contratación de Neymar da Silva, en junio se abrieron diligencias judiciales contra Messi y contra su padre por un presunto delito fiscal y, coincidiendo con su última renovación, se produjo el abandono forzoso de Tito Vilanova, a quien Messi estaba mucho más unido de lo que jamás nadie ha contado todavía.

Dos de esas tres noticias, el fichaje de Neymar y el inicio del procedimiento judicial, marcaron el inicio del distanciamiento entre el mejor futbolista del mundo y su presidente. Messi no tenía nada en contra de la incorporación del delantero brasileño a la plantilla azulgrana, pero le sentó muy mal que se filtrara a la prensa que el Barcelona había contratado a Neymar con la intención de ponerle a él en el mercado. Y aunque el problema fiscal que acababa de estallarle en las narices no tenía nada que ver con el Barcelona ni con su presidente, esperaba que el club se hubiera puesto a su disposición por si necesitaba asesoría o apoyo legal. No quería dinero, pero sí que les ofrecieran apoyo moral a él y a su padre.

El distanciamiento entre Rosell y Messi se vio acrecentado unos meses después, mientras el futbolista se recuperaba de una lesión muscular en Argentina. El día 11 de diciembre, el vicepresidente económico Javier Faus hizo una sorprendente declaración: «No tenemos por qué mejorar el contrato de Messi cada seis meses». La respuesta del jugador fue muy contundente: «El señor Faus es una persona que no sabe nada de fútbol. Quiere manejar el club como si fuera una empresa y no lo es. El Barcelona es uno de los equipos más grandes del mundo y se merece ser representado por los mejores dirigentes. Y le recuerdo que ni yo ni nadie de mi entorno hemos pedido ningún aumento ni renovación. Y él lo sabe muy bien».

Ese enfrentamiento verbal entre Faus y Messi se producía un mes antes de que un socio del club presentara una querella contra el FC Barcelona y contra Sandro Rosell por el contrato de Neymar. Fue entonces cuando se descubrió que el delantero brasileño tenía un contrato superior al de Messi y el conflicto aumentó de proporciones. Rosell había faltado a su palabra de que el mejor jugador del mundo sería el mejor pagado de la plantilla. Imputado por el juez Pablo Ruz, el presidente Rosell presentó su dimisión el 23 de enero de 2014. Se fue sin explicar las verdaderas razones de su abandono, pero su marcha rebajó la tensión entre la directiva y Messi. El nuevo presidente, Josep Maria Bartomeu, que había sido el vicepresidente deportivo del club desde 2010, mantenía una relación muy cordial con el futbolista. Además, justo antes de que Messi cogiera el avión para incorporarse a la concentración de Argentina con vistas al Mundial de Brasil, Bartomeu resolvió el agravio y le firmó un nuevo contrato hasta 2018.

La paz duró muy poco. Mientras se encontraba con su selección, Messi recibió tres noticias, otra vez tres, que resucitaron su malestar. El Barcelona había decidido no renovar a José Manuel Pinto, había traspasado a Cesc Fàbregas al Chelsea y había echado del club al utillero Josep Maria Corbella. Además, se había filtrado que el club quería prescindir de los servicios de Pepe Costa, que en ese momento estaba con él en Brasil. Cuando Messi regresó a Barcelona, otra vez sin el título de campeón del mundo —Argentina perdió nuevamente contra Alemania, ahora en la prórroga de la final—, tuvo la sensación de que todas esas decisiones se habían tomado para quitarle apoyos y que Luis Enrique no era ajeno a ellas.

Resuelta la continuidad de Pepe Costa —solicitada por los cuatro capitanes del vestuario—, ni la marcha de Pinto, Cesc y Corbella, ni la llegada de un entrenador tan exigente como el asturiano, ni el desembarco de nueve jugadores nuevos en la plantilla apartaron a Messi de su camino natural. Quería seguir disfrutando del fútbol y quería volver a ganar títulos después de un año en blanco —otra vez el maldito color— y plagado de desgracias. La peor de todas ellas, por supuesto, la muerte de Tito Vilanova, de quien tuvo tiempo de despedirse. Así que se puso al servicio del club, de Luis Enrique y del equipo con la única intención de aportar su talento y su esfuerzo al objetivo común de ganar partidos y campeonatos.

Las sensaciones eran buenas. Se había recuperado la intensidad en el trabajo y, aunque las dificultades de poner en marcha el nuevo proyecto se reflejaron en diferentes momentos de los primeros meses, Messi estaba convencido de que muy pronto se alcanzaría el nivel de consistencia necesario para optar a los títulos. Su papel en el equipo seguía siendo tan importante como siempre y la eclosión de Neymar y la buena sintonía que tenía con Luis Suárez y los demás jugadores de la plantilla le permitía pensar que las cosas marcharían bien.

En noviembre y con solo tres días de diferencia, Lionel Messi batió dos récords históricos. El día 22 superó a Telmo Zarra —en realidad se llamaba Zarraonaindia— como máximo goleador de la historia del campeonato de Liga, estableciendo el nuevo registro en la cifra de 253 goles. Y lo hizo con un hat-trick frente al Sevilla (5-1). Sus compañeros de plantilla le mantearon sobre el césped del Camp Nou, y al término del encuentro el club le rindió su particular homenaje con un vídeo que se proyectó por los marcadores electrónicos del estadio azulgrana. Cuando aparecieron las imágenes de Bartomeu y Zubizarreta glosando la figura de Messi, el público dedicó una tremenda bronca al presidente y al director deportivo del club. Y el día 25 de noviembre, dejó atrás a Raúl González como máximo realizador de la historia de la Champions League con otro hat-trick, y con un total de 74 tantos, esta vez en el campo del APOEL de Nicosia (0-4).

Los registros personales no le han obsesionado nunca, pero

tampoco han dejado de gustarle. Se conoce muy bien a sí mismo y sabe que cuando marca goles y da asistencias está contribuyendo al buen funcionamiento del equipo que lidera sobre el terreno de juego. El Barcelona había tenido un buen comienzo de temporada. Estaba clasificado para los octavos de final de la Champions League y, aunque había sufrido algún tropiezo inesperado, el equipo era segundo en la Liga, a un solo punto del Real Madrid, aunque el líder tenía pendiente disputar su partido contra el Sevilla, aplazado por la participación de los madridistas en el Mundialito de Clubs. Quedaba mucha temporada por delante y su equipo todavía estaba en condiciones de pelear por los tres títulos oficiales.

Messi se marchó a Rosario para celebrar las Navidades en familia. Luis Enrique le había pedido que adelantara su regreso y se reincorporara a los entrenamientos el día 30 de diciembre como el resto de sus compañeros. Siempre había pasado el Fin de Año en Argentina. Era un derecho adquirido, no sé si por contrato o de palabra. Así que volvió el día 2 de enero, a solo cuarenta y ocho horas del partido de Liga que los azulgrana debían jugar en Anoeta frente a la Real Sociedad. En ese momento aún quedaban 66 puntos por disputarse, pero si el Madrid seguía sumando de tres en tres —llevaba treinta partidos sin perder, con veinticinco victorias y cinco empates—, cuando jugara su encuentro pendiente podía alcanzar una ventaja de siete puntos.

El entrenamiento del día 2 comenzó a las 17.00 horas. Apenas una hora y media antes, Messi había aterrizado en el aeropuerto de El Prat. El argentino no estaba en las mejores condiciones para entrenarse. Pero no le quedaba otro remedio, sobre todo después de haber discutido con su entrenador sobre la conveniencia de que adelantara su regreso de las vacaciones. En un momento del entrenamiento, durante un partidillo en espacio reducido, fue objeto de una falta y Luis Enrique, que ejercía de árbitro, no la señaló. Messi tuvo una reacción intempestiva y discutió con su entrenador. Dicen que las palabras que se cruzaron fueron fuertes. Pero el equipo se entrenaba a puerta cerrada y el incidente no trascendió.

En San Sebastián, Luis Enrique dejó a Messi en el banquillo junto a Neymar y Alves, que también habían prolongado sus vacaciones hasta el día 2, y con otros jugadores importantes, entre los que estaba Piqué. La Pulga nunca había sido titular en el primer partido después de Navidades. Ni con Guardiola, ni con Tito Vilanova, ni con Gerardo Martino. Pero ese 4 de enero el Barcelona encajó un gol —de Jordi Alba, en propia portería— nada más empezar el partido y Messi tuvo que salir en la segunda parte para darle la vuelta al resultado... No pudo. El Real Madrid había perdido en Valencia y los azulgrana desperdiciaban la oportunidad de ponerse por delante en la clasificación. En el mismo campo de Anoeta, Messi volvió a ser protagonista de una discusión, esta vez con Joaquín Valdés.

Al día siguiente estaba programada una jornada de entrenamiento de puertas abiertas en el Mini Estadi y la visita de todos los años a distintos hospitales infantiles del territorio. Siempre suele hacerse así, aprovechando que los niños están de vacaciones y coincidiendo con la víspera de Reyes. Más de 11.000 personas acudieron al recinto en el que tanto el Barcelona B como los equipos de División de Honor Juvenil y el equipo femenino disputan sus partidos. Daba igual que se hubiera ganado o perdido en Anoeta. La ilusión de los barcelonistas más jóvenes era más importante que todo eso. Y todos querían ver a Messi. Pero el ídolo no apareció. El club informó de que había sufrido una gastroenteritis que le retenía en casa. Tampoco se entrenaron Rafinha, con otitis, y Mathieu, que se quedó en el gimnasio haciendo trabajo de recuperación por culpa de una pequeña lesión.

La decepción que produjo la ausencia de Messi entre la chiquillería aumentó el tono de la crítica que se había iniciado en el mismo instante de concluir el encuentro frente a la Real Sociedad. Luis Enrique se llevó la peor parte. Le acusaban de ser el responsable de la ruptura con el mejor jugador del mundo, le echaban en cara que hubiera hecho —otra vez— tantas rotaciones en un momento tan inoportuno. Hubo quien llegó a pedir la cabeza del entrenador. También hubo censuras contra el pobre juego y contra la actitud de Messi en Anoeta. Y tampoco se escaparon de la crítica agria el presidente, el director deportivo y... las señoras de los lavabos del Camp

Nou. Parecía que se había perdido la Liga y que el proyecto de Luis Enrique ya había fracasado. Se recordaron, uno por uno, todos los partidos que el Barcelona había perdido o empatado desde el inicio de la temporada, tanto en Liga como en Champions League. Solo faltó que les atribuyeran a unos y otros la responsabilidad de la guerra de Cuba, de las dos contiendas mundiales o del mismísimo asesinato de John Fitzgerald Kennedy.

En medio de ese caos, más mediático que real, trascendieron las discusiones de Messi con Luis Enrique y con su psicólogo, y llegó a decirse que esa guerra no tenía solución. Josep Maria Bartomeu quiso mediar en el conflicto entre el entrenador y el futbolista. Y habló con ellos por separado. Estas entrevistas no sirvieron para mucha cosa. Es más, dieron pie a que se asegurase sin ningún tipo de fundamento que el mejor jugador del mundo había exigido la destitución de su entrenador o que el técnico había decidido que presentaría su dimisión si el Barcelona ganaba su partido de Liga de la jornada siguiente ante el Atlético de Madrid. En algunos informativos de televisión se llegaron a contar las frases textuales que se habían pronunciado en el transcurso de esas conversaciones. La tensión fue tal que el presidente llegó a anunciar que las elecciones, previstas para la primavera de 2016, se adelantaban un año, con el único objeto de rebajar la tensión.

Nada de todo eso se produjo. Al contrario, el día 12 de enero, nada más finalizar el partido del Camp Nou frente al vigente campeón de Liga (3-1), Messi apareció ante las cámaras de Barça TV con un mensaje rotundo: «No es bueno que se busque rivalidad entre Luis Enrique y yo, porque no la hay. Que no tiren mierda de fuera porque eso solo nos va a perjudicar. Escuché decir de todo. Nunca salgo a desmentir nada pero ahora sí. Se dijo muchas veces que yo había echado a mucha gente... A Eto'o, a Ibrahimović, a Bojan, a Guardiola... Yo no pedí que echaran a nuestro entrenador. Me duele, porque sale de gente que no quiere al Barça. Es gente que quiere hacerle mal al club. Y esta vez no viene de Madrid como otras veces, viene de aquí. Escuché decir muchas cosas de mí antes y ahora. Me pintan como que yo soy el que manejo el club y soy uno más de mis compañeros. Jamás exigí nada para quedarme porque no tengo intención de irme. Escuché que mi padre había hablado con el Chelsea, con el Manchester City... Todo es mentira». Casi simultáneamente, Javier Mascherano atendía a los periodistas en la zona mixta y se refería a la situación en términos parecidos y también de forma concluyente: «Todo lo que se habló es mentira. Me molesta que digan cosas que no son verdad».

Dos semanas más tarde, Jérémy Mathieu fue entrevistado por Radio Montecarlo. El defensa francés, a quien sus excompañeros del Valencia definen como «un líder silencioso, de esos que poco a poco se van haciendo grandes en un vestuario», era preguntado por el enfrentamiento que mantenían Luis Enrique y Messi. «Después de las vacaciones de Navidad, durante un entrenamiento y por una falta no pitada por el entrenador, Leo perdió los papeles. La situación se puso tensa y se dijeron cuatro palabras subidas de tono», desveló el día 29 de enero.

Para Mathieu, un incidente como el que se había producido el día 2 de enero sucede con frecuencia en todos los clubs del mundo. «Esto pasa en todas partes, pero como ha sucedido en el Barça, se magnifica», dijo antes de afirmar que todo se había resuelto como tienen que resolverse este tipo de cosas: «Luis Enrique, Leo y nosotros hablamos y todo quedó solucionado». Era la primera vez que un testigo presencial explicaba en público en qué había consistido el incidente con el que los medios de comunicación escritos y audiovisuales de muchos días de ese mes de enero habían llenado sus portadas y sus espacios con términos tan catastrofistas como «guerra», «crisis» y otros similares.

El francés no fue el único. A finales de enero, Xavi Hernández también confirmó los incidentes entre Messi y Luis Enrique. Su punto de vista era esclarecedor y conciliador: «Son situaciones que pasan a lo largo de la temporada. Sobre todo cuando eres ambicioso y vas al límite. No es la primera vez que pasa algo así, ni será la última. Ha sucedido doscientas veces en el Barcelona y en otros clubs, y volverá a pasar. Es bueno que pase, porque eso demuestra que los jugadores quieren ganar. El ambiente en el equipo es fantástico y por ahí vamos a tirar».

Gerard Piqué, que ya fue compañero de Messi durante su etapa de formación en el fútbol base, también defendió argumentos parecidos en una entrevista concedida el día 12 de febrero al programa *El partido de las 12* de la cadena COPE: «Es un tema pasado. También hubo discusiones cuando fuimos campeones del mundo y campeones de Europa con la selección. Siempre con palabras buenas, al final hay que decirse las cosas a la cara». Y aprovechó para zanjar la polémica sobre quién es y quién deja de ser líder de la plantilla: «Luis Enrique manda más que Messi. Es el entrenador, el jefe del equipo, aunque Leo tenga mucho peso en el vestuario».

Ese mismo día, en uno de los programas más polémicos que se emiten en televisión, *El chiringuito*, lanzaron su exclusiva. Empleando frases textuales, como ya habían hecho otros, desvelaron el supuesto contenido de la conversación que el presidente del Barcelona había mantenido con Lionel Messi al día siguiente de que el equipo azulgrana goleara al Elche (5-0) en la ida de los octavos de final de la Copa del Rey. Josep Maria Bartomeu habría puesto la decisión sobre el futuro de Luis Enrique en las manos del futbolista: «¿Qué quieres, que le eche?». La respuesta de Messi habría sido muy reveladora: «No quiero que le eches, quiero que me dejéis en paz a mí hasta final de temporada». De ser cierto, el argentino estaba situando el foco del conflicto en un escenario muy distinto al del vestuario.

17

El culto a la amistad

Para conocer a la gente
hay que ir a su casa.

JOHANN WOLFGANG GOETHE*

Conocer a una persona es una tarea compleja. Saber quién es resulta, en cambio, bastante sencillo. Sobre todo para esa gran parte de la sociedad que se interesa por una actividad determinada. Vivir en la era de la comunicación, de la imagen y de las nuevas tecnologías facilita enormemente el acceso a la información más elemental.

En este sentido, muy poca gente conoce a Luis Enrique y mucha, muchísima, tiene datos más o menos precisos de su carrera profesional y hasta de los retos que ha afrontado en el ámbito de los deportes de resistencia y de ultrarresistencia.

La carrera deportiva de Luis Enrique es una historia muy larga, pero una historia todavía a medio escribir. Irrumpió en el fútbol profesional en 1989, y a sus 55 años no parece que vaya a marcharse ni a corto ni a medio plazo. Elegido por la FIFA como uno de los cien mejores futbolistas vivos del siglo XX, ha sido jugador del Sporting de Gijón, del Real Madrid, del Fútbol Club Barcelona, de la selección olímpica española, con la que consiguió la medalla de oro de los

* Johann Wolfgang Goethe (Fránkfurt, 1749-Weimar, 1832), poeta, novelista y científico alemán. Fue uno de los fundadores del romanticismo. Autor de *Fausto*, su obra más conocida, está considerado el escritor más grande de las letras alemanas. En 1944 fue creado en su honor el Goethe Institut, que se encarga de difundir la cultura alemana por todo el mundo.

Juegos de 1992, y de la selección absoluta, con la que disputó sesenta y dos partidos, tres mundiales y una Eurocopa.

Ha sido tres veces campeón de Liga, tres de la Copa del Rey, dos de la Supercopa de España, una de la Recopa de Europa —la extinta competición continental que estaba reservada a los equipos campeones de Copa de los países afiliados a la UEFA— y una de la Supercopa de Europa. Colgó las botas en junio de 2004, y solo cuatro años más tarde reapareció en la escena del fútbol para iniciar una carrera como entrenador que le ha llevado a dirigir al Barcelona B (2008-11), a la Roma (2011-12), al Celta de Vigo (2013-14) y, desde julio de 2014, al FC Barcelona.

Durante todo ese tiempo, Luis Enrique nunca ha pasado inadvertido. Unas veces, por besarse el escudo de la camiseta en un 5-0 del Real Madrid al Barcelona, otras por celebrar un gol del Barcelona frente al Real Madrid con una ráfaga interminable de cortes de manga o una más por ser portada de todos los periódicos con la nariz chorreando sangre tras recibir un codazo del italiano Mauro Tassotti en los cuartos de final del Mundial de 1994. Harto de que le recuerden ese mamporro, sigue importándole un pimiento que a su agresor le sancionaran *a posteriori*. En cambio, sigue pensando que si el húngaro Sandor Puhl hubiera señalado ese penalti habría cambiado el rumbo de la historia.

A lo largo de su existencia, y gracias a haber vivido en ambientes tan populares como el del fútbol y el de los deportes de resistencia, ha tenido la oportunidad de relacionarse con millares de personas, ha tratado con ellas y ha escogido a unas pocas como sus amigos. Y ya se sabe que la amistad no es un sentimiento nada fácil de conseguir, compartir o conservar. En tanto que relación afectiva entre dos personas requiere una serie de valores sobre los que edificarse, tiene que ser cultivada a lo largo de los años y debe de tener un carácter recíproco. Solo así, ni la distancia ni el tiempo serán un obstáculo para mantenerla.

Luis Enrique tiene un alto concepto de la amistad, le rinde culto desde el principio y por su cabeza no pasa nada que pueda tener un final. Seguramente porque no elige a las personas por su dinero ni por su posición social. No se deja impresionar por nada. Y no porque él tenga todo lo que puede desear, sino porque los valores sobre los que construye sus amistades son la sencillez, la discreción y la lealtad. Quizá por eso las relaciones que establece son muy duraderas y solo se han roto —en contadísimas ocasiones— cuando el amigo en cuestión le ha decepcionado.

Entre sus amigos más íntimos se encuentran personas diversas. Las hay de edades muy distintas, de caracteres diametralmente opuestos, de diferentes extracciones sociales... Pero con la gran mayoría de ellas tiene un nexo común: el deporte. Ahí están, por ejemplo, su entrenador en el CD La Braña, Ismael Fernández; el futbolista con el que más tiempo compartió vestuarios, Abelardo Fernández —jugaron juntos en La Braña, el Sporting, el Barcelona, en la selección olímpica y en la absoluta—; el jugador que en 2004 heredó su brazalete de capitán del FC Barcelona, Carles Puyol; los exfutbolistas y entrenadores Míchel y Martín Vázquez, con los que jugó en el Real Madrid; el exjugador de baloncesto, ayudante suyo en la aventura de la AS Roma y compañero en diversas pruebas de ultrafondo, Toñín Llorente; su segundo entrenador, Juan Carlos Unzué, y unas pocas personas más, unas conocidas y otras anónimas, que han formado parte de su entorno.

Claro que, en esto de las amistades, también ha tenido alguna que otra curiosa experiencia. La más llamativa y no por ello la más conocida, aunque esté recogida incluso en el sumario judicial que más ruido mediático ha provocado en los últimos años —el caso Gürtel—, es la de Francisco Correa, conocido por el sobrenombre de «don Vito». Aunque no llegaron nunca a profundizar en su relación, Luis Enrique y Correa iban a prepararse para participar en la Ultraman de Hawái, un triatlón doble, con 10 kilómetros de nado, 400 kilómetros en bicicleta y 84,3 kilómetros —dos maratones— corriendo. Nadie conocía el proyecto, pero el día 6 de febrero de 2009, Francisco Correa fue detenido por orden del juez Baltasar Garzón.

Otro implicado en el caso Gürtel era Álvaro Pérez, apodado «el Bigotes». Fue uno de los implicados en la trama a quien se había dado la orden judicial de intervenirle el teléfono y de grabar sus conversaciones. En el sumario puede leerse la siguiente transcripción literal de una de esas grabaciones: «Ha quedado con un tío de Barcelona para entrenarse con él. Un tío que fue jugador del Real Madrid y del Barcelona [...]. Que si el viernes por la noche está en Barcelona, cenará con él». Parece evidente que en el momento de mantener esta conversación con Pablo Crespo, secretario de organización del Partido Popular en Galicia, Álvaro Pérez no sabía que ese tío del que le había hablado Correa era Luis Enrique.

Ismael Fernández es una de las dos personas con las que mantiene una amistad más duradera. Se conocieron cuando Luis Enrique todavía jugaba en el fútbol formativo del Sporting de Gijón. Era un chaval que aún no había cumplido los 14 años de edad. Ismael le fichó para el infantil del CD La Braña en el mismo instante en que le descartaron en Mareo porque «era delgado y tenía las piernas muy finas». Hoy, cuarenta años después, mantienen una relación increíble, a pesar de la gran diferencia de edad —veinte años justos— que existe entre ambos.

Su amistad surgió de manera espontánea a través de una relación entrenador-jugador que difícilmente suele fructificar. Entre otras razones, porque los futbolistas son egoístas por naturaleza y casi nunca agradecen lo que sus entrenadores, sobre todo los más exigentes, han hecho por ellos. Pero este no es el caso. La relación entre Ismael y Luis Enrique empezó a llenarse muy pronto de vivencias que reflejan perfectamente los sentimientos que comparten. Cuando se dirigen el uno al otro, se llaman de la misma manera: «Nenón», que viene de niño. Ismael tiene infinidad de recuerdos de la etapa en la que Luis Enrique fue su jugador. Pero las anécdotas mejores y las más grandes, las que merecen ser contadas, pertenecen a un tiempo posterior, cuando la amistad ya estaba consolidada.

Luis Enrique ya jugaba en el primer equipo del Sporting de Gijón cuando un día visitaron una mina en compañía de otros dos futbolistas, Alcázar y Diego. En el interior de la mina, Ismael sufrió un ataque de pánico y tuvieron que sacarle. Una vez fuera, les hicieron una fotografía en la que aparecen abrazados. Muy poco tiempo después, el destino llevó a Luis Enrique al Real Madrid y el futbolista hizo todo lo que pudo para llevarse a Ismael con él. Su amigo acabó trabajando para el fútbol formativo del club madrileño a las órdenes de Vicente del Bosque. Al año siguiente, el día 5 de agosto de 1992, España se clasificó para la final de los Juegos Olímpicos. Nada más finalizar el partido frente a Ghana (2-0), Luis Enrique llamó desde Valencia a Ismael para invitarle a la final, que se celebraría en Barcelona tres días más tarde. Y cosas iguales o parecidas se han repetido a lo largo del tiempo, incluso cuando Luis Enrique ya ejercía como entrenador.

«Es una persona increíble. Siempre va de frente y siempre se comporta tal como es. A veces puede dar la falsa sensación de que es prepotente, pero no es así. Luis Enrique tiene un corazón enorme. Es muy agradecido y solidario. Cuando apenas tenía 21 años, un día compró catorce juegos completos de equipajes para los equipos del CD La Braña. Y no hace mucho tiempo, regaló la colección de camisetas de toda su carrera a una organización benéfica», explica Ismael con orgullo.

Ismael tiene una veintena de camisetas de Luis Enrique en su casa. Su amigo fue regalándoselas de una en una y todas recién usadas, empapadas en sudor y hasta manchadas de sangre. Entre ellas hay algunas que tienen un valor incalculable, como la de los Juegos Olímpicos de Barcelona o la del partido en el que Tassotti le rompió la nariz en el Mundial de 1994, en Estados Unidos. Mucha gente estaría dispuesta a pagar mucho dinero por ellas. Ismael lo sabe perfectamente. Por eso, cuando Luis Enrique decidió entregar su colección a la beneficencia, Ismael se apresuró a ofrecerle las suyas para que también fueran subastadas. Luis Enrique valoró el gesto de su amigo, pero no lo consintió: «Esas son tuyas, Nenón».

El entrenador del CD La Braña también habla de la pasión de Luis Enrique por la bicicleta y de su afición a subir todas las cimas míticas de las grandes vueltas ciclistas, pero desvela que «su montaña preferida es el Angliru, en la sierra del Aramo». Le encanta subir las cimas de Moncuevu, Barriscal y el Gamonal, esta última de 1.712 metros de altitud. El entrenador azulgrana le ha pedido muchas veces a Ismael que monte en una bicicleta y suba al Angliru con él. Su respuesta es siempre la misma. Le acompaña, pero va andando por el arcén de la carretera, a su ritmo, despacio. Y llega a la cima, aunque tengan que esperarle.

Más allá de esas y otras pequeñas grandes cosas, Luis Enrique siempre consulta a Ismael sobre temas relacionados con el fútbol. Le ha invitado con frecuencia a las ciudades en las que ha jugado o entrenado. Lo hizo en 2003, cuando Radomir Antić dirigía al Barcelona, y lo ha hecho otras muchas veces. Por ejemplo, en 2014, cuando entrenaba al Celta. «Estuve un mes y medio con él en Vigo, viendo los entrenamientos y los partidos. Es muy trabajador, tiene las ideas muy claras, cree en lo que va a hacer y lo hace. Exige a todos los jugadores por igual. Si le dejan trabajar, demostrará que es un gran entrenador. Aunque para mí ya lo es. Estoy seguro de que el 6 de junio estaré con él en la final de la Champions League», asegura.

Más tiempo todavía se mantiene en pie y en un estado de salud envidiable la amistad que une a Luis Enrique con Abelardo Fernández. Si Ismael y Lucho son amigos desde hace treinta años, Pitu y Luis Enrique han cumplido ya treinta y siete años de relación. «Nos conocimos en el colegio Elisburu. Debíamos tener ocho años, sí, eso es, ocho años. Y empezamos a jugar juntos al fútbol sala», recuerda su compañero de pupitre y de vestuarios. A Abelardo también le gusta la bicicleta, pero nunca ha hecho una de esas excursiones tan exigentes que tanto apasionan a Luis Enrique: «Yo salgo de vez en cuando, pero no podría aguantar su ritmo», comenta.

Abelardo, que hoy es un entrenador en paro, jugó al fútbol con Luis Enrique durante casi todo el tiempo que duraron sus respectivas carreras. Estuvieron juntos en cinco equipos distintos y cuando las circunstancias los separaron —los cinco años que Lucho estuvo en el Real Madrid—, coincidieron en muchas convocatorias de la selección española, con la que Pitu disputó un total de 54 partidos. O sea, que le conoce muy bien: «Luis Enrique es tal como se le ve. Siempre dice lo que piensa; es alegre; muy bromista; muy ordenado y metódico, y es una persona muy cercana con la gente de su confianza».

El día 15 de febrero de 2015, el Sporting de Gijón visitaba al Girona en Montilivi. Abelardo aprovechó que el encuentro de su equipo se disputaba por la mañana y se comprometió con sus jugadores a que, si conseguían un buen resultado, esa misma tarde los llevaría al Camp Nou a presenciar el FC Barcelona-Levante. Era una forma de motivarlos, porque los habría llevado exactamente igual si hubieran perdido. Su equipo empató (0-0) y el entrenador y los jugadores del Sporting disfrutaron de una buena tarde de fútbol. Abelardo fue invitado al palco, donde se sentó al lado de Quini, que también asistió al partido. Al finalizar el encuentro, todos los medios de comunicación quisieron conocer sus opiniones sobre el equipo que dirige uno de sus mejores amigos.

A todos los periodistas con los que habló, que fueron muchos, les dijo las mismas palabras: «Yo no soy nadie para opinar. Estoy fuera y no me gusta hablar de cosas que no conozco en primera persona. Pero soy del Barça y soy amigo de Luis Enrique, así que les deseo que las cosas les vayan lo mejor posible. Y estoy convencido de que les van a ir muy bien, porque Lucho es un gran entrenador, tiene un cuerpo técnico muy preparado y tiene una plantilla muy buena. Estoy seguro de que el Barça va a conseguir títulos y que Luis Enrique va a demostrar que es un buen entrenador».

Gijón y Barcelona son, obviamente, las dos ciudades de Luis Enrique. Los vínculos que el entrenador azulgrana tiene con ambas poblaciones son muy grandes. Nació en Gijón y allí viven sus padres, Luis Felipe y María Nely, su hermano, Felipe, y dos de sus mejores amigos, Ismael y Abelardo. En el barrio de La Braña pasó su infancia y su juventud. Y en Barcelona echó raíces. Allí conoció a Elena, su mujer, y allí han nacido sus tres hijos, Pacho, Sira y Xana. Además tiene también amigos, como los tiene en Madrid, donde residió durante cinco años. Pero Luis Enrique tiene fijada su residencia en la playa de Gavà, a solo cinco minutos del aeropuerto de El Prat, que es el nexo de unión más rápido que tiene con su ciudad natal.

La distancia entre Gijón y Barcelona es mucha. Son 686 kilómetros en línea recta y 872 kilómetros por carretera. La línea más o menos recta es la que siguen los aviones en sus dos vuelos diarios entre El Prat y Ranón, un aeropuerto que se encuentra en el municipio de Santiago del Monte, aproximadamente a mitad de camino entre Oviedo y Gijón. Exactamente a 40 kilómetros de Gijón y a 47 de la capital de Asturias. El vuelo tiene una duración aproximada de 75 minutos. El viaje en coche, en cambio, es difícil hacerlo en menos de 8 horas. Las carreteras y los automóviles han mejorado mucho, pero la velocidad está limitada a 120 por hora en las autopistas y a 90 en las demás carreteras, como sabe todo el mundo.

La última vez que Luis Enrique, su mujer y sus hijos viajaron a Gijón fue con motivo de las vacaciones de Navidad del pasado mes de diciembre. El trabajo como entrenador del FC Barcelona le absorbe demasiado tiempo y le impide ir con tanta frecuencia como él quisiera. Pero esta vez no podía fallar. Sus padres celebraban sus bodas de oro de casados el 22 de diciembre y, por supuesto, la familia iba a estar allí al completo, a pesar de que viajarían por separado. Su esposa, Elena, y los niños hicieron el desplazamiento en avión y Luis Enrique, en cambio, fue por carretera.

Los periodistas supieron que Luis Enrique iba a Gijón a pasar las Navidades porque en la rueda de prensa previa al partido que el Barcelona disputaba, a las 16.00 horas del día 20 frente al Córdoba, un periodista le preguntó si vería la final del Mundial de Clubs que ese mismo sábado, a partir de las 19.30 horas, disputaba el Real Madrid. «No, me iré a mi tierra, a Gijón. Viajo en coche y no tengo tele. Mira qué mala suerte», contestó el entrenador azulgrana. Cuando acabó el encuentro frente al Córdoba, Luis Enrique se subió a su Volkswagen Multivan, con una de sus bicicletas a cuestas —una Loftu—, y emprendió viaje. Antes de poner el motor en marcha, colgó una fotografía del coche en su cuenta de Twitter.

También utilizó su red social preferida para publicar una foto de la celebración de sus padres —«Enhorabuena! Bodas de oro! Orgulloso de todo lo que nos habéis enseñado!»— y otra para explicar que el día de Nochebuena había hecho un buen entrenamiento en bicicleta con su hermano, Felipe, y con Zamo —subieron al Picu del

Fariu—. En cambio, no explicó que el domingo 21 se había reunido a comer con Ismael, Abelardo y algún que otro de sus amigos gijoneses.

Luis Enrique tiene muy buenos amigos, pero no es un tipo que caiga bien a todo el mundo. Ser tan decidido y tan directo le ha proporcionado grandes amigos, pero también le ha generado muchas enemistades. Resulta curioso, sin embargo, que por muchas personas con las que hables, nunca encuentras a alguien que se quede a medio camino entre el elogio encendido o la crítica ácida. «No contempla los grises. Es de ideas muy radicales y por eso tiene gente muy a su favor o gente que le odia», dice alguien que le conoce bien. Vamos, que no despierta sentimientos intermedios ni por casualidad. Por eso unos dicen que es «genial, amable, divertido y generoso» y otros piensan que es «muy cabezota, altivo y soberbio». A él, como dirían en el principado de Asturias, le trae al pairo. O sea, que le da lo mismo. Es muy feliz compartiendo lo que tiene con sus amigos. Y se siente correspondido por aquellos que forman parte de su círculo y que le aceptan tal como es.

18

Enemigos irreconciliables

Para tener enemigos
no hace falta declarar una guerra;
basta con decir lo que piensas.

MARTIN LUTHER KING*

Es muy probable que cuando Luis Enrique empezó a jugar al fútbol en el patio del colegio Elisburu tuviera el sueño, compartido con miles de niños asturianos y españoles, de convertirse en protagonista de una de esas colecciones de cromos de la época en las que aparecían jugadores que hoy son auténticos mitos. En los finales de la década de los 70, el Sporting de Gijón tenía a Vicente Miera como entrenador y contaba con futbolistas como Jesús Castro, Jiménez, Maceda, Uría, Cundi, Redondo, Mesa, Abel, Joaquín, Quini o Ferrero. Más de la mitad de los integrantes de ese equipo, que llegó a ser subcampeón de Liga, jugaría también en la selección. Pero todos, en Gijón y en otras muchas ciudades, querían ser como «el Brujo» Quini porque marcaba goles y coleccionaba trofeos Pichichi: fue cinco veces máximo goleador de Primera y dos en Segunda División.

Ser una figura de esta magnitud podría representar, además, fama y dinero. Luis Enrique lo sabía, porque en verano de 1980

* Martin Luther King (Atlanta, 1929-Memphis, 1968), pastor de la iglesia bautista y defensor de los derechos civiles de la población negra. Fue premio Nobel de la Paz en 1964. Fue asesinado en la ciudad de Memphis el 4 de abril de 1968, cuando preparaba una manifestación. Fue condecorado a título póstumo con la Medalla Presidencial de la Libertad (1977) y con la Medalla de Oro del Congreso de Estados Unidos (2004).

había leído en los periódicos, o se lo habían contado, que «el Brujo» Quini había fichado por el Barcelona, que el Sporting de Gijón iba a ingresar una barbaridad de millones de pesetas —ahora serían solo 500.000 euros, pero entonces representaban una fortuna— y que ese gran goleador, espejo en el que se miraban infinidad de niños como él, había firmado un contrato por cuatro temporadas, con ficha, sueldo, primas y premios por títulos, al estilo de la época, que lo convertían en todo un millonario. Y, además, le hacían un montón de entrevistas en la prensa, en la radio y en la televisión.

Miles, cientos de miles, millones de niños no pudieron ver cumplido ese sueño de la infancia. Luis Enrique, en cambio, sí lo consiguió. Gracias a su talento natural, gracias a sus entrenadores, gracias al extraordinario empeño que puso por alcanzar sus metas, gracias a esa pizca de suerte que hay que tener siempre para llegar a cualquier parte, gracias a los observadores técnicos de diferentes clubs y gracias también a los periodistas que ya contaron sus primeras hazañas como goleador juvenil del CD La Braña, su paso tan exitoso como breve por el filial del Sporting de Gijón y también sus gestas mayores con el primer equipo.

Es evidente que los medios de comunicación han ido de la mano del fútbol desde que los ingleses lo inventaron en plena Revolución Industrial. Sin ir más lejos, la fundación del FC Barcelona se inició a través de la publicación de una pequeña nota informativa en la prensa de la época, donde se reclutaban voluntarios para disputar los primeros partidos. Ese maridaje ha servido para que los periódicos, emisoras de radio y cadenas de televisión crecieran hasta convertirse en lo que son hoy, pero ha servido también como caja de resonancia para que, lo que solo era un deporte, se haya convertido en un espectáculo y en un negocio del que participan todos, pero especialmente los entrenadores y los jugadores profesionales.

Es cierto que la sociedad ha cambiado mucho y que alguno de esos cambios ha incidido de forma negativa en las relaciones entre los periodistas y los futbolistas. No hace muchos años, la convivencia entre unos y otros era distendida y cordial. Los vestuarios estaban abiertos a la prensa, los jugadores y los entrenadores almorzaban con los informadores, se iban juntos al teatro o a tomar una copa. El carácter de la propia relación favorecía la amistad entre los profesionales de las dos disciplinas. Hoy todo eso no existe y es imposible que pueda volver a repetirse. Ignoro si la culpa de este nuevo orden la tienen unos u otros. O si es de los dos a la vez. No voy a negar que muchas veces me sorprende que se publiquen determinadas informaciones que no están en absoluto contrastadas, ni cuentan con un soporte documental mínimo, o que sigo sin entender que se pueda ejercer la crítica desde el desconocimiento de muchas de las cosas sobre las que se opina. Pero también me llaman mucho la atención algunas actitudes que se observan desde el otro lado de las trincheras. Sí, he escrito trincheras, porque más de una vez parece que el periodismo y el fútbol estén en guerra.

La mayoría de los entrenadores cierran las puertas de los entrenamientos a los periodistas. Eso puede ser porque no quieren que se conozca nada de lo que están preparando para afrontar el partido siguiente. Y puede entenderse. Pero cada día son más los entrenadores que no conceden entrevistas a ningún medio de comunicación. No es una excepción, sino una norma. Los entrenadores dicen que con la rueda de prensa que conceden la víspera de cada partido y la que ofrecen después de los encuentros, ya hablan con los periodistas más que con sus propias mujeres. Otro tanto sucede con los jugadores, que se limitan a comparecer en la sala de prensa el día que les toca —más o menos una vez al trimestre— y a contestar un par de preguntas de pie, cuando pasan por las zonas mixtas camino del autocar o del aparcamiento, una vez terminados los encuentros. Y eso cuando no salen hablando por el móvil para que así nadie se atreva a importunarles.

No queda otro remedio que aceptarlo, porque eso también forma parte de la libertad de expresión que todos reclamamos para nosotros mismos y de la política de comunicación que han establecido los clubs. Otra cosa son las formas. Imagino que no debe ser una casualidad que Luis Enrique haya incorporado al decálogo de disciplina de sus futbolistas un punto en el que les advierte que serán sancionados si en sus manifestaciones públicas no observan el máximo respeto hacia el club, los entrenadores, los jugadores, los árbitros, el público y quiero creer que también los periodistas. Vamos, que uno es libre de no hacer declaraciones, pero si las hace debe ser educado y no decir nada que resulte ofensivo para nadie.

Firmar contrato con el Barcelona no era una experiencia nueva para Luis Enrique, que antes de ahora ya había suscrito tres compromisos con el club. Dos veces lo hizo como jugador, entre 1996 y 2004, y la tercera como entrenador del Barcelona B. Por lo tanto, conocía perfectamente la casa y conocía a muchos de los periodistas con los que iba a reencontrarse, ahora como entrenador del equipo profesional. Es más, ya había vivido suficientes experiencias en torno a los medios de comunicación como para que nada pudiera pillarle de nuevas. Aquí había tenido alguna que otra buena relación con los periodistas —muy pocas— y había protagonizado algún que otro conflicto —unos cuantos—. Más de una vez se había negado a hablar con algún medio, y ya en su etapa final como futbolista había tomado la determinación de no conceder entrevistas a los medios.

Ahora le tocaba dirigir a la primera plantilla del FC Barcelona, después de que lo hubieran hecho, consecutivamente y por este mismo orden, Frank Rijkaard, Pep Guardiola, Tito Vilanova y Gerardo Martino. Durante las once temporadas que estuvieron en el club, todos sus antecesores mantuvieron cerradas las puertas a los entrenamientos y no concedieron entrevistas individuales. Pero en las ruedas de prensa ofrecieron una imagen personal y de club extraordinaria. Se hace difícil encontrar episodios en los que cualquiera de ellos tuviera un comportamiento reprobable. Hilando muy fino, tal vez pudiera censurarse alguna respuesta de Guardiola a las provocaciones de José Mourinho con ocasión de la semifinal de la Copa de Europa de 2011, cuando el entrenador azulgrana se refirió a «la central lechera» o dijo que todas las cámaras de televisión que había en la sala de prensa del Bernabéu debían ser de Florentino Pérez. O un día que Martino se quejó del trato que recibía de los periodistas porque no era holandés ni catalán.

En cambio, desde la llegada del entrenador asturiano, las ruedas de prensa no fueron iguales. Siempre hubo alguna palabra, alguna frase, alguna respuesta que va cargada de electricidad y de alto voltaje. Resulta obvio que Luis Enrique ejerce su libertad de expresión como considera conveniente. Es dueño de sus actos. Pero como dijo el sabio Aristóteles hace unos pocos siglos —tres antes de Jesucristo, para ser exactos— «El hombre es dueño de sus silencios y esclavo de sus palabras». O sea, que lo que dices puede tener consecuencias. Y en su caso, como el líder del equipo que es, debería tener en cuenta que sus enfrentamientos verbales con los periodistas cargan las críticas de acidez y eso no es bueno para sus jugadores ni para él.

Después de encajar la primera derrota de la temporada en el Camp Nou, Luis Enrique se mostró irónico. Tras analizar el partido ante el Celta, recordar que su equipo había dispuesto de hasta nueve ocasiones de gol y que había estrellado cuatro balones en los postes, soltó una frase dirigida a los medios de comunicación: «Nos espera una semana simpática, interesante, porque se ha abierto la veda —en alusión a que la crítica se recrudecería con la segunda derrota consecutiva en el campeonato—, pero es responsabilidad de los jugadores, mía y del club levantarse y ganar al Ajax». Justo quince días después, tras empatar ante el Getafe en un partido pasado por agua —llovió durante todo el encuentro—, subió un poco el tono y repitió algo que ya había dicho en otras ocasiones. Cuando un periodista le preguntó si le preocupaba que después de ese partido pudieran acentuarse los reproches, Luis Enrique respondió: «No acostumbro a leer las críticas. Mi médico me lo recomendó hace ya mucho tiempo».

Otra de sus respuestas irónicas, la dio en la rueda de prensa previa al último partido del año. Le pidieron que hiciera un balance de 2014: «Ha sido un año cojonudo. Primero, conseguimos cerrar una buena temporada en el Celta de Vigo y después vine al Barcelona... Y esto es Disneylandia. No suelo ponerle notas al año. Las notas se ponen al final de la temporada. Además, para qué lo voy a hacer si ya las ponéis vosotros. Me gustaría acabar el año como líder, pero hay otro equipo que ha sido mejor y no nos vamos a cortar los brazos y las piernas por no ser líderes en este momento. Tendréis que esperar... Bueno, podéis hacer lo que os dé la gana».

Al día siguiente y tras golear al Córdoba, el Barcelona se marchaba de vacaciones de Navidad. En la rueda de prensa posterior al partido, le pidieron que opinara sobre la negatividad que se respiraba en el ambiente tras las derrotas ante el Real Madrid y el Celta y el empate de Getafe: «Yo no noto negatividad en el entorno. Aunque me digáis que hay muchos datos negativos, yo veo muchos datos positivos. Intento ver los datos de la forma más positiva para mi equipo, porque es mejor centrarse en las cosas buenas, sabiendo que hay que mejorar. La idea es que seamos un bloque más fuerte. Después, cada uno de vosotros puede hacer las interpretaciones que quiera».

En Anoeta, el responsable de medios de comunicación del equipo, José Manuel Lázaro, abrió la rueda de prensa posterior a la derrota ante la Real Sociedad recordando que los periodistas debían dar su nombre y el del medio al que pertenecían y les recordó que solo podían hacer una pregunta por turno. Una reportera de radio le formuló dos preguntas en lugar de una. Luis Enrique se mostró inflexible y punzante: «Es una pregunta por turno. ¿Quieres que te conteste a la primera, a la segunda o a la del medio?». Al final, claro, solo le respondió a una. Es cierto que no podía saltarse la norma, ni dejar en mal lugar a Lázaro. Pero había muchas formas de decir las cosas y esa no era la más adecuada. Si yo hubiera sido la periodista, le habría pedido que, puestos a escoger, querría que respondiera a la pregunta del medio.

De parecida manera se comportó en la sala de prensa de San Mamés, donde su equipo había conseguido una victoria importante y con goleada incluida (2-5). Un periodista quiso saber qué había sucedido para que el Barcelona hubiera dado un vuelco a su imagen tras la derrota de San Sebastián. La respuesta de Luis Enrique fue dura: «No ha habido ningún vuelco. Eso es lo que os habéis inventado los periodistas». Y en similares términos habló el día 10 de enero. Otra vez refiriéndose a los periodistas, dijo: «Aquí pasamos del frío intenso al calor tropical».

El día 20 de enero le preguntaron por unas declaraciones del presidente Josep Maria Bartomeu, para quien Messi era el líder del equipo. Cuando le comentaron esas manifestaciones, el entrenador azulgrana reaccionó en la misma línea de sus intervenciones en anteriores ruedas de prensa: «¿Bartomeu dice que Leo es el líder de este equipo? Yo no estoy aquí para alimentar polémicas que no me interesan. Ya me he pronunciado por activa y por pasiva». No hacía ninguna falta y menos en un momento en el que ya se estaban encadenando varias victorias.

De todos modos, esa forma de actuar no es nueva ni debe sorprender a nadie. Quien conozca mínimamente la historia de las relaciones de Luis Enrique con los medios de comunicación sabe que esto no constituye una novedad y que se ha repetido de club en club, de ciudad en ciudad, desde que tenía 19 años. El entrenador asturiano piensa que los periodistas, en general, son sus enemigos y que la reconciliación es imposible. Por otra parte, su propio carácter le condiciona mucho, hasta el punto de darle la razón a los que creen que Luis Enrique tiene muchas cualidades pero que «tiene la mano izquierda de madera», una expresión literal salida de la boca de distintas personas que han mantenido contacto con él en diferentes etapas de su carrera como futbolista y como entrenador.

Otros en cambio creen que cuando se coloca delante de los periodistas no es capaz de contener ese punto de soberbia de quien se sabe en un escalón superior —por supuesto, sabe mucho más de fútbol que los que le juzgan y que los que le hacen las preguntas en las salas de prensa—. Pero lo peor, seguramente, no es eso. Lo peor es que nadie de cuantos le rodean, desde el presidente hasta el último asesor de comunicación, pasando por su psicólogo de cabecera, han sido capaces de hacerle entender que la primera víctima de ese tipo de conductas siempre será él. Porque cuando lleguen los malos resultados, que en el fútbol siempre llegan más tarde o más temprano, antes de ganar títulos o después de ganarlos todos, serán los periodistas los que gustosamente caven la fosa para su tumba.

Citar todos los desencuentros que ha tenido con los periodistas a lo largo de su carrera profesional daría para mucho. El primero se produjo cuando todavía era jugador del filial del Sporting de Gijón. Un día, molesto por una crítica que se había publicado en el periódico *La Prensa*, que pertenecía al grupo editorial de La Hoja del

Lunes —editada por el Colegio de Periodistas de Asturias—, tomó la decisión de no hacer nunca más declaraciones para ese medio de comunicación, con independencia de que el periodista que quisiera entrevistarle fuera o no el mismo al que no le había gustado su actuación en un partido de aprendices.

En Madrid volvió a vetar a dos medios de comunicación. En este caso a dos emisoras de radio. Concretamente a la cadena COPE y a la Cadena SER. Fue una época en la que no acababa de encontrar su sitio en el equipo. Ahí estaba la famosa Quinta del Buitre, con Míchel, Martín Vázquez, Butragueño y otros jugadores de un gran nivel, y sus entrenadores de esa época le utilizaban como comodín. Unas veces le alineaban de lateral derecho, otras de lateral izquierdo y unas pocas de extremo. Quizá por ello, su rendimiento no era bueno ni regular. El público fue crítico con él y también lo fueron los periodistas de esas dos emisoras de radio en las que trabajaban profesionales como José María García, Manolo Lama o Gaspar Rosety. Total, que decidió negarles el pan y la sal a las dos emisoras. A partir de ahí se endureció el nivel de la relación, hasta el punto de que Rosety (e. p. d.), entonces director de Comunicación de la Federación Española de Fútbol, soltó por antena la siguiente frase: «Luis Enrique es más inútil que la primera rebanada del pan Bimbo».

Y qué decir de los incidentes que tuvo con la prensa durante el año que permaneció en la Roma. Sus actitudes desafiantes, la mayor parte de las veces cargadas de una ironía que molesta, que hace daño; sus silencios cargados de desprecio, superiores al minuto de tiempo, cuando le hacían una pregunta que le incomodaba o sus respuestas cáusticas, le llevaron a que un día, cuando dijo que la responsabilidad de un resultado era suya, uno de los periódicos más prestigiosos del país, *Corriere della Sera*, titulase su crónica del día siguiente de un modo concluyente: «Lucho, tienes razón, toda la culpa es tuya». Eso sí, Luis Enrique fue capaz de conseguir algo que jamás nadie había logrado en toda la historia del periodismo italiano: poner de acuerdo a todos los medios.

En Barcelona, donde sus declaraciones fueron analizadas con lupa por todo el mundo y en especial por los que echan de menos el sosiego que transmitían Rijkaard, Guardiola, Vilanova o Martino, se han levantado algunas voces críticas contra esa forma de comportarse que Luis Enrique tiene con los periodistas. Marcial Pina, exjugador del club en los años 70, ha dicho sin tapujos que «debería mirarse en el espejo de Ancelotti. Siempre tiene la frase exacta, comedida». Personalmente, me quedo con la reflexión de Santiago Coca, su profesor de Dirección de Equipos en los cursos de entrenadores de la Ciudad del Fútbol. Experto en comunicación y liderazgo, Coca cree que «sería perfecto que tuviera una buena relación con los periodistas, pero él vive en su mundo».

19

Los primeros resultados

Nunca dejes que los resultados de ahora influyan en tus objetivos.

XESCO ESPAR*

Nadie dijo nunca que entrenar a un equipo como el FC Barcelona fuera una tarea fácil. Y mucho menos cuando los antecedentes más próximos te sitúan entre los éxitos inigualables de Pep Guardiola y de Tito Vilanova o el fracaso de Gerardo Martino, que cerró su única y accidentada temporada sin conquistar ningún título. La papeleta es dura, porque de un lado vas a ser objeto de comparación permanente con la sublimación del juego y de los resultados de la mejor etapa de la historia del club, y de otro vas a sufrir la exigencia de restablecer la costumbre de conquistar campeonatos. Y encima, abriendo un nuevo proyecto en el que aparecen un sinfín de caras nuevas, de futbolistas que tienen que integrarse en las nuevas dinámicas de trabajo y en un modelo que no conocen suficientemente, por muchas veces que hayan visto al equipo por televisión, o los futbolistas que eran el sostén de ese estilo se han marchado o han cumplido ya tantos años como para pensar que su papel en el proceso va a tener poco de transcendente y mucho de residual.

* Xesco Espar (Barcelona, 1963), exjugador y exentrenador de balonmano del FC Barcelona. Dirigió al equipo profesional entre 2004 y 2007. En su primer año, el equipo ganó la Copa de Europa. Es licenciado en INEF y coach profesional. En 2010 publicó el libro *Jugar con el corazón. La excelencia no es suficiente.* Su hija Anna es subcampeona olímpica de waterpolo.

Todos los entrenadores, y Luis Enrique también, saben que un buen trabajo solo será reconocido si viene acompañado de buenos resultados, y que un mal trabajo puede recibir los más grandes elogios por el simple hecho de que se haya conseguido alguno de los objetivos que se marcaron en el inicio de la temporada. Nadie te exigirá nunca que ganes todas las competiciones en las que participas, pero nadie te perdonará que hayas cerrado la temporada con el casillero de títulos a cero, por mucho que el equipo haya estado ahí, hasta el último partido del torneo, con posibilidades de proclamarse campeón. La gente solo entiende de resultados y muchas veces no comprende que los resultados son la consecuencia de un trabajo bien hecho y no al revés. A los socios y aficionados tampoco les vale que un proyecto cualquiera necesite de un tiempo prudencial —muy superior a los cien días de gracia que se concede a los dirigentes— para que las piezas vayan ajustando y que, aun así, ese proceso de aprendizaje de los movimientos tácticos y de estrategia que está implantando el entrenador de turno pueda tener un desarrollo irregular, con altos y bajos, hasta que se consolida definitivamente.

Y lo peor es que si quieres llegar a alguna parte en ese viaje, necesitas tener la capacidad de soportar con naturalidad el peso de la mochila que cargas sobre tus espaldas y has de tener la fuerza necesaria para no modificar tus planes de trabajo. Un mal resultado o una crítica no pueden apartarte jamás del camino, salvo que, con independencia absoluta de los resultados, seas tú mismo quien llegue a la conclusión de que debes cambiar algunas pequeñas cosas sobre la marcha para mejorar un poco más la idea a partir de la que empezaste a trabajar.

Luis Enrique no se deja influir jamás por esas cosas que pertenecen más al ámbito de las gradas o de los medios de comunicación. Ellos tienen una visión distinta de las cosas, porque no conocen el proyecto con detalle, porque no tienen información sobre lo que pasa entre las cuatro paredes del vestuario y porque jamás se han enfrentado a las dificultades propias de la gestación y del desarrollo de un cambio que tiene que representar tantas cosas. Devolver a un colectivo de jugadores a la cultura del trabajo y de la intensidad después de un año de cierta relajación, incluso en la aplicación de las normas de convivencia internas; introducir a los nuevos jugadores en los automatismos de una determinada manera de jugar; modificar determinados parámetros del modelo e introducir los ajustes necesarios, y desarrollar esa ingente tarea mientras estás disputando un partido de competición oficial cada tres días, es muy complicado.

La paciencia no existe cuando el club que está implantando esa nueva manera de hacer las cosas —aunque parezca que recoge muchos conceptos del pasado reciente— tiene la obligación de pelear por todos los títulos de las competiciones en las que participa. Vamos, que no es lo mismo realizar ese trabajo en un equipo de segunda fila que hacerlo en una institución acostumbrada a ganar títulos mayores y siempre exigida a hacerlo sin contratiempos. No debería de ser así, porque además el fútbol es un juego que a lo largo de su existencia ha demostrado que se puede perder un partido porque has tenido un día malo o, simplemente, porque aquel día tu adversario ha sido capaz de dar el 200 por ciento de sus posibilidades, y encima ha tenido la suerte de cara.

Las derrotas o los empates son parte del juego, tanto como las victorias. Nadie ha conseguido jamás vencer en todos los partidos oficiales de una temporada, con treinta y ocho encuentros de Liga, nueve de Copa del Rey y trece de la Champions League. Además, esos sesenta partidos, salpicados por la convocatoria de un número elevadísimo de futbolistas para jugar con sus equipos nacionales —plantillas como las del Fútbol Club Barcelona o el Real Madrid se quedan con doce, quince o dieciocho futbolistas menos durante las fechas que marca el calendario internacional—, se juegan en condiciones de campo y otras circunstancias —lesiones, sanciones, frío, lluvia— que pueden influir en el desarrollo de los partidos más de lo que pueda parecer.

En el caso concreto del Barcelona de Luis Enrique han pasado —y seguirán pasando— muchas de esas cosas que forman parte del complejo mundo del fútbol. Pero lo importante no es eso. La clave está en que el proyecto se haya diseñado con criterio y con sentido común; en que los jugadores se impliquen de una forma decidida y constante en las dinámicas de trabajo de los entrenamientos y de los partidos; en que se reconozca un liderazgo claro en el vestuario y otro, tan importante como el primero, sobre el terreno de juego; en que la comunicación y la relación entre todos sea magnífica y en el hecho de que todos tengan una capacidad ilimitada para aislarse de lo que sucede más allá de las puertas de su vestuario.

Es evidente que Luis Enrique no ha aterrizado en el mejor momento en cuanto a la paz social del entorno. Muy al contrario, la situación es convulsa y ha estado salpicada por momentos muy difíciles durante los primeros meses de la temporada. Situaciones como la imputación de Messi por un presunto delito fiscal; la imputación del propio club y de los dos presidentes de este mandato por el asunto de los contratos de Neymar en un proceso impulsado por un socio del propio club; la sanción impuesta al club por no haber respetado el estatuto del jugador profesional de la FIFA, contratando a jugadores menores de edad; las resoluciones desfavorables del máximo organismo futbolístico mundial y del Tribunal Arbitral du Sport; el desgaste que ha generado la protesta de muchos socios por el hecho de que Josep Maria Bartomeu no haya pasado por las urnas; la decisión del presidente de despedir al que ha sido director deportivo del club y a sus dos hombres de la máxima confianza desde el año 2010; la convocatoria anticipada de elecciones y un sinfín de cosas más han puesto en peligro constante el equilibrio del equipo.

La temporada oficial empezó relativamente bien. O, mejor dicho, muy bien para los resultadistas y no tan bien para los puristas del fútbol. El FC Barcelona encadenó cuatro victorias consecutivas en la Liga y se colocó al frente de la clasificación con seis puntos de ventaja sobre el Real Madrid, que había perdido consecutivamente ante la Real Sociedad y el Atlético de Madrid. Pero el partido de la segunda jornada, en El Madrigal, dejó muchas dudas a pesar de la victoria. El equipo no tuvo demasiado equilibrio y se vio sorprendido por un Villarreal que llegó a estrellar hasta tres disparos en los postes. Bendita suerte y bendita situación, porque corregir los defectos es más fácil cuando se consigue ganar los partidos.

En la quinta jornada el equipo empató en Málaga y la distancia con relación al rival de siempre se redujo de seis a cuatro puntos. Eso sí, el Barcelona seguía sin encajar un solo gol en la Liga. Luis Enrique hizo una lectura positiva: «No hemos tenido paciencia, hemos querido ser demasiado directos y hemos atacado demasiado por una sola banda. Sabemos lo que buscamos y se trata de seguir mejorando. Solo hemos jugado cinco partidos y sé que llegaremos a la última jornada y nos faltarán cosas por mejorar. Si somos críticos cuando ganamos, imaginaos cuando no ganamos».

La derrota en París (3-2) en la segunda jornada de la fase de grupos de una Champions League, que se había iniciado con una pobre victoria (1-0) ante el APOEL de Nicosia, escoció mucho más que el empate de La Rosaleda. Dos goles encajados en acciones de estrategia y por la mala administración de las bandas, donde todavía había que realizar ajustes para compensar la posición excesivamente adelantada de los dos laterales y los desdoblamientos de los interiores que despoblaban el centro del campo, hicieron mucho daño. Ter Stegen estuvo mal en uno de los goles en jugada de estrategia, el equipo perdió ochenta y cinco veces el balón y Luis Enrique se quejó de todo ello: «Hay errores que no se pueden cometer de ninguna de las maneras».

El Barcelona siguió su camino con nuevos triunfos. Pero el 25 de octubre visitó el Santiago Bernabéu y encajó su primera derrota en la Liga. Luis Enrique colocó a Mathieu como lateral izquierdo y presentó un centro del campo con Busquets, Xavi e Iniesta, el trío de los momentos más gloriosos de la historia reciente. Además debutó Luis Suárez, que ya había cumplido la sanción por su mordisco a Chiellini. El equipo no fue capaz de dar respuesta a los planteamientos del Real Madrid. En la sala de prensa, el entrenador azulgrana se responsabilizó del tropiezo: «Imaginé el partido de una manera y después no se desarrolló como yo lo había imaginado».

Fue más duro el revés de la semana siguiente. Porque el Real Madrid se colocaba dos puntos por delante en la clasificación; porque la nueva derrota se produjo en casa; porque era la segunda consecutiva; porque fue ante el Celta de Vigo que Luis Enrique había entrenado la temporada anterior, y porque el equipo pudo ganar de forma holgada, jugando exactamente igual a como lo hizo. Luis Enrique defendió que sus futbolistas habían estado a un nivel muy alto y que habían tenido muchas ocasiones de gol, entre ellas cuatro postes. Pero de todas sus frases, fue esta la que llamó la atención: «Nuestro objetivo siempre es controlar el partido al máximo. Es muy fácil en este momento mutilarnos y pensar que está todo mal. No nos queda otra que levantarnos y empezar a preparar el próximo partido».

El Barcelona había perdido, además, la segunda posición de la clasificación, superado también por el Atlético de Madrid, su bestia negra en la temporada anterior, cuando no pudo ganarle en ninguno de sus seis enfrentamientos. Es cierto que el equipo había cerrado la fase de grupos de la Champions como primer clasificado, después de vencer al Paris Saint-Germain en el Camp Nou. Pero eso no dejaba de ser un objetivo previsto y aportaba poca tranquilidad. Máxime cuando en su visita al Coliseo, los hombres de Luis Enrique solo fueron capaces de empatar (0-0) ante un Getafe en horas bajas. El Real Madrid se colocaba ya con cuatro puntos de ventaja, lo que significaba que en unos pocos partidos, el equipo había cedido diez puntos. Los blancos, además, estaban en racha, camino de batir el récord de partidos consecutivos sin perder que ostentaba el equipo de Rijkaard.

Las críticas arreciaron. Era de esperar. El equipo no transmitía las mejores sensaciones. Es cierto que estaba en pleno proceso de reconversión, que Messi estaba de vuelta, que su sociedad con Neymar estaba dando sus frutos y que Luis Suárez, a pesar de no marcar, hacía un trabajo impagable para el equipo. Pero de poco servía coleccionar goleadas si se producían tropiezos que alejaban al Barcelona de sus objetivos. Hubo quien, en aquel momento, situó el problema en un plano distinto al de un equipo en construcción: «Los jugadores de Luis Enrique no viven el fútbol con la misma intensidad con la que lo vive él. Y ese es el problema».

El equipo se marchó de vacaciones después de endosarle una manita al Córdoba. Fue la noche en la que Djukic puso a sus jugadores de vuelta y media y se comprometió públicamente a alinear, a partir de ese momento, a los jugadores que «tengan más cojones». La esperanza de que con el regreso de las Navidades el Barcelona reaccionara estaba ahí. Pero los incidentes que se produjeron en los dos días previos al partido de Anoeta, la derrota que el Real Madrid había sufrido en Mestalla, el nuevo tropiezo que el equipo tuvo ante la Real Sociedad y la ausencia de Messi en el entrenamiento de puertas abiertas de la víspera de Reyes convirtieron al club en un polvorín. Y lo peor es que la mecha estaba encendida. El presidente trató de poner paz e hizo públicas dos noticias a las pocas horas. Destituyó a Zubizarreta con el argumento de que se había producido «una pérdida de confianza» y anunció la convocatoria de elecciones anticipadas «para rebajar la tensión desproporcionada que existe». Es posible que Luis Enrique agradeciera la segunda decisión. Pero dejó muy claro que se sentía muy perjudicado por la salida de Zubizarreta: «Él me trajo aquí y su marcha me debilita».

De la noche a la mañana, como si alguien hubiera tocado al equipo con una varita mágica, las cosas cambiaron radicalmente. El equipo compareció ante el Elche en el partido de ida de los octavos de final de la Copa del Rey con un aire nuevo. El Barcelona, aún con muchos suplentes, era un equipo equilibrado, intenso y goleador. La victoria ante el Elche quizá no sirviera como punto de referencia a muchos, pero se notaba que las cosas habían cambiado. La confirmación de que algo importante había pasado llegó solo tres días después, en el encuentro ante el Atlético de Madrid. El claro triunfo, el primero que el Barcelona conseguía sobre los rojiblancos en más de un año, produjo un efecto balsámico. Y el hecho de que una vez alcanzados los cuartos de final de la Copa el equipo eliminara al Atlético de Madrid con dos nuevas victorias ya fue de traca. El Barcelona había vuelto.

El escollo del Villarreal, que se adelantó por dos veces en el marcador del Camp Nou la noche del 10 de enero, se superó con éxito. Además de seguir jugando con una intensidad enorme y de generar ocasiones de gol a un ritmo incesante, el Barcelona mostró una capacidad de reacción que solo los grandes pueden tener. Entonces, Luis Enrique sacó pecho y apostó muy fuerte por su equipo: «Ahora estamos preparados para superar cualquier situación que se nos presente». Ese mismo día, Ronald Koeman, el hombre que dio al club la primera Copa de Europa de su historia con el gol de falta directa en la prórroga de aquella final en el viejo Wembley, aparecía en los medios de comunicación con un mensaje de bienvenida al fútbol espectacular del equipo: «El Barça vuelve a ser el de siempre».

La goleada en San Mamés, donde el Athletic de Bilbao presionó la salida de balón de los azulgrana y donde el equipo se mostró demoledor en la ejecución de las transiciones ofensivas, el nuevo triunfo ante el Villarreal, ahora en la ida de las semifinales de la Copa del Rey, y la goleada ante el Levante, todo eso combinado con la goleada que el Atlético de Madrid le endosó al Real Madrid, ponían otra vez al Barcelona en situación de optar a los tres títulos de la temporada. Y todo eso con un ataque demoledor. Messi, Neymar y Luis Suárez estaban a un nivel más que notable. Y Luis Enrique, que había igualado el récord de once victorias consecutivas de Pep Guardiola, presumía de tener «el mejor ataque posicional del mundo».

Más allá de que la delantera, una línea fundamental para la asunción de los objetivos de cualquier equipo construido para ganar, hubiera alcanzado un alto nivel de compenetración y rendimiento colectivo, la realidad era que el FC Barcelona llevaba siete meses trabajando con una intensidad extraordinaria y que los jugadores, los viejos y los nuevos, habían asimilado perfectamente los conceptos tácticos que Luis Enrique fue incorporando desde el primer entrenamiento de la temporada.

El equipo había alcanzado, por esta razón, un nivel de solidez propio de quienes aspiran a coronarse campeones. Desde el portero hasta el extremo izquierdo, pero sobre todo los futbolistas que se habían incorporado a la plantilla durante el último verano, estaban plenamente integrados en un bloque que, además de dominar los registros propios del tradicional modelo barcelonista, gestionaban con eficacia otras alternativas que le hacían menos previsible para sus rivales españoles y europeos.

20

La triple corona

El éxito no se logra solo con cualidades
especiales. Es sobre todo un trabajo
de constancia, de método y de organización.

JEAN-PIERRE SERGENT*

A pesar de que las victorias habían empezado a encadenarse, un sector muy amplio de la afición y de los medios seguía instalado en el escepticismo. Era como si unos y otros tuvieran miedo de ilusionarse con los resultados que el equipo había conseguido después de la derrota frente a la Real Sociedad o como si temieran que los fantasmas de Anoeta pudieran reaparecer en cualquier momento. Pero ya no había razones objetivas para dudar. La irregularidad propia de los proyectos en fase de construcción estaba en el final de sus días, por muchas y poderosas razones.

La recuperación de la cultura del trabajo; la adaptación de los nuevos jugadores a una forma tan genuina de entender el fútbol; la intensidad con la que se desarrollaban los entrenamientos y con la que se disputaban los partidos; la memorización de los principales automatismos del juego; la facilidad con la que los futbolistas cambiaban de registro —del juego de control a la transición rápida o el

* Jean-Pierre Sergent (Morteau, Francia, 1958), artista francoamericano. Licenciado en Arquitectura por la Universidad de Estrasburgo y diplomado en Pintura por la Escuela de Bellas Artes de Besançon. En la actualidad sigue trabajando en su estudio de Besançon, ciudad en la que reside. Sus obras se exhiben en toda Europa, Canadá y Estados Unidos.

contraataque— en el transcurso de un mismo partido y la ilusión colectiva por volver a ganar títulos hicieron que el FC Barcelona afrontara los últimos meses de la temporada en un estado óptimo. Nadie podía garantizar los éxitos, pero era evidente que las posibilidades de conseguirlos iban creciendo de un modo exponencial.

Incluso el distanciamiento que, de puertas afuera del vestuario, parecía existir entre Luis Enrique y los jugadores más importantes del equipo —en parte por la implantación de un código de disciplina tan severo como el que imponía el entrenador asturiano— desapareció paulatinamente. Nadie quería pasar otro año sin ganar y todos, desde el primero al último de los protagonistas del espectáculo, estaban firmemente decididos a pelear por el objetivo común de alcanzar nuevos títulos. Y nadie podía negar que con el FC Barcelona había regresado también una de las mejores versiones de Lionel Messi, sin duda el mejor futbolista de la historia.

Las declaraciones de la Pulga, como se conoce a Messi en todo el planeta Tierra, eran un signo evidente de que la situación había cambiado de manera definitiva. «El año pasado tuve muchos problemas, tanto dentro como fuera del campo. El desafío era cambiar la imagen que di la pasada temporada y volver a ser el de antes», decía el pequeño futbolista argentino a los periodistas. Pero el delantero, formado bajo los parámetros de la escuela azulgrana, no era el de antes. Ahora era todavía mejor. Porque también él había dejado de ser previsible. Si antes resolvía los partidos con acciones individuales, ahora también era capaz de inventar el pase más inverosímil para que fuera un compañero suyo el que finalizase la jugada de la victoria.

Y lo mismo le sucedía al equipo, que además de controlar los partidos con su fútbol de posesión —la media se situaba en torno al 70 por ciento—, desmontaba a sus rivales con una ejecución vertiginosa de las transiciones defensa-ataque, gracias al golpeo preciso de jugadores como Piqué, Busquets, Rakitić, Iniesta o Xavi y a la calidad técnica, la velocidad endiablada y la inteligencia táctica de Luis Suárez, Neymar y Lionel Messi. Aquel fútbol, que muchos denominaban «de contraataque», no era en absoluto nuevo, aunque posiblemente había alcanzado la mejor de sus versiones.

Los periódicos, las emisoras de radio y las cadenas de televisión seguían insistiendo en el concepto de que aquel era un Barça distinto. No era cierto. Las hemerotecas, grandes olvidadas de un juego que, para bien y para mal, se conjuga en presente, estaban ahí. Quienes quisieran bucear en los archivos podían encontrar datos suficientes para desmontar la teoría de la transformación con una gran facilidad. No hacía falta irse hasta los años 1984, 85 y 86, cuando el inglés Terry Venables implantó el fútbol de transición propio del viejo fútbol británico. Había suficiente con echarle un vistazo a los mejores años de la historia del club, los de Pep Guardiola.

Entre 2008 y 2012, el Barcelona alcanzó la sublimación de su propio modelo. Más allá de que desarrollara un fútbol que enamoró al mundo entero, el equipo ganó catorce títulos e hizo algo que nadie había hecho hasta entonces: conquistó los seis trofeos que disputó en el año 2009 (Copa del Rey, Liga, Champions League, Supercopa de Europa, Supercopa de España y Mundial de Clubs, por este mismo orden). Todos aquellos éxitos forman parte del imaginario colectivo de los barcelonistas. Pero es curioso que cuando se les pregunta a los socios y aficionados por los partidos que más y mejor recuerdan, una gran mayoría elige el 2-6 del Santiago Bernabéu (2 de mayo de 2009) y el 5-0 del Camp Nou (29 de noviembre de 2010), ambos frente al Real Madrid.

Más allá de que esos dos triunfos coincidieran con la celebración del Día de la Comunidad de Madrid y con el 111 aniversario de la fundación del FC Barcelona, el hecho es que Pep Guardiola preparó aquellos partidos como lo habría hecho su amigo Luis Enrique. Es decir, contemplando todas las situaciones de juego que pudieran darse ante uno de los pocos rivales que podía discutirle la posesión de la pelota. Así que durante los días previos el equipo ensayó su tradicional fútbol de control, pero también trabajó las transiciones rápidas y los contragolpes con los que aprovechar los espacios que el Real Madrid dejara a la espalda de su defensa.

Aquellas tareas específicas que los técnicos y los jugadores desarrollaron en las vísperas de aquellos dos encuentros dieron un resultado extraordinario. En el partido del 2-6 en el Santiago Bernabéu, el Barcelona marcó un gol en una acción de posesión y circulación rápida de la pelota, otro en la ejecución de una falta, otro a partir del trabajo de presión sobre la primera línea madridista y los tres restantes en transiciones rápidas o contraataques. Y algo parecido sucedió en el 5-0 del Camp Nou, con tres goles —dos de ellos en transiciones ejecutadas a una gran velocidad— en momentos en los que el equipo de Mourinho jugaba con la defensa muy adelantada.

En los meses de enero y febrero de 2015, los aficionados y los periodistas seguían acusando a Luis Enrique de haber modificado el tradicional modelo de juego del club, únicamente porque el entrenador asturiano había sido capaz de ofrecer a sus jugadores una serie de recursos que les hicieran menos previsibles en determinados partidos o en determinados momentos de un mismo partido. Nada era nuevo, porque se estaba preservando el modelo de un modo escrupuloso, porque se volvía a trabajar concienzudamente la presión sobre la salida de balón del contrario, porque se habían recuperado la amplitud y la profundidad en el fútbol de ataque, porque el equipo volvía a mostrar una gran solidez defensiva y porque la ocupación racional de los espacios estaba presente en las cuatro fases del juego.

El mes de febrero había sido importante porque el Barça se había mostrado muy sólido y porque esa fortaleza le había permitido encarrilar la clasificación para la final de la Copa del Rey, con la victoria (3-1) del Camp Nou sobre el Villarreal, porque se ponía a un paso de los cuartos de final de la Champions League con su triunfo (1-2) en su visita al campo del Manchester City y porque se colocaba a solo un punto del Real Madrid en la Liga. Eran datos muy positivos, pero quedaban por delante los dos meses más duros y decisivos de la temporada. Ni siquiera Luis Enrique, que es optimista por naturaleza, se atrevía a hablar de títulos en aquel momento.

Gerard Piqué, que volvía a ser el extraordinario central que necesitaba el equipo, sin duda porque el método de Luis Enrique le había ayudado a recuperar el nivel y el protagonismo de sus mejores días, afrontaba la recta final de la temporada como todos sus compañeros de plantilla. Es decir, sabiendo que estaban ante tres meses trascendentales y que «en marzo y abril no se ganan los títulos y en cambio sí que pueden perderse». De hecho, nadie se ha proclamado campeón en esas fechas, salvo que la final de la Copa del Rey, como ha sucedido en algunas ocasiones, se haya disputado cincuenta o sesenta días antes de acabar la temporada.

En marzo el equipo debía disputar cinco partidos, tres de ellos de una extraordinaria importancia. El equipo empezaba visitando el campo del Villarreal (1-3), en la vuelta de las semifinales de la Copa, con la clasificación para la final en juego, afrontaba la vuelta de los octavos de final de la Champions ante el Manchester City (1-0) y se enfrentaba, solo cuatro días después, al Real Madrid en un clásico que, como todos los clásicos, suele dejar secuelas a los perdedores. Así que llegar al enfrentamiento ante los blancos con la seguridad de que el Barça iba a disputar la final de la Copa del Rey frente al Athletic Club de Bilbao y con el equipo metido en los cuartos de la Champions reforzaba de una manera considerable el ánimo de los azulgrana.

El clásico se jugó el 22 de marzo. El Real Madrid llegaba como líder en un Camp Nou abarrotado de espectadores y cargado de pasión. El equipo de Carlo Ancelotti no era, en aquellos momentos, el mismo equipo que había establecido un registro de veintidós victorias consecutivas entre los meses de septiembre y diciembre. Tras las vacaciones de Navidad venía siendo un conjunto muy irregular, capaz de conseguir una goleada de escándalo y tropezar en un partido aparentemente fácil solo unos días después. Por esta razón, el Barcelona llegaba al partido como líder de la Liga, con un punto, solo un punto, de ventaja sobre su eterno rival. Si ganaban los azulgrana abrían un margen de cuatro puntos en la clasificación, y si ganaban los madridistas se situaban primeros con dos puntos más y, sobre todo, con una sobredosis de moral.

El partido fue como una montaña rusa. Los primeros minutos fueron muy buenos para el FC Barcelona. Jugando de acuerdo con el modelo de tantos años, con posesiones largas, triangulaciones y circulación rápida del balón, se mostró muy superior al Real Madrid, que no obstante dispuso de una gran ocasión de gol que Cristiano

Ronaldo estrelló en el larguero. Pero después del gol de Mathieu, rematando de cabeza el saque de una falta lateral —la estrategia ya se había convertido en otra de las grandes especialidades del Barça de Luis Enrique—, los azulgrana se descompusieron de un modo inesperado. El equipo de Ancelotti se hizo dueño y señor del juego. Cristiano empató sobre la media hora de juego y el Madrid dispuso, hasta pasado el primer cuarto de la segunda parte, de varias oportunidades para conseguir la victoria.

Claudio Bravo, excepcional en varias intervenciones, fue uno de los grandes protagonistas en esta fase del encuentro. Pero ahí se acabó el dominio blanco. Lanzado en busca del triunfo, el Real Madrid adelantó mucho sus líneas y dejó demasiados espacios a la espalda de su defensa. Y eso era correr un riego excesivo ante un Barcelona que ya venía demostrando su capacidad para combinar, en un mismo partido, diferentes alternativas de juego. Y más allá de que Luis Suárez consiguiera marcar el gol de la victoria (2-1), el Barcelona tuvo ocasiones muy claras para superar incluso su diferencia particular de goles, después del (3-1) de la primera vuelta. La actuación de Iker Casillas fue tan trascendente como lo había sido la de Bravo en la fase de dominio del Real Madrid. Si los dos equipos acababan la Liga empatados a puntos, el título volaría hacia la capital de España.

Superados los escollos del mes de marzo, se abría ahora otro mes igualmente decisivo, con ocho partidos —seis de Liga y dos de Champions League—. También el Real Madrid debía hacerle frente a la exigencia de un calendario semejante. Ninguno de los dos iba a tener tiempo, entre cada uno de sus encuentros, para recuperarse de los esfuerzos. Y encima, el FC Barcelona debía hacerles frente, en poco más de diez días, a cinco partidos cruciales: Sevilla, PSG, Valencia, PSG y Espanyol. Luis Enrique tendría que echar mano de las rotaciones, tan criticadas en otros momentos de la temporada, para preservar a sus jugadores y mantenerlos frescos en las citas más importantes.

El Tourmalet, como se denomina a aquella fase de la temporada en la que se concentran partidos contra rivales más complicados, también tendría que afrontarlo el Real Madrid, pero en su caso durante el mes de mayo. Ahora, en abril, tendría rivales más asequibles tanto en la Liga como en la Champions League, donde debía enfrentarse al Schalke 04 alemán. Debía esperar a que el FC Barcelona se dejara puntos en alguno de sus partidos frente al Sevilla o el Valencia, que estaban peleando por clasificarse para la Champions, o en el derbi de la ciudad ante el Espanyol. Y eso iba a suceder pronto. El día 11 de abril, el equipo de Luis Enrique empató (2-2) en el Sánchez-Pizjuán y los dos candidatos al título se quedaron separados por tan solo dos puntos de distancia. Eso sí, los azulgrana ganaron sus otros siete partidos del mes, conservando el liderato y clasificándose para las semifinales de la Champions League con una gran autoridad: 1-3 en el Parque de los Príncipes y 2-0 en el Camp Nou.

Como era de prever, el Madrid ganó sus ocho partidos del mes de abril. Así que mayo iba a ser crucial para los dos grandes de la Liga. Ambos debían disputar siete partidos y, si superaban sus eliminatorias de Champions, ocho. En las semifinales, los blancos se enfrentaban a la Juventus de Turín y los azulgrana al Bayern de Múnich, en una confrontación que tenía una gran dosis de morbo. Era la primera vez que FC Barcelona iba a jugar contra un equipo dirigido por Pep Guardiola. En cuanto a la Liga, el Real Madrid solo tendría opciones si ganaba sus partidos frente a Sevilla, Valencia y Espanyol y los barcelonistas perdían o empataban ante el Atlético de Madrid en la penúltima jornada del campeonato. El resto no presentaba ninguna dificultad.

El 6 de mayo, justo al día siguiente de que el Real Madrid perdiera (2-1) en el Juventus Stadium, el FC Barcelona metía un pie en la final con una gran victoria (3-0) contra un Bayern de Múnich que, pese a las bajas de jugadores como Alaba, Robben y Ribéry, se mantuvo en pie durante 75 minutos. El FC Barcelona tenía la pelota y se mostraba dominador del encuentro, pero no conseguía que su manifiesta superioridad, basada en el control del juego, se convirtiera en goles. Hasta que apareció Lionel Messi y logró el primero. Los alemanes se equivocaron entonces. En lugar de defender aquella mínima desventaja, quisieron jugarle de tú a tú al equipo de Luis

Enrique y se fueron a por el empate. Solo tres minutos después, en el 78, Messi volvió a aparecer para marcar el segundo tanto, y ya en tiempo de descuento, Neymar hizo el tercero.

El día 8 de mayo, a solo tres jornadas para el final de la Liga, el Real Madrid sufría un revés importante. Aunque venía de ganar (2-3) en Sevilla, donde el Barcelona se había dejado dos puntos importantes, el equipo de Ancelotti se dejó sorprender por el Valencia en el Bernabéu. Se fue al descanso perdiendo 0-2 y, aunque acortó distancias a 35 minutos para el final del partido, solo pudo empatar (2-2). Los azulgrana volvían a tener cuatro puntos de ventaja y, aun en el supuesto de que perdieran en su visita al Atlético de Madrid, difícilmente dejarían escapar sus opciones de ganar el título.

Solo una semana después, el FC Barcelona visitó el Allianz Arena. El Bayern de Múnich marcó su primer gol nada más empezar el encuentro y alimentó la falsa esperanza de su público. La reacción azulgrana fue fulminante. Neymar hizo dos goles en los minutos 15 y 29 de aquel primer tiempo. El FC Barcelona ya estaba clasificado para la final. Es cierto que quedaba una hora de juego, pero era imposible que los bávaros marcaran cinco goles en sesenta minutos, ni aunque los barcelonistas quitaran el pie del acelarador, que lo quitaron. Pep Guardiola tuvo que conformarse con una victoria (3-2) que tenía otro valor que el de la pura anécdota. Aquella noche, una mayoría de aficionados estaba segura de que habría final española en el Olímpico de Berlín la noche del día 6 de junio. Pero el Real Madrid no pudo pasar del empate (1-1) en la vuelta de su eliminatoria ante la Juventus de Turín, pese a marcar primero.

Luis Enrique, que había sido discutido durante gran parte de la temporada y que había estado a punto de ser cesado en el mes de enero, ya tenía a su equipo en las finales de la Copa del Rey y de la Champions y acariciaba el título de Liga. Era evidente que el talento de sus jugadores, especialmente de la delantera formada por Messi, Luis Suárez y Neymar, tenía mucho que ver con aquel sueño. Pero más allá de que un equipo campeón debe estar formado por buenos futbolistas, la realidad era que el FC Barcelona había consolidado sus opciones de ganar la triple corona como consecuencia del trabajo que el entrenador asturiano y sus ayudantes venían desarrollando desde el mes de julio con fidelidad al modelo, variantes tácticas con las que sorprender a los rivales, criterio, disciplina, intensidad y constancia.

Los azulgrana estaban solo a cuatro partidos de ganar los tres títulos mayores. Algo que solo habían conseguido siete equipos en toda la historia del fútbol europeo: Celtic de Glasgow (1967), Ajax de Ámsterdam (1972), PSV Eindhoven (1988), Manchester United (1999), FC Barcelona (2009), Inter de Milán (2010) y Bayern de Múnich (2013). Por lo tanto, Luis Enrique y sus jugadores podían entrar en la historia y darle a su club el honor de ser el primero en conquistar dos veces la triple corona.

Había que ir despacio, paso a paso. Luis Enrique no se cansaba de decir en todas sus apariciones públicas que el Barcelona todavía no había ganado nada e insistía una y mil veces en que no quería ni oír hablar del triplete. Sin embargo, el 17 de mayo se alcanzaba el primero de los tres objetivos, con la victoria (0-1) en el Vicente Calderón y, como no podía ser de otra manera, con un nuevo gol de Lionel Messi. El título de Liga, vigesimotercero en la historia del club, ya era azulgrana. El FC Barcelona no había perdido ni un solo partido del campeonato desde Anoeta, con diecinueve victorias y un empate, que acabarían siendo dos en la última e intrascendente jornada ante el Deportivo de La Coruña. Aquella tarde, el club celebró la primera de sus conquistas de la temporada, aunque lo hizo sin demasiados alardes.

Luis Enrique no quería distracciones de ningún tipo y blindó a sus jugadores durante los días que quedaban hasta el final de la temporada. En esas dos semanas solo habría tiempo para preparar las finales con sesiones de trabajo muy específicas y, por supuesto, con un buen entrenamiento invisible (descanso, sueño y alimentación). Había que llegar en las mejores condiciones a aquellas dos citas. La del 30 de mayo ante el Athletic Club de Bilbao en el Camp Nou y la del 6 de junio frente a la Juventus de Turín en el Estadio Olímpico de Berlín. Ninguna de las dos estaba ganada, aunque el FC Barcelona aparecía como el gran favorito en todas las casas de apuestas.

El FC Barcelona cumplió con los pronósticos en la final de la Copa del Rey. Pese a jugar como visitante, en todos los sentidos —el Athletic Club de Bilbao no consintió ni en cederle su vestuario y en la grada los bilbaínos ganaban la batalla de la animación por un 65-35 que hacía sospechar, con motivos, que el reparto de entradas no había sido equitativo—, el equipo azulgrana fue el dueño y señor de la final, con un Messi que, harto de recibir entradas al límite del reglamento, decidió poner fin a su suplicio particular con un arrebato de genialidad que rompió definitivamente el partido en el minuto 21. A partir de aquí, solo hubo un equipo en el campo y el gol de Neymar, a ocho minutos del descanso, convirtió la segunda mitad en un simple trámite. De hecho, el Barça bajó considerablemente el ritmo de su juego, reservando fuerzas para la final de la Champions. Al terminar el encuentro, con otro gol de Lionel Messi y uno de Williams, el Barça se alzó con el trofeo de forma absolutamente merecida, sin discusión (3-1).

El capitán Xavi Hernández, que ya había anunciado su decisión de ponerle el punto final a toda una carrera como azulgrana y acabar sus días como futbolista en Catar, levantó la segunda copa de la temporada y volvió a recibir el reconocimiento de una parte de la afición barcelonista, que siempre le considerará como uno de los suyos. Sin embargo, el héroe de la final fue Messi, que desde el momento en que Josep Maria Bartomeu anunció, en enero, la convocatoria de las elecciones presidenciales, se propuso volver a ganarlo todo. Nadie olvidaba, y menos él, la conversación que había tenido con su presidente cuando todo hacía presagiar que el club estaba dispuesto a sacrificar a Luis Enrique para que el mejor futbolista de la historia se encontrara a gusto y volviera a ofrecer su nivel más alto. «No quiero que le eches (a Luis Enrique), quiero que me dejéis en paz a mí hasta final de temporada», había dicho.

Por aquel entonces, Messi había dejado de comer pizza y beber Coca-Cola. Se había puesto en manos de un dietista —Giuliano Poser— y estaba alimentándose de forma sana y equilibrada. De hecho, el arroz, la verdura y el pescado se habían convertido en los ingredientes básicos de sus comidas habituales. La fibra, las vitaminas y las proteínas de aquellos tres elementos le ayudaron a perder cuatro kilos y a mejorar considerablemente su tono físico. Estaba más fuerte y fibrado que nunca y eso se notaba sobre el césped, donde su explosividad, su talento y su solidaridad con el equipo le ponían en el camino de ganar su quinto Balón de Oro.

Con la Liga y la Copa del Rey en las vitrinas del museo del club, Luis Enrique y sus futbolistas empezaron a hablar de sus grandes posibilidades de ganar la triple corona, un honor que Dani Alves, Piqué, Busquets, Iniesta, Xavi, Messi o Pedro ya habían conquistado en el año 2009, con Joan Laporta en la presidencia y Pep Guardiola como entrenador. Eso sí, las declaraciones de todos los azulgrana estaban impregnadas de la prudencia y el respeto por su adversario, la Juventus de Turín, que afrontaba el reto de ganar el triplete por primera vez en toda su historia. Además, el equipo de Massimiliano Allegri venía de eliminar al Real Madrid cuando nadie daba un euro por los italianos después del 2-1 del partido de ida de la semifinal.

Nunca nadie ha ganado un partido, y mucho menos una final, antes de jugar. Ni siquiera los equipos que, como era el caso del FC Barcelona, habían podido dosificar a sus jugadores a lo largo de la temporada y preparar sus últimos encuentros en unas magníficas condiciones. Solo Iniesta llegaba a la final de Berlín con una ligera sobrecarga muscular. El resto de los futbolistas estaba en un estado óptimo. Así que Luis Enrique y su magnífico grupo de colaboradores trabajaron aspectos tácticos de la final e hicieron que desde Ter Stegen a Neymar llegaran a Berlín con la chispa necesaria para marcar las diferencias ante un rival al que presuponía dispuesto a cerrar espacios en su defensa con el objetivo de mantenerse vivo hasta el final del encuentro. El equipo de Allegri, sin embargo, demostró en el Santiago Bernabéu que podía sacar el balón jugado desde atrás y discutirle la posesión a sus rivales. Y había que estar preparado para todo ese tipo de situaciones.

Luis Enrique decidió provocar a la Juventus. De salida, aquel 6 de junio, el Barcelona tuvo posesiones largas, muy largas, pero en la fase de inicio o reinicio del juego, cuando el balón llegaba a las manos o los pies de Ter Stegen, situó a sus centrales casi sobre la línea de fondo y, en esa situación, jugó siempre la pelota con Piqué y Mascherano, que trataban de atraer a los delanteros italianos y obligar a sus compañeros a adelantar todas sus líneas. Había riesgos y, de hecho, el FC Barcelona perdió algunos balones que, en aquella situación del juego, pudo costar algún disgusto. Pero también es verdad que la amenaza de una transición rápida estaba siempre presente y los hombres de Allegri tenían que elegir entre descubrir su espalda o ceder espacios entre líneas, lo que favorecería el juego de creación de los azulgrana.

Las gradas del Olímpico de Berlín, un escenario que Adolf Hitler mandó construir con motivo de los Juegos de 1936 y en el que Jesse Owens consiguió cuatro medallas de oro y batió cuatro récords mundiales, para enfurecimiento de quien defendía las tesis racistas de que los arios eran superiores, el FC Barcelona volvía a encontrarse en inferioridad numérica. Dos terceras partes de las localidades estaban ocupadas por seguidores italianos, quizá favorecidos por el hecho de que Michel Platini, exjugador de la Vecchia Signora, fuera el presidente de la UEFA. Algo parecido a lo que había sucedido el 30 de mayo en el Camp Nou, con Ángel María Villar ocupando la presidencia de la RFEF después de haber sido jugador del Athletic Club.

Anécdotas y especulaciones al margen, la realidad es que a los cuatro minutos de iniciarse la final, el FC Barcelona anotó su primer gol. Messi, que estaba siendo marcado por Evra y Pogba, abandonó el carril derecho para participar en la salida del balón y, desde el círculo del centro del campo, lanzó un pase milimétrico sobre Neymar. La combinación posterior entre el brasileño e Iniesta, que dio la asistencia de gol a Rakitić, desbarató la poblada defensa de la Juventus, formada en aquel momento por ocho jugadores de campo y el mítico portero Buffon, que tuvo dos intervenciones prodigiosas que evitaron el segundo gol de los azulgrana, antes del descanso y en dos magníficos disparos de Luis Suárez.

La superioridad del Barcelona era evidente. Pero la final estaba abierta, muy abierta. Un equipo formado por futbolistas como Lichtsteiner, Pirlo, Marchisio, Arturo Vidal, Pogba, Tévez y Morata podía marcar en cualquier momento. Y así fue. Apenas diez minutos después de reanudarse el partido, Morata aprovechó un mal rechace de Ter Stegen, tras un disparo de Tévez, para marcar prácticamente a puerta vacía. Aquella circunstancia provocó, por primera vez en todo el encuentro, que la numerosa afición italiana se dejara oír en el Estadio Olímpico de Berlín. Su alegría, sin embargo, solo duró unos minutos. Porque Suárez deshizo el empate a los 68 minutos de juego en una acción similar a la del gol de Morata. Una acción individual de Messi, en posición de interior izquierdo, culminó con un disparo que Buffon rechazó tan a duras penas que el delantero uruguayo del FC Barcelona tan solo tuvo que empujar, eso sí, quitándole a su compañero Rakitić la posibilidad de convertirse en el héroe del partido.

A partir de aquí, el Barça controló la final con cierta comodidad. Hizo suyo el balón, trató de minimizar los riesgos al máximo, presionó como nunca cuando perdió la pelota y combinó su juego de posesión con las transiciones rápidas cuando alguno de sus hombres más adelantados estaba en situación favorable para marcar. Y así, exactamente así, llegó el tercer gol azulgrana, obra de Neymar, cuando el tiempo añadido, que fue superior a los seis minutos, estaba a punto de finalizar. Tanto fue así que el balón ya no volvió a ponerse en juego. La celebración frente a las localidades que ocupaban los familiares de los técnicos y jugadores barcelonistas fue épica, como lo sería la rúa por las calles de la Ciudad Condal la tarde-noche del 7 de junio.

El FC Barcelona había cerrado la primera temporada de Luis Enrique como entrenador del equipo con un éxito que muy pocos —solo aquellos que conocíamos el modelo, sus evoluciones y el método del técnico asturiano— habían soñado. Los que habían querido prescindir de Luis Enrique en el ecuador de la temporada se convertían ahora en sus mejores defensores. Son cosas que suelen pasar en el fútbol, pero que deben hacernos reflexionar sobre la inconsistencia de los argumentos de quienes juzgan a los deportistas solo en función de los primeros resultados, sin esperar siquiera a que los proyectos se consoliden para emitir sus opiniones.

Las cifras de la primera temporada de Luis Enrique en su club fueron todas de récord. Nunca un equipo de primer nivel mundial había logrado 50 victorias en 60 partidos oficiales, con un 83,3 por ciento de victorias, 175 goles a favor y solo 38 en contra; nunca una delantera —Messi, Luis Suárez y Neymar— había marcado 122 goles en una sola temporada; nunca un futbolista había resurgido con la fuerza de Messi —58 goles y 28 asistencias— tras un año para olvidar y nunca, hasta ahora, el FC Barcelona había estado por delante del Real Madrid en número de títulos conseguidos —79 contra 77— en la historia del fútbol español. Pero la cosa no se terminaba ahí. Ahora, el equipo de Luis Enrique se enfrentaba a la posibilidad de conseguir los seis títulos en un año natural, algo que hasta aquel momento solo había conseguido el FC Barcelona, en 2009 y de la mano de Pep Guardiola.

21

La batalla de las urnas

No tengo miedo de un ejército de leones dirigido por una oveja.
Tengo miedo de un ejército de ovejas dirigido por un león.

ALEJANDRO MAGNO*

Después de alzarse con la triple corona, Luis Enrique se apresuró a preparar la siguiente temporada como si no hubiera un mañana. Aquellas no iban a ser unas semanas tranquilas para él. Sandro Rosell había presentado su dimisión unos meses antes y, aunque el traspaso de poderes a su vicepresidente primero, Josep Maria Bartomeu, se hizo sin aparentes traumas, el nuevo cabeza visible, presionado por el entorno barcelonista, optó por no agotar el año de mandato que le quedaba y convocar elecciones anticipadas. Lo hizo el 7 de enero de 2015, solo tres días después de la bronca entre Messi, Luis Enrique y Joaquín Valdés en el vestuario de Anoeta, cinco meses antes de que concluyera la temporada. Es decir, cuando el Barça no había ganado todavía ninguno de los títulos para los que se había estado preparando desde la llegada del técnico asturiano.

Las votaciones se celebrarían el 18 de julio. Esa y no otra era la causa por la que Luis Enrique vivió aquellas semanas desde la final de Berlín con cierta inquietud. No sufría por su puesto de trabajo.

* Alejandro Magno, también conocido como Alejandro III o Alejandro el Grande, nació en Pela (356 a. C) y falleció en Babilonia (323 a. C). Fue rey del antiguo reino de Mesopotamia, hegemón de Grecia, faraón de Egipto y gran rey de Media y Persia. Está considerado por los historiadores como uno de los mejores estrategas militares que haya existido jamás, pese a que vivió apenas treinta y tres años.

¿Quién iba a atreverse a relevar a un entrenador que, contra todo pronóstico, había ganado de una tacada Copa, Liga y Champions en su primera temporada en el club? Nadie, por supuesto. La inquietud nacía de que, de acuerdo con los estatutos del club, la Comisión Gestora encargada de gobernar la institución durante el tiempo que durase el proceso electoral no tenía potestad para cerrar ninguna operación de calado. Y eso implicaba que no se podría realizar el fichaje de ningún jugador hasta después de la toma de posesión del presidente que resultara ganador en las urnas.

Sin embargo, a pesar de carecer de tal potestad, Bartomeu se las ingenió para conseguirle a Luis Enrique el jugador que más deseaba para iniciar su segunda temporada. No es que la plantilla necesitara muchas cosas después de la gran inversión que la junta directiva había efectuado en verano de 2014, con el cadáver del Tata Martino todavía calentito. La petición que había hecho el entrenador era Arda Turan, por aquel entonces jugador del Atlético de Madrid. Las negociaciones entre los clubs y con el jugador estaban cerradas desde el 1 de julio, aunque condicionadas a que Bartomeu revalidara su mandato. Sin embargo, todos tenían prisa por firmar los contratos, no fuera a ser que los tiempos que requerían las elecciones dieran al traste con una operación cuyas condiciones ya se habían firmado: treinta y cuatro millones de euros fijos y siete más en variables.

Nadie entendía a qué venían tantas urgencias, porque todo el mundo estaba convencido de que el gran beneficiado de que el equipo conquistase el triplete era Josep Maria Bartomeu. No era posible imaginar que, después de una temporada tan exitosa, alguno de sus rivales por la presidencia pudiera arrebatarle el sillón de mando. Ni siquiera Joan Laporta, que acababa de dejar la política y había empezado a trabajar en su candidatura, sin tiempo suficiente para dar la sorpresa. Por ello, era lógico pensar que los adversarios de Bartomeu en las urnas argumentarían, con razón, que el fichaje de Arda Turan no corría tanta prisa como para cerrarlo definitivamente, contraviniendo los estatutos del club y pisoteando el más elemental sentido común. A fin de cuentas, no se trataba de una cuestión vital, que no pudiera cerrarse dos o tres semanas más tarde.

El 30 de junio, Xavi Hernández había finalizado su etapa como arquitecto del centro del campo del FC Barcelona, tras veinticuatro años en el club, y era obvio que el equipo necesitaba un complemento de mucho nivel para dosificar a Andrés Iniesta e Ivan Rakitić, el manchego con 33 años cumplidos y el croata con 29 muy trabajados. Por ello, durante los últimos días del mes de junio y los primeros de julio, habían surgido todo tipo de rumores, muchos de ellos fundados. Uno apuntaba al fichaje de Ilkay Gündoğan. Pero Luis Enrique, igual que había hecho en verano de 2014 ante la posibilidad de fichar a Toni Kroos, presionó mucho para que fuera Arda Turan quien reemplazase a Xavi. No había razones para la sinrazón de situar a Turan por delante de Gündoğan en la lista de preferencias, más allá del argumento que el técnico asturiano utilizó para priorizar, un año antes, el fichaje de Rakitić por delante de la incorporación del centrocampista del Bayern de Múnich. El propio Luis Enrique se encargó de explicar, por boca de Bartomeu, que el jugador turco conocía mejor la Liga Española que el futbolista del Borussia de Dortmund y que dominaba mejor los espacios de tres cuartos de campo en adelante.

Otra vez, se hacía evidente la falta de sincronía entre el club y uno de sus entrenadores. Máxime cuando Ilkay Gündoğan ya había pasado la revisión médica previa a su contratación por el club azulgrana y no había surgido ningún inconveniente para un fichaje que, como había sucedido con Kroos en el Real Madrid, acabaría por convertirse en una de las piezas fundamentales de los éxitos del Manchester City de Pep Guardiola. Fuera como fuese, el hecho es que Luis Enrique convenció a Bartomeu de que su opción era mejor que la promovida por la dirección deportiva del club, huérfana desde que Andoni Zubizarreta dejase el cargo en enero de 2015, por razones no suficientemente explicadas. Por aquellos días y desde la marcha del que fuera guardameta, las decisiones técnicas aparentaban estar en manos de una comisión integrada por Carles Rexach, Ariedo Braida y los directivos Javier Bordas y Jordi Mestre, los dos últimos poco o nada entendidos en la materia, aunque Mestre fuera el encargado de llevar las negociaciones para el fichaje de Gündoğan.

El 6 de julio, a solo doce días de las votaciones, el FC Barcelona anunció formalmente el fichaje de Arda Turan. Ese mismo día, el periódico *Nació Digital* organizó el primero de los debates entre candidatos a la presidencia. El acto, al que Bartomeu no quiso asistir, probablemente porque sus consejeros le convencieron de que su escasa capacidad para la oratoria solamente podía conducirle a perder votos, se celebró en la Universidad de Vic, en la capital de la comarca de Osona, a unos setenta kilómetros de Barcelona. Los tres rivales de Josep Maria Bartomeu expresaron de forma unívoca que no tenía ningún sentido que la Comisión Gestora, que presidía Carles Tusquets, un exdirectivo de Josep Lluís Núñez, les hubiera solicitado autorización para vulnerar la carta magna de la institución. Con distintas palabras, Joan Laporta, Toni Freixa y Agustí Benedito exigieron que la Comisión Gestora cumpliera con la normativa interna del club a rajatabla.

Vigentes desde el 5 de octubre de 2013, los Estatutos del FC Barcelona establecían en su artículo 35.4 que «la Comisión Gestora ejercerá las funciones de gobierno, administración y representación que competen a la Junta Directiva, pero limitadas a los actos necesarios e imprescindibles para el mantenimiento de las actividades normales del club y la protección de sus intereses». Todos, menos Josep Maria Bartomeu y Carles Tusquets, entendían que fichar a Arda Turan no entraba dentro de las competencias de la gestora. Por el contrario, todos los candidatos a la presidencia defendían que la operación podía cerrarse después del 18 de julio, sin que se condicionara para nada el proyecto de quienes se presentaban a las elecciones. El mercado de fichajes estaría abierto hasta el 31 de agosto.

Además de la incorporación de Arda Turan, durante esa ventana de fichajes se contrató a Aleix Vidal, jugador de origen catalán —nacido en la localidad tarraconense de Valls— y que militaba en las filas del Sevilla CF. Vidal era un carrilero de banda derecha, que se había formado como extremo, pero que había retrasado su posición porque sus entrenadores entendían que se adaptaban mucho mejor a sus capacidades técnico-tácticas. De hecho, acabó jugando como lateral derecho. El Barcelona pagó diecisiete millones de euros por los derechos federativos del jugador, una cifra demasiado elevada para un futbolista al que todos los expertos en la materia atribuían un valor apenas superior a los seis millones. El resto de las altas para la temporada 2015-16 fueron Munir El Haddadi y Sandro Ramírez, dos delanteros que procedían del Barcelona B, hoy Barcelona Atlètic.

22

Cinco de seis y siete de nueve

En la pelea, se conoce al soldado.
Solo en la victoria se conoce al caballero.

JACINTO BENAVENTE*

Las cuatro caras nuevas de la plantilla acabarían teniendo un papel residual, entre otras y poderosas razones, porque no era posible, salvo lesión o sanción, arrebatarles el puesto a jugadores del nivel de Dani Alves —el mejor socio que jamás tuvo Lionel Messi—, Andrés Iniesta, Ivan Rakitić, Luis Suárez o Neymar Jr. El FC Barcelona tenía en aquellos momentos de su historia un once titularísimo. Una formación en 1-4-3-3 que integraban Claudio Bravo; Dani Alves, Gerard Piqué, Javier Mascherano, Jordi Alba; Ivan Rakitić, Sergio Busquets, Andrés Iniesta; Leo Messi, Luis Suárez y Neymar Jr. Además, después de un año de trabajo muy intenso, el equipo había interiorizado el juego en corto, el dominio sin aparentes dificultades de los espacios reducidos y la ejecución de ataques posicionales en los que se llegaban a encadenar decenas de pases como en los mejores tiempos de la era Guardiola. Asimismo, había memorizado las situaciones en las que podía y debía jugar en largo, para sorprender a los

* Jacinto Benavente nació en Madrid en 1866 y murió, también en la capital de España, en 1954, a solo un mes de cumplir los 88 años. Escritor prolífico, director, guionista y productor de teatro y cine, obtuvo el Premio Nobel de Literatura en 1922. También fue diputado a Cortes por Madrid y miembro de la Real Academia Española; entre otros galardones, obtuvo la Gran Cruz de la Orden de Alfonso XII, la Gran Cruz de la Orden de Alfonso X el Sabio y la Medalla de Oro al Mérito en el Trabajo.

rivales con transiciones rápidas y ganarles la espalda, gracias a la calidad en el golpeo de los defensas y centrocampistas, así como a la endiablada velocidad de los tres virtuosos del control, el pase y el remate que jugaban arriba.

Así, con una plantilla que ya sabía cómo y por qué se ganan los títulos, el FC Barcelona cerró un periodo de treinta y cinco días de vacaciones y empezó a entrenarse con el objetivo de conseguir un pleno de títulos como el que Pep Guardiola había logrado en 2009, cuando, tras ganar la Copa del Rey, la Liga y la Champions League, se coronó como el primer y único entrenador de la historia —hasta aquel momento— en conquistar los seis títulos oficiales que se pueden ganar en el transcurso de un año natural. Ahora le tocaba a Luis Enrique afrontar el reto de ser el segundo técnico en hacer el pleno. Para eso, su equipo tenía que hacerse con la Supercopa de Europa, la Supercopa de España y el Mundial de Clubs, tres trofeos que solo pueden disputarse si en la temporada inmediatamente anterior has sido capaz de ganar los títulos que te acreditan como el mejor equipo de España y de Europa.

Al día siguiente de que Bartomeu ganara las elecciones, utilizando todos los resortes que le confería el poder de haber sido el anterior presidente, la plantilla emprendió viaje a Estados Unidos para celebrar una gira con la que recaudar un buen dinero y con la que cumplir objetivos más promocionales que deportivos. Entrenarse poco y jugar tres partidos no era la planificación más adecuada; sin embargo, si no tienes en cuenta los aspectos comerciales del fútbol, es difícil cuadrar los presupuestos y hacer crecer el valor de la marca. Los resultados eran lo de menos, pero el equipo ganó a Los Angeles Galaxy (2-1), perdió contra el Manchester United (1-3) y cayó en los penaltis frente al Chelsea (2-2 y 2-4). Aún quedaban un par de amistosos por disputarse antes de empezar la competición oficial. Otra derrota ante la Fiorentina (2-1) y el triunfo en el Joan Gamper contra la Roma (3-0) abrieron las puertas a la Supercopa de Eurocopa y la Supercopa de España.

Esos cinco encuentros y algunos entrenamientos de calidad en los veintinueve días que mediaron entre la puesta en marcha de la temporada y la Supercopa de Europa no fueron suficientes para que el equipo saltara al Dinamo Arena de la ciudad georgiana de Tiblisi en las mejores condiciones para afrontar el primer título de la temporada. El rival era el Sevilla CF, que el 27 de mayo anterior se había proclamado campeón de la Europa League, en el Estadio Nacional de Varsovia, al derrotar al Dnipró Dnipropetrovsk de Ucrania (2-3). Prueba de que el Barcelona no llegaba suficientemente preparado a aquella final del 11 de agosto es que, después de superar el gol inicial de Ever Banega, los azulgrana se pusieron con 4-1 a favor, con dos goles de Messi, uno de Raphinha Alcántara y otro de Luis Suárez, pero que, sin embargo, acabaran cediendo un empate, con tantos de José Antonio Reyes, Kevin Gameiro y Yevhen Konoplyanka, que condujo a una prórroga terrible para todos. En el minuto 115, Pedro Rodríguez —sí, el mismo Pedrito que marcó en la prórroga de la Supercopa de 2009 ante el Shajtar Donetsk— hizo el 5-4 definitivo que daba el título de eurocampeón al FC Barcelona.

Solo tres días después, el 14 de agosto, sin tiempo siquiera para una modesta celebración, llegaba la Supercopa de España, que entonces se disputaba a doble partido. El Athletic de Bilbao iba a ser un adversario durísimo en San Mamés. El encuentro fue más una batalla que un partido de fútbol. Hubo hasta diez tarjetas amarillas (seis para los rojiblancos y cuatro para los barcelonistas). Los goles, en cambio, cayeron todos del mismo lado; el equipo vizcaíno, más fresco que su rival, descubrió las miserias de un bloque que, cuando perdía la intensidad, se rompía a pedacitos. El trofeo quedó sentenciado (4-0) con un gol de Mikel Sanjosé y un hat-trick de Aritz Aduriz. La vuelta del 17 de agosto tampoco fue una demostración del presunto noble arte de manejar el balón. Lionel Messi abrió el marcador en el primer tiempo, pero la expulsión de Gerard Piqué poco después de iniciarse la segunda parte hizo presagiar que la proeza no tendría cabida esa noche. Con uno menos, el Barça vio como Aduriz volvía a marcar y a cerrar un encuentro (1-1) que acabaría con otra tarjeta roja, en este caso para el navarro Kike Sola.

El «sextete» ya no era posible, pero aún quedaba el Mundial de Clubs, que iba a disputarse en los estadios Nagai de Osaka e Internacional de Yokohama. El Barcelona podría cerrar el año natural con cinco de los seis títulos en disputa, lo cual tampoco estaba nada mal. Ahora, Luis Enrique tenía tiempo para recomponer las costuras de su equipo, porque el torneo iba a celebrarse entre el 10 y el 20 de diciembre. Claro que, entre la Supercopa de España y el Mundial de Clubs, el equipo tendría que jugar un total de veintitrés partidos entre Liga, Champions League y Copa del Rey. En aquellos meses hubo para todos los gustos. Desde una derrota (4-1) en Balaídos hasta un recital (6-1) ante la Roma o la sonora victoria (0-4) en el Santiago Bernabéu, en un partido en el que el mejor jugador del mundo, Leo Messi, se quedó en el banquillo y no saltó al césped hasta la hora de juego, cuando el equipo de Luis Enrique ya tenía medio clásico y un trocito de la Liga 2015-16 en el bolsillo.

En el Mundial de Clubs compitieron ocho equipos. Concretamente, los campeones de las seis confederaciones de la FIFA (Europa, África, Asia, Oceanía, América del Norte/Caribe y América del Sur), el campeón de la Copa Libertadores y el campeón de la liga del país organizador. Al igual que en las anteriores ediciones, la competición contaba con un formato irregular, con una eliminatoria previa entre dos equipos, unos cuartos de final con solo cuatro contendientes, las semifinales y la final, además de los choques para dilucidar quién era sexto, quinto, cuarto y tercero. Los vencedores de la Champions League europea y la Copa Libertadores sudamericana accedían directamente a las semifinales. Aún sin Messi, el Barcelona derrotó (3-0) al Guangzhou chino con tres goles de Luis Suárez y un sistema de juego idéntico al que Luis Enrique utilizó en el Bernabéu, con Sergi Roberto de falso extremo derecho. En la final sí estuvo la Pulga, que, aquel mismo 2015, levantó su quinto Balón de Oro. Con un once de gala y el tridente formado por Messi, Suárez y Neymar, el Barcelona alcanzaba su tercer título de campeón del Mundo de Clubs al superar con una claridad meridiana y un fútbol de altísimo nivel al River Plate (3-0). De esta manera, Luis Enrique cerraba el año con cinco de los seis títulos posibles.

Ya sé que las temporadas son una cosa, y los años naturales, otra. Pero para hacernos una idea de qué tuvo que hacer el equipo de

Luis Enrique, o sea, el Barcelona, para ganar cinco de las seis grandes competiciones en 2015, vale la pena echarles un vistazo a las estadísticas de un año que empezó con la derrota de Anoeta (1-0) y se cerró con la victoria del 30 de diciembre ante el Betis (4-0). En total, el Barcelona disputó 37 partidos de Liga, con 30 victorias, 3 empates y 4 derrotas; jugó 13 partidos de Champions League, con 10 victorias, 2 empates y 1 derrota; sumó 9 partidos de Copa del Rey, con 8 victorias y 1 empate; ganó la Supercopa de Europa; perdió la Supercopa de España, con 1 empate y 1 derrota, y conquistó el Mundial de Clubs con 2 victorias en 2 partidos. En total 61 encuentros con solo 6 derrotas, un total de 179 goles marcados y 51 goles encajados. Unos números que hablan por sí mismos y a los que solamente cabe añadir, a título de anécdota, que el FC Barcelona pasó por encima del Paris Saint-Germain en los cuartos de final de la Champions con una victoria (1-3) en el Parque de los Príncipes y un triunfo (2-0) en el Camp Nou. Y para cerrar un año para enmarcar, podemos recordar que ganó sus dos duelos ante el Madrid, con la victoria (2-1) del 22 de marzo en el Camp Nou y la antes referida goleada (0-4) en la visita del 21 de noviembre al Bernabéu.

En cualquier caso, la temporada 2015-16 todavía tenía mucha historia por escribir, ya que desde el mes de agosto el equipo estaba afrontando también los encuentros de las tres competiciones —Copa, Liga y Champions— que suelen despertar más interés y admiración por parte de la familia futbolística. Estaba muy bien haber ganado la Supercopa de Europa y el Mundial de Clubs, pero quedaban para la segunda mitad de la temporada otros objetivos más importantes. El equipo de Luis Enrique ya sumaba cinco títulos en año y medio, pero quería repetir otro triplete como el de la temporada anterior. Y todos, sin excepción, eran conscientes de que esos tres son trofeos que solo pueden conquistarse en el mes de mayo, pero que pueden perderse en marzo o abril.

Eso mismo, perder un título en abril, es lo que le sucedió al Barcelona en la Champions. Después de ser el líder del grupo E, con 14 puntos sobre 18 posibles y con 8 de ventaja sobre la Roma —era un grupo muy asequible, con Bayer Leverkusen y Bate Borisov como tercero y cuarto en discordia—, el equipo completó una magnífica eliminatoria de octavos de final contra el Arsenal, al que venció (0-2) en el Emirates Stadium, con dos goles de Messi, y al que volvió a derrotar en el Camp Nou (3-1), con goles de los tres integrantes de una delantera que, en aquellos momentos, admitía pocas comparaciones. Los tantos de Neymar, Suárez y Messi, por este orden, dejaron sin opciones a un Arsenal que se despertó bruscamente del sueño de remontar la diferencia de la ida sobre la hora de juego.

Aunque si de sueños rotos hay que hablar, el de conquistar el segundo triplete consecutivos se desvaneció en los cuartos de final. El sorteo enfrentó a los azulgrana con el Atlético de Madrid, que golpeó al equipo de Luis Enrique en la vuelta de la eliminatoria, celebrada en el Vicente Calderón. El Barcelona había ganado (2-1) en el Camp Nou. El partido, disputado el 5 de abril, fue bronco. El árbitro alemán Felix Brych mostró un total de once tarjetas amarillas y una roja, para Fernando Torres, por doble amarilla. El equipo de Luis Enrique dominó el partido por completo y tuvo todas las estadísticas a su favor. De hecho, mereció ganar por más diferencia de goles y pudo sentenciar la clasificación para las semifinales. Pero no le bastaron los dos tantos de Luis Suárez ni el dominio abrumador que mostraron los datos de posesión, remates y pases completados. Así pues, todo quedó abierto para la vuelta.

En el segundo partido, disputado el miércoles 13 de abril, el Barça quiso pero no pudo. La intensidad del Atlético de Madrid asfixió a un centro del campo y a una delantera que llevaba varios encuentros echando de menos a su gran estrella en aquello que mejor sabía y sabe hacer. Leo Messi tenía muy mal acostumbrada a su gente, marcando y asistiendo en un partido sí y en otro también. Ahora completaría cuatro partidos consecutivos sin ver puerta. Y esa era una desventaja muy grande para hacer frente a un equipo de Diego Pablo Simeone. Aquella noche, el técnico argentino planteó un ritmo endiablado, regalándole la posesión al FC Barcelona, atacando con vértigo y defendiendo con un 1-4-4-2, con las líneas muy juntas y muy cerca del área. Al final, Griezmann se convirtió en el héroe de un encuentro (2-0) que se decidió no solo por los dos goles del delantero francés —un remate de cabeza a los 35 minutos y un penalti por mano de Iniesta, bien ejecutado a los 88 minutos—, sino también por la decisión del italiano Nicola Rizzoli de no sancionar una clara mano de Gabi dentro del área. El propio centrocampista reconoció que «sí, es mano, pero los árbitros unas veces dan y otras quitan...».

Aquel mismo mes de abril pudo ser trágico para el Barcelona. Y es que la batalla por el título de Liga estaba siendo muy disputada con el Real Madrid y el Atlético de Madrid. Los azulgrana recibieron al Madrid el 2 de abril en el Camp Nou. El equipo barcelonista, que venía de encadenar una buena racha de resultados con nueve victorias consecutivas en el campeonato, había empatado (2-2) en Villarreal; un inoportuno parón en el calendario internacional de selecciones —casi nunca le han sentado bien al Barça— se interpuso en los días previos al clásico. Tras un primer tiempo muy competido, Piqué adelantó a los azulgrana y Benzema empató de forma inmediata. Los dos goles llegaron en los primeros minutos de la segunda parte. La expulsión de Sergio Ramos por doble amonestación parecía dejar el duelo en tablas. Pero el Real Madrid acabó ganando (1-2) con un tanto de Cristiano Ronaldo a cinco minutos del final. Se esfumaban tres puntos importantes, pero los culés aún mantenían una cómoda ventaja en la clasificación y acababan de ganar la pequeña batalla de la diferencia de goles particular entre los dos aspirantes al título.

Además, el equipo perdería (1-0) en su visita de la siguiente jornada a Anoeta y volvería a caer ante el Valencia (1-2), en el Camp Nou. De esta manera, los azulgrana sumaban un único punto sobre doce posibles; aunque seguían liderando la clasificación, el margen de error se reducía a un solo punto y el *average* cuando apenas quedaban cinco jornadas por disputarse. El Real Madrid llegó a creer que podía proclamarse campeón, pero el título seguía dependiendo de Luis Enrique y sus jugadores. Únicamente ellos saben qué sucedió de puertas adentro del vestuario, pero lo cierto es que el Barcelona goleó en el campo del Deportivo de La Coruña (0-8), le hizo un descosido al Sporting de Gijón (6-0), ganó al Betis (0-2), le hizo una manita al Espanyol (5-0) y remató la faena en Granada (0-3). Las debilidades que el equipo había mostrado entre las jornadas 29 y 33 se convirtieron en fortalezas y los azulgrana se adjudicaron el título gracias a una racha final insuperable.

Acabar la Liga de aquella manera, con 91 puntos, 112 goles a favor y 29 en contra, con un parcial de 24-0 en los cinco últimos partidos, dio alas a un grupo humano y futbolístico de una calidad y un carácter incuestionables, que solo ocho días más tarde, el 22 de mayo, iba a jugarse el título de campeón de la Copa del Rey, frente al Sevilla, en el Vicente Calderón. Para llegar hasta allí, el Barcelona había superado, en los exigentes meses de enero y febrero, a ritmo de un partido cada tres días, al modesto Vilanovense (0-0 y 6-1), al Espanyol (4-1 y 0-2), al Athletic Club (1-2 y 3-1) y al Valencia (7-0 y 1-1), con seis victorias y dos intrascendentes empates a domicilio.

El ambiente que se vivió en Madrid desde primeras horas de la mañana, con unos cincuenta mil aficionados llegados desde Barcelona y Sevilla, fue increíble. Los seguidores de ambos equipos parecían animados por baterías inagotables. El clima de las calles y plazas de la capital quedó reflejado en las gradas del estadio de la ribera del Manzanares. Los sevillistas ocupaban la mitad izquierda del campo, visto desde la posición del palco presidencial, y los vigentes campeones, la derecha. Más allá de los consabidos pitos al rey de España cuando apareció en el palco al son de las notas del himno nacional, el ambiente fue espectacular, y el partido, resuelto en la prórroga, estuvo plagado de fuertes emociones. Poco después de la media hora, Mascherano fue expulsado por agarrar de la camiseta a Gameiro, fuera del área y siendo el último hombre. El equipo de Unai Emery parecía adquirir una ventaja importante de cara al desarrollo del último acto de la Copa del Rey.

Luis Enrique no hizo ninguna sustitución hasta el descanso. Simplemente, retrasó la posición de Rakitić y juntó líneas. Aguantó hasta el intermedio, cuando hizo entrar a Mathieu por el centrocampista croata. El 1-4-4-1 del equipo se hizo mucho más evidente. Ahora era más importante el orden que la floritura, y el sacrificio colectivo que cualquier otra cosa. Disputar tantos minutos con un jugador menos y a aquellas alturas de la temporada obligaba a un esfuerzo que tal vez no podrían soportar todos los futbolistas; antes de la hora de juego, Luis Suárez cayó por una lesión muscular. El Sevilla apretaba y tuvo sus ocasiones para marcar, con Ever Banega como actor principal del segundo tiempo, pues estrelló un balón en el poste que pudo dar la victoria a los hispalenses, pero, sobre todo, porque en el tiempo añadido derribó a Neymar cuando iba a entrar en el área y le sucedió lo que a Mascherano: tuvo que marcharse de un partido que recuperaba la igualdad numérica antes de la prórroga.

La gestión de los esfuerzos, tan característica de un ultrafondista como Luis Enrique, puso de manifiesto que el equipo contaba con Rafel Pol, un preparador físico excepcional, y con Joaquín Valdés, un psicólogo capaz de convencer a los jugadores de que el cansancio no iba a poder con ellos. Y no pudo. En el primer minuto de la prórroga, una soberbia asistencia de Messi, que se había incrustado en la sala de máquinas del centro del campo, permitió a Jordi Alba desencallar la final y situarla donde quería el Barça. A partir de ahí, todo fue más fácil y el equipo tuvo varias ocasiones para sentenciar la Copa, antes incluso de que Carrizo viera su segunda amarilla del partido y tuviera que abandonar el césped. El gol de Neymar, en otra genialidad de Messi, que le filtró un balón por donde no cabía, sentenció una final (2-0) que significó el séptimo de nueve títulos posibles entre julio de 2014 y mayo de 2016. Y eso sin contar con que la Liga Profesional otorgó al FC Barcelona el trofeo Juego Limpio correspondiente a esas dos temporadas consecutivas.

23

Cerrar otro ciclo

> Saber cuándo alejarse es sabiduría;
> tener la fuerza para hacerlo es coraje,
> y marcharse con la frente alta es dignidad.
>
> RITU GHATOUREY*

Luis Enrique siempre ha sido un hombre de ciclos. Lo fue como jugador, aunque en periodos más largos —cinco años en el Real Madrid y ocho en el FC Barcelona—, y lo ha sido como entrenador, en este caso apostando por un tiempo que, hasta ahora, nunca ha superado las tres temporadas. Además, siempre ha anunciado su adiós con una antelación más que suficiente, para que los directivos y directores deportivos tuvieran margen de buscarle un sustituto y planificar el siguiente ejercicio. Así lo hizo cuando dirigía al filial azulgrana y así lo hizo, también, en su tercer año al frente del primer equipo barcelonista.

Esta vez fue el miércoles 1 de marzo de 2017, después de que su equipo goleara al otro equipo de sus amores, el Sporting de Gijón (6-1), en el partido de la vigesimoquinta jornada de la Liga 2016-17. Se supo entonces que, durante la pretemporada, advirtió de sus intenciones a Josep Maria Bartomeu. En cualquier caso, el argumento que utilizó ante los medios de comunicación fue el mismo que le

* Ritu Ghatourey es una escritora contemporánea, de origen hindú, más conocida por la profundidad de sus frases que por su obra literaria, por cierto, muy extensa. La conexión con la vida y la naturaleza es uno de los regalos con los que nos ha obsequiado en forma de poesía y de prosa.

había expresado siete meses antes a su presidente: «Les anuncio que no seré entrenador del Barça la próxima temporada. Ha sido una decisión muy difícil, pero muy meditada y fiel a mi manera de pensar. El motivo es que, por la forma que tengo de vivir mi profesión, necesito descansar».

Unos instantes antes de comparecer en la rueda de prensa, Luis Enrique les había comunicado su decisión a los integrantes de su plantilla. Todos se quedaron boquiabiertos. Nadie esperaba una noticia así, a pesar de que quien conociera bien al técnico asturiano debía saber que, entre las cosas en común que tenía con Pep Guardiola, estaba que los dos ponían el alma en su trabajo, que como consecuencia de vivir su profesión con tanta intensidad sufrían un tremendo desgaste físico y, sobre todo, psicológico. Ambos, además, eran hombres a los que no les temblaba el pulso a la hora de decir que hasta ahí llegaron las aguas.

De hecho, Luis Enrique ya había cerrado su etapa en el Barcelona B justo a los tres años de hacerse cargo del equipo. Y también en aquella ocasión había anunciado su marcha con la misma antelación con que lo hacía ahora. El 15 de marzo de 2011, comunicó al entonces director deportivo del club, Andoni Zubizarreta, que abandonaría el banquillo del filial azulgrana al finalizar la temporada. Hubo quien, malintencionadamente, vinculó la decisión de Lucho al hecho de que Guardiola decidiera continuar en el primer equipo. Esos comentarios se acrecentaron cuando Luis Enrique y casi todo su staff decidieron aceptar la oferta de la AS Roma. De hecho, Zubizarreta había manifestado que su decisión se debió a que había cumplido «un ciclo personal y profesional en el club».

Antes, sin embargo, el Barcelona 2016-17 tenía que terminar sus deberes y, como no podía ser de otra manera, tanto el entrenador como sus jugadores iban a afrontar los meses de marzo, abril y mayo con la profesionalidad que venían demostrando desde el inicio del ciclo triunfal del que eran protagonistas. De hecho, la temporada se había iniciado con un nuevo título, el de la Supercopa de España, con una doble victoria (0-2 y 3-0) ante el Sevilla de Jorge Sampaoli y Juanma Lillo, este último licenciado en INEF, profesor de las mejores escuelas de preparadores físicos, entrenador y, por si fuera poco, persona de la máxima confianza de Guardiola, pues Pep le ha pedido consejo en numerosas ocasiones.

La plantilla se había reforzado para ganarlo todo. Con el beneplácito de Luis Enrique, el club invirtió un dineral en la adquisición de André Gomes (37 millones), Paco Alcácer (30), Samuel Umtiti (25), Lucas Digne (16,5), Jasper Cillessen (13) y Denis Suárez (3,5). En total, 124,75 millones de euros, de los que apenas recuperó 35 millones con las ventas de Claudio Bravo al Manchester City; Marc Bartra, al Borussia de Dortmund; Alen Halilović, al Hamburgo; y Adriano Correia, al Besiktas. Hubo más movimientos, porque Dani Alves se marchó libre a la Juventus; Sandro Ramírez, Martin Montoya y Munir El Haddadi se fueron al Valencia; Thomas Vermaelen fue cedido a la Roma; Sergi Samper, al Granada, y Douglas Pereira, al Sporting de Gijón. Más allá de que debemos apuntar que tal vez se repitieran escenarios de demasiados acuerdos con el Valencia, lo importante es que el equipo se dispuso a afrontar sus nuevos retos con opciones de competir.

La temporada no podía empezar mejor, ni la Liga tampoco. El FC Barcelona goleó (6-2) al Betis en la primera jornada y ganó en la segunda (0-1), con un gol de Rakitić, en el nuevo San Mamés, inaugurado tres años antes, después de otros tantos de obras. La derrota (1-2) frente al Alavés fue solo un sobresalto, porque a los tres días el equipo se estrenó en la Champions con una victoria (7-0) frente al Celtic de Glasgow. Siguieron una mano de goles (1-5) en el Estadio Municipal de Butarque, un empate (1-1) frente al Atlético de Madrid en el Camp Nou, otra manita (0-5) en El Molinón y una victoria de mérito (1-2) en el campo del Borussia de Moenchengladbach. El ritmo era tremendo y no podía sorprender a nadie que, después de triunfos importantes, se produjeran pequeños descalabros como el que sufrió el equipo (4-3) en Balaídos, antes de borrar del campo (4-0) al Deportivo de La Coruña, repetir resultado (4-0) contra el Manchester City y ganar (2-3) en el viejo Mestalla. Instalado en esa cadencia de triunfos, el equipo llegó al mes de diciembre con opciones de competir por la Copa, la Liga y la Champions.

De hecho, pese a su derrota (3-1) en el campo del City, el Barça finalizó su participación en el grupo C de la Champions League como primer clasificado, con cinco victorias en los seis partidos de la liguilla, con nuevos triunfos ante el Celtic (0-2) y el Borussia Moenchengladbach (4-0). Asimismo, empezó la Copa del Rey con mucha fuerza, eliminando al Hércules (1-1 y 7-0) y al Athletic Club, aunque perdió el partido de ida (2-1). En cuanto a la Liga Santander y a pesar de sufrir algunos altibajos, el FC Barcelona cerraba la primera vuelta con nuevas goleadas a Las Palmas (5-0) y al Eibar (0-4) en un mes de enero con una carga de partidos inhumana. El equipo estaba lanzado a la caza del Real Madrid, que cerraba el ecuador de la competición como campeón de invierno, todavía con nueve puntos de margen sobre su eterno rival. Nada que fuera imposible de remontar si el equipo seguía con su racha de resultados positivos y el Madrid, que había pasado apuros en los últimos encuentros de la primera vuelta, continuaba mostrando alguna de sus debilidades.

Tras la goleada de Ipurúa, Luis Enrique hizo balance de la primera mitad de la temporada: «Estamos en disposición de pelear por todos los títulos», decía antes de reconocer que «el objetivo es mejorar». De hecho, más que elevar el nivel del juego, lo que necesitaba el grupo era mantener la línea de regularidad que distingue a los mejores de los buenos. Y era del todo cierto, porque, a falta de que se reanudase la Champions League, el Barcelona no solo había enlazado una buena racha de resultados en la Liga, sino que continuaba pisando fuerte en la Copa del Rey, donde eliminó al Athletic Club (3-1) en la vuelta de los octavos de final; a la Real Sociedad (0-1 en San Sebastián y 5-2 en Barcelona) en los cuartos de final y al Atlético de Madrid (1-2 en Madrid y 1-1 en una accidentada vuelta, con tres expulsados) en las semifinales. Este último partido fue accidentado, porque Luis Suárez y Sergi Roberto se perderían por sanción la final, prevista para el 27 de mayo, en el Vicente Calderón.

Precisamente, Luis Suárez y Sergi Roberto iban a ser protagonistas destacados en los octavos de final de la Champions. El sorteo había emparejado al Barcelona con el París Saint-Germain de Unai Emery. En la ida, celebrada en un Parque de los Príncipes que se llenó a reventar y que arbitró un reconocido madridista, de nombre Szymon y de apellido Marciniak, que reaparecería en 2025 para impedir primero la clasificación del Atlético de Madrid para los cuartos de final y después la del Barcelona para la gran final (fue llamado al orden y posteriormente sancionado por ambas tropelías), el equipo parisino pareció que dejaba la eliminatoria vista para sentencia (4-0). Pero en el fútbol no hay nada imposible y el Barça se encargó de demostrarlo en una de sus grandes noches europeas.

El 8 de marzo, una semana después de que Luis Enrique anunciara que dejaría el club al finalizar la temporada, el Barcelona registró una de sus mejores entradas, con más de noventa y seis mil espectadores. Los culés creían en un equipo que había marcado cinco, seis o siete goles en hasta diez partidos oficiales en lo que llevaba de ejercicio. Y solo les faltó que Luis Suárez, a los 3 minutos, y Kurzawa, a los 40, en propia puerta, pusieran al Barça a dos goles de forzar la prórroga y a tres de protagonizar una nueva hazaña. Los seguidores azulgrana, que habían empujado desde del primer minuto, siguieron soñando en grande cuando Messi marcó el tercero, de penalti, a los cincuenta minutos. El jarro de agua fría llegó unos diez minutos después, cuando Cavani hizo el gol del PSG. Lo que había parecido muy probable se convirtió en imposible a los ojos de todos. Máxime cuando el reloj daba la sensación de ir mucho más deprisa de lo que suele. Es curioso: cuando vas ganando de una manera muy ajustada, el tiempo se hace eterno; cuando estás lejos de tu objetivo, el tiempo pasa volando.

La cosa pintaba mal, muy mal, porque a tres minutos para el final y con la previsión de que hubiera solo cinco o seis minutos de tiempo añadido, el 3-1 se mantenía en el marcador y el Barcelona seguía necesitando tres goles para clasificarse. Pero el PSG de Emery acabó recibiendo un durísimo castigo a su conservadurismo y racanería. Neymar hizo el cuarto gol a los 88 minutos, y brasileño también marcó el quinto, de penalti, a los 91. Aún quedaban cuatro minutos para obrar el milagro..., y una asistencia de Neymar, sin duda el hombre del partido (eso que ahora llaman *man of the match*), permitió a Sergi Roberto quedar inmortalizado como héroe culé en el minuto 95. La fiesta alcanzó niveles de sublimación, aunque muchos cientos de espectadores ya habían abandonado, resignados, las gradas del Camp Nou.

Sin embargo, los milagros no suceden todos los días y aquel equipo, demasiado habituado a hacer concesiones —ganar también cansa—, se estrelló en la siguiente eliminatoria. Un mes después de la proeza ante el PSG, el Barça volvió a sucumbir con estrépito, esta vez ante una Juventus que, como el equipo azulgrana, pero a la inversa, nada tenía que ver con el equipo que había sido apabullado en la final de 2015 en el Olímpico de Berlín. El conjunto transalpino, que seguía dirigiendo Massimiliano Allegri, le hizo un descosido (3-0) en la ida de aquellos cuartos de final de la Champions, con dos goles de Dybala (min. 7 y min. 22) y un tercero del veterano Chiellini (min. 55). Con aquel resultado y frente a un equipo italiano, la proeza de darle la vuelta a la eliminatoria era una quimera. Si hay algo que tienen los italianos es que han dominado y dominan como nadie el arte de defender un resultado. Y aquella noche del 19 de abril de 2017, el equipo de Luis Enrique tuvo más posesión, remató más veces —la mayoría de ellas en situaciones forzadas—, pero el tridente formado por Messi, Suárez y Neymar se quedó a cero y tuvo que despedirse del sueño de un nuevo triplete.

Antes de caerse de la Champions, el Barcelona había ganado seis partidos consecutivos en la Liga y amenazaba con arrebatarle el título al Real Madrid, a quien debía visitar a domicilio el día de Sant Jordi. Los azulgrana ganaron (2-3) y se colocaron a solo tres puntos del líder. Quedaban cinco jornadas, con quince puntos en disputa; un resbalón de cualquiera de los dos daría el título a uno u otro. ¿Qué sucedió? Pues que tanto el Barcelona como el Real Madrid ganaron sus cinco encuentros y el vigente campeón no pudo revalidar el título, que habría sido el tercero consecutivo en los tres años de Luis Enrique como técnico azulgrana. Ahora ya solo quedaba un partido para cerrar la temporada. Iba a ser, y fue, la final de la Copa del Rey contra el Alavés, el 27 de mayo y en el Vicente Calderón.

Dicen que las despedidas siempre son tristes, pero el final de ciclo de Luis Enrique en el FC Barcelona fue otro estallido de alegría. Entre otras cosas, porque no hay nada mejor que un final feliz. Y el equipo de Lucho, con una defensa poco habitual —Mascherano jugó de lateral derecho, con Umtiti como pareja de Piqué en el eje de la defensa— y una delantera huérfana de referente, por la expulsión de Luis Suárez en las semifinales, cumplió con los pronósticos y pudo decirle adiós a su entrenador como se merecía. Claro que la metáfora de la delantera sin referente tampoco era exacta, porque el goleador uruguayo fue sustituido por un Paco Alcácer que dejó la final vista para sentencia en los minutos de añadido del primer tiempo. De hecho, el Barcelona resolvió la final (3-1) en poco más de un cuarto de hora, con goles de Messi (min. 30), Neymar (min. 45) y Alcácer (min. 45 + 3). Era la decimoctava victoria consecutiva del equipo, y Leo volvió a ser determinante en el resultado y el éxito azulgrana. El asturiano cerraba sus tres años en el banquillo del Camp Nou con nueve de doce títulos posibles.

24

Tiempo de desgracias

¿No es triste considerar que solo la desgracia
hace a los hombres hermanos?

Benito Pérez Galdós*

En contra de lo que pudiera pensarse, la despedida de Luis Enrique, uno de los entrenadores más laureados del FC Barcelona —solo superado por Pep Guardiola y Johan Cruyff—, no estuvo acorde con los resultados que él, su equipo técnico, sus jugadores y el personal auxiliar habían ofrecido al club durante aquel trienio de éxitos. Ni mucho menos. La celebración quedó reducida al festejo que se hizo sobre el césped de un estadio, el Vicente Calderón, que aquella misma noche del 27 de mayo cerraba sus puertas, después de cincuenta años de alegrías y sinsabores rojiblancos. Sobre aquel césped rebosante de historia, el entrenador asturiano fue manteado por todos los integrantes del equipo y participó del jolgorio que se vivió en el vestuario. Pero ya no hubo más. La expedición regresó a Barcelona en avión y se trasladó en autocar desde la terminal 1 del aeropuerto de El Prat hasta la Ciutat Esportiva. Más allá de que técnicos y futbolistas se desearan suerte en un futuro que empezaba en aquel mo-

* Benito Pérez Galdós (Las Palmas de Gran Canaria, 1843-Madrid, 1920) fue y sigue siendo uno de los mejores exponentes de las corrientes realista y naturalista de la literatura castellana; en el caso del realismo, influido por sus tiempos como corresponsal en París. Escritor, novelista y político (fue diputado en Cortes en tres etapas de su vida, entre 1886 y 1916) es famoso por sus *Episodios Nacionales*, un compendio de cuarenta y seis novelas históricas que escribió entre 1872 y 1912.

mento, no hubo nada más. Ni una triste cena. Y ahí, en la madrugada del 28 de mayo, empezó un nuevo año sabático de Luis Enrique.

A más de uno le sentó mal que no hubiera siquiera el más mínimo festejo privado, pero al asturiano se la trajo al pairo, como se dice vulgarmente. Tenía asumido desde hacía tiempo que aquel ciclo se había acabado y que él empezaba un periodo de recuperación de energías, tanto físicas como emocionales. Algo que, *a priori*, no debía resultarle difícil, porque Luis Enrique no había perdido ninguna de sus costumbres en lo que se refiere aprovechar el tiempo libre. Siempre lo había repartido y lo sigue repartiendo entre su familia y su vocación de practicante de deportes de fondo, sobre todo en bicicleta y a pie. Porque si bien es cierto que participó en diversos triatlones, la natación nunca fue ni será lo suyo.

Mientras estuvo dirigiendo al FC Barcelona, Lucho dejó de competir en las pruebas de ultrarresistencia, de las que ya era un experto. Pero en ningún momento abandonó la bicicleta. Fueron muchos los días en los que, acompañado por alguno de los miembros de su equipo técnico, acudía a la Ciutat Esportiva de Sant Joan Despí pedaleando. Aquella no era «la grupeta dolomítica», porque se trataba de un grupo reducido a dos o tres integrantes, y porque las distancias que recorrían no eran las mismas, ni mucho menos. Pero salían de sus casas en Gavà Mar y Castelldefels, cruzaban el parque agrario del Llobregat, campo a través, y regresaban, ya sin la luz del día, por carretera. Recorrían aproximadamente treinta kilómetros diarios a golpe de pedal, como quien se da un paseo desde casa hasta el bar de la esquina.

Asimismo, el asturiano continuaba con la costumbre de subir las rampas del Rat Penat, que recibe el nombre de una urbanización de Les Botigues de Sitges, en pleno parque del Garraf. Al puerto se accede desde la antigua C-246, hoy absorbida por la C-31 (conocida como «la autovía de Castelldefels»). El ascenso, de poco más de seis kilómetros, comienza al pie de la urbanización Rat Penat y finaliza en la Plana Novella, un barrio del municipio de Olivella, conocido por el viejo Palau Novella, una antigua residencia de indianos catalogada en el Inventari del Patrimoni Arquitectònic de Catalunya.

Desde 1997, el recinto es la sede del monasterio budista Sakya Tashi Ling. El trayecto para coronar una cima de 590 metros de altitud sobre el nivel del mar es mucho más duro de lo que puede imaginarse a partir de los datos escritos. La carretera es muy estrecha, con curvas muy cerradas —con forma de herradura— y, aunque tiene un desnivel medio del 9,4 por ciento, hay rampas del 21 por ciento. Vamos, lo que se dice un rompepiernas de manual.

Los ciclistas profesionales que han tenido que cubrir el ascenso del Rat Penat, siempre como parte del recorrido de una etapa de la Volta a Catalunya o de la Vuelta a España, saben perfectamente la dificultad que entraña coronar un puerto que está clasificado como el trigésimo séptimo más exigente de Cataluña. Pues bien, Luis Enrique tenía fama de subirlo dos veces de manera consecutiva, con el solo objetivo de calentar las piernas. Ahora iba a tener la oportunidad de recuperar viejas costumbres, pues, tras cerrar su etapa en el Barça, iba a tomarse otro año sabático. Además de recuperar fuerzas y descansar de la enorme tensión que supone dirigir a un equipo de tanto nivel de exigencia, el asturiano iba a ganar tiempo para disfrutar de sus dos pasiones: la familia y el deporte de resistencia.

Sin embargo, este nuevo año sabático no iba a compartirlo con quienes habían sido sus compañeros en el Barcelona B y/o la AS Roma, el RC Celta de Vigo y el FC Barcelona. Su inseparable Juan Carlos Unzué había decidido reanudar su carrera como primer entrenador —ya lo había sido en el Numancia, durante la temporada 2010-11— y aceptó el reto de dirigir al Celta de Vigo, club en el que ya había estado como segundo de su entonces —y destaco «entonces»— íntimo amigo Luis Enrique. Solo diecisiete horas después de ganar la Copa del Rey como segundo entrenador del Barça, el exportero firmó un contrato por dos temporadas con el club gallego y pidió permiso a Lucho para contar con el núcleo duro de su cuerpo técnico. Es decir, con Robert Moreno, Rafel Pol y Joaquín Valdés. Todos ellos firmaron también por el Celta, aún a sabiendas de que, cuando el jefe tocara a rebato, deberían desvincularse de Unzué y volver a las órdenes de quien les hizo ganar tanta fama y dinero.

Volviendo al año sabático, Luis Enrique tardó muy poco en hacer las maletas y marcharse a Ibiza con su esposa, Elena Cullell, con la que iba a cumplir veinte años de matrimonio antes de finalizar el 2017. Seguro que el técnico y su mujer hubieran preferido pasar inadvertidos, pero ya se sabe que durante el verano no hay otro lugar del mundo que concentre mayor número de paparazzi por kilómetro cuadrado. Eso sí, Ibiza y sus playas no son tan concurridas en junio como en los meses de julio o agosto. Como la natación no le gusta, pero la playa sí, no podían faltar los días de descanso en su Gijón natal. Días en los que se dejó ver en La Escalerona, por la que se accede a la playa de San Lorenzo. Y tampoco faltaron sus paseos en bicicleta, que siempre se lleva una allí a donde va.

Nadie podía imaginar, en aquellos momentos de relajación y paz, que la vida le proporcionaría tantos disgustos y tantas amarguras seguidas en tan poco tiempo. La mayoría de ellas se producirían durante su primera etapa como seleccionador español, cargo al que accedió en 2018. Concretamente, el día 9 de julio. Habían transcurrido exactamente un año y cuarenta y tres días desde su último partido con el Barça y se cumplía, semana arriba, semana abajo, el año sabático que Luis Enrique se había tomado para descansar y recuperar las energías que se necesitan para pelear en la primera línea de combate. La decisión del técnico asturiano se fue cociendo a fuego lento, como los grandes platos. No tuvo prisa. Hasta se permitió rechazar dos grandísimas ofertas de la Premier League y plantearle a la Real Federación Española de Fútbol que, si pretendía someterle a un casting con otros candidatos, renunciaría a continuar con las conversaciones y se marcharía con la música a otra parte.

Aquel 9 de julio, el Departamento de Comunicación de la RFEF emitía un comunicado oficial para anunciar que Luis Enrique había sido elegido, por unanimidad, como sustituto de Fernando Hierro. Hierro, director técnico de la federación, se había convertido en el recambio de emergencia de Julen Lopetegui, fulminado el 13 de junio porque el entrenador guipuzcoano, con contrato firmado hasta el año 2020, había estado negociando su futuro con el Real Madrid en plena concentración para la disputa de la fase final del Mundial de Rusia. Aun reconociendo que la actuación de Lopetegui era legítima, el presidente Luis Rubiales consideró que ni el momento (faltaban solo dos días para el inicio de la competición) ni las formas habían sido las correctas.

Lopetegui dejaba un expediente inmaculado como responsable del equipo nacional absoluto, con 14 victorias y 6 empates. Y a Luis Enrique le tocaba ahora igualar o mejorar los registros de su antecesor, clasificando a la selección para la Eurocopa de Naciones, que, en un principio, debía disputarse en verano de 2020 y que terminó por celebrarse un año después. Pero aquel no fue el único contratiempo que se encontró el nuevo seleccionador. Su etapa resultó convulsa desde el minuto cero. Juan Carlos Unzué, que había sido su segundo entrenador en el FC Barcelona y que había firmado contrato como responsable del Celta de Vigo en verano de 2017, ya no volvería al equipo de Luis Enrique, pues la decisión de seguir su carrera en solitario era firme. En cambio, Robert Moreno, Rafel Pol y Joaquín Valdés regresaron al redil y se comprometieron con la federación para acompañar al nuevo seleccionador durante los dos años de contrato que firmaron todos ellos..., y alguno más. Y es que, como mandan los cánones, ahí faltaban un analista y un entrenador de porteros.

La presentación de Luis Enrique se produjo el 19 de julio de 2018, en la sala de actos Luis Aragonés de la Ciudad del Fútbol. La expectación fue máxima y la rueda de prensa dejó muchos titulares para unos medios de comunicación que sacaron algún que otro cuchillo para apuntar al seleccionador, tergiversando episodios y extrayendo conclusiones gratuitas del pasado. Aunque nada de eso pilló desprevenido al técnico, que contaba ya con el gran bagaje que en estas lides dan cinco años como jugador del Real Madrid, ocho como integrante de la plantilla del Barcelona y seis como entrenador del segundo y el primer equipo azulgrana. Sin embargo, mucha gente tuvo la sensación de que las manifestaciones de Luis Rubiales, recogidas en un vídeo del diario *El País*, fueron mucho más significativas que cualquier otra de las cosas que se dijeron en aquella larga comparecencia del presidente y Luis Enrique ante los medios informativos, en aquel recinto que acabaría haciéndose tristemente famoso por lo que sucedió el 20 de agosto de 2023, tras la final del Campeonato del Mundo femenino que se disputó en el Estadio Australia de Sídney.

¿Qué dijo Rubiales que concitó tanta atención aquel 19 de julio? Atentos, porque lo que declaró en poco más de un minuto tuvo su miga. Para empezar, afirmó que fue fácil llegar a un acuerdo, porque «él quería ser seleccionador español». Contó que Lucho había tenido ofertas tremendamente importantes, hasta el punto de que «económicamente era imposible que nosotros llegásemos a sus números. Y quiero valorar que Luis Enrique ha puesto mucho mucho de su parte, porque, si no, hubiera sido imposible». Pero lo más sustancioso llegó después, cuando señaló que en el fútbol «hay dos ambientes, el interno y el externo. Obviamente, no vivimos en una burbuja y sabemos que Luis Enrique es una persona con carácter y que ha tenido algunas cuestiones con la prensa. Esperamos llevarnos todos bien. Pero el ambiente interno es el mejor y, la verdad, yo también espero que el externo. [...] Intentaremos que la relación, aunque sea escasa, sea la mejor posible».

En aquel acto, fueron presentados los integrantes del equipo técnico de Luis Enrique, con la salvedad del entrenador de porteros, entre otras razones, porque José Manuel Ochotorena ya estaba allí desde el año 2004. Así, se anunció que Robert Moreno sería el segundo de abordo; Rafel Pol, el preparador físico; Joaquín Valdés, el psicólogo y, finalmente, Jesús Casas ejercería como tercer entrenador y analista. Exjugador de fútbol, nacido en Madrid pero criado en Cádiz, Casas había pegado muchos tiros en el fútbol andaluz, donde compitió hasta los 29 años. En aquel momento, decidió iniciar su carrera como técnico, especializándose en el análisis del juego. Empezó en el Eibar y siguió en el Barcelona B, a las órdenes de Lucho, que también contó con él en su trienio en el FC Barcelona. Es un buen profesional, como lo demuestra el hecho de que permaneciera en el equipo con Robert Moreno, de nuevo con Luis Enrique y, finalmente, con Luis de la Fuente. Casas dejó la federación en febrero de 2022 para convertirse en seleccionador de Irak.

El 31 de agosto de aquel 2018, mientras Unzué andaba a la búsqueda de equipo, porque había sido relevado del cargo de entrenador del Celta el 21 de mayo, Luis Enrique ofreció su primera lista de convocados y estrenó un nuevo formato para hacerlo. Fue mediante un vídeo en el que, tras levantarse de la mesa donde estaba conversando con sus ayudantes, se le veía acercarse a una pizarra y, con rotulador rojo, escribir en ella los nombres por orden de posiciones. Hubo sorpresas, claro que sí. Porque cada maestrillo tiene su librillo o, lo que es lo mismo, porque no todos los entrenadores ven el fútbol de la misma manera. En relación con la convocatoria del Mundial de Rusia fueron baja hasta diez jugadores y entraron novedades en todas las líneas. La relación estaba formada por veinticuatro futbolistas, porque el seleccionador quiso que Diego Llorente, entonces lesionado, estuviera presente, sobre todo en las charlas en las que iban a trazarse las líneas maestras de un proyecto nuevo y que ilusionaba al fútbol español. Los llamados a aquella primera cita fueron David de Gea, Kepa y Pau López, porteros; Dani Carvajal, Azpilicueta, Albiol, Llorente, Sergio Ramos, Íñigo Martínez, Marcos Alonso, José Luis Gayà, defensas; Busquets, Sergi Roberto, Rodri, Saúl Ñíguez, Thiago, Dani Ceballos, centrocampistas; e Isco Alarcón, Marco Asensio, Álvaro Morata, Diego Costa, Suso y Rodrigo, delanteros.

La selección española iba a parecerse mucho a sus proyectos anteriores. Ni Luis Enrique ni nadie suele renunciar a sus ideas, salvo que la disponibilidad de jugadores esté limitada por las razones que sean. Y este no era el caso. Porque el responsable absoluto de la selección tenía mucho y bueno donde escoger. En cuanto a la idea y el modelo, el equipo iba a jugar con un 1-4-3-3, querría la pelota, saldría jugando desde atrás, combinaría los ataques posicionales con las transiciones defensa-ataque, ejecutaría una presión muy alta e intensa tras perder la pelota y se replegaría en lo que hoy se denomina «un bloque medio», con las líneas bien juntitas y cerrando al máximo los espacios para el ataque de los contrarios. No tenía mucho tiempo, porque el 8 de septiembre ya tenía su primer partido, que no era un partido cualquiera. Debía jugar, en el marco de la UEFA Nations League, en Wembley y contra la poderosa Inglaterra de los Pickford, Trippier, Maguire, Stones, Lingard, Shaw, un joven Rashford o Kane, por citar solo a algunos.

El debut se saldó con una importante victoria (1-2), igual que los dos siguientes contra Croacia (6-0), en el Martínez Valero de Elche, y frente a Gales (1-4), en el Principality de Cardiff. Pero las dos primeras derrotas llegaron, consecutivamente, ante Inglaterra (2-3), en el Benito Villamarín y contra Croacia (3-2), en el Maksimir de Zagreb. España acabó segunda del grupo 4 de la UEFA Nations League. La selección levantó cabeza en noviembre, en un amistoso frente a Bosnia-Herzegovina (1-0), en el estadio Gran Canaria de Las Palmas, y empezó la fase de clasificación para la Eurocopa de 2020 venciendo a Noruega (2-1) en Mestalla. Ahora tocaban partidos teóricamente sencillos, en un grupo en el que se clasificaban los dos primeros. Sin embargo, en vísperas del partido del 26 de marzo de 2019 contra Malta, estalló la primera mala noticia: Luis Enrique tenía que abandonar La Valeta «por motivos familiares de fuerza mayor», según se informó desde la federación en una nota en la que se pedía «discreción y respeto por su intimidad».

Más tarde se conoció la razón, de muchísimo peso, por la que el seleccionador había abandonado la isla en un vuelo privado. La tarde del 25 de marzo, Luis Enrique recibió una llamada que nunca habría querido recibir. Las pruebas que le habían hecho a la pequeña Xana, la menor de sus tres hijos, determinaban que padecía un osteosarcoma, un cáncer muy poco común y muy agresivo que acabaría con su vida al cabo de poco más de cuatro meses. El seleccionador pidió a Luis Rubiales que le relevara de sus responsabilidades de manera provisional, hasta ver cómo se desarrollaban los acontecimientos. También le pidió que dejara sus funciones en manos del resto de su equipo técnico, que pasaría a encabezar Robert Moreno. Sin embargo, la crueldad con la que el maldito cáncer ataca a todo el mundo, pero más aún a niños y adolescentes, hizo que el asturiano tuviera que renunciar al cargo el 19 de junio. La enfermedad de Xana hacía temer el peor de los desenlaces y Luis Enrique necesitaba destinar hasta el último gramo de su energía a acompañar a su pequeña de 9 años y arroparla, junto con su esposa, Elena, y sus otros dos hijos, Sira y Pacho. Tal como se temía, Xana falleció dos meses más tarde, el 29 de agosto de aquel 2019.

Durante el periodo de interinidad del seleccionador Robert Moreno y de sus compañeros de equipo, que estuvieron en permanente contacto telefónico con Luis Enrique —daba la impresión de seguir mandando desde la sombra—, España tuvo una trayectoria magnífica, con victorias en Malta (0-2), en las Islas Feroe (1-4) y contra Suecia (3-0). Tras la renuncia definitiva del asturiano, la selección siguió su racha, con nuevos triunfos en Rumanía (1-2) y ante las Islas Feroe (4-0); empates en Noruega (1-1) y en Suecia (1-1), y dos goleadas contra Malta (7-0) y Rumanía (5-0). La selección se había clasificado con holgura para la fase final de la Eurocopa de Naciones de 2020, que iba a celebrarse en un formato inédito: hasta en doce países y estadios del continente. Eso sí, finalmente fueron solo once, porque uno de los anfitriones no pudo finalizar las obras de construcción de su estadio a tiempo.

La clasificación se cerró matemáticamente tras el empate (1-1) en el Strawberry Arena de Solna. Eso sucedió la noche del 15 de octubre. Por aquel entonces, había empezado el runrún que apuntaba a que Luis Enrique podía regresar a la selección en cualquier momento. Y eso tal vez originaría tensiones, porque Robert Moreno consideraba que se había ganado el derecho a dirigir al equipo nacional en la fase final de la Eurocopa, algo que el asturiano no estaba dispuesto a permitir. Y así se lo hizo saber, en persona, en una reunión que mantuvieron parece ser que en Zaragoza. Según cuentan, Luis Enrique fue muy contundente. No solo impediría que el técnico de L'Hospitalet dirigiera a España en la fase final de la Eurocopa, sino que le cerraría la puerta a regresar al puesto de segundo entrenador. Algo más debió de pasar entre ellos, incluso antes de que Moreno hiciera su planteamiento. Sin embargo, eso solo lo saben ellos dos, y cada uno tiene una versión de unos hechos que acabaron por distanciarlos y conducirlos a un divorcio traumático.

Los encuentros del grupo F de clasificación terminaron de disputarse el 18 de noviembre; ese día, Robert Moreno canceló la rueda de prensa posterior al partido contra Rumanía, sin duda porque ya conocía el desenlace final de la historia. Al día siguiente, Luis Rubiales anunció que Luis Enrique volvía «a su puesto de trabajo».

No obstante, el entrenador asturiano no podría dirigir a la selección hasta diez meses después, porque en diciembre se supo que un bicho, que fue bautizado con el nombre de covid-19, aunque popularmente se conociera como coronavirus, había aparecido en la ciudad china de Wuhan. Entonces nadie pudo imaginar el alcance de los contagios, pero, el 30 de enero de 2020, la Organización Mundial de la Salud (OMS) hizo una declaración de emergencia de salud pública y la propia institución confirmó el estado de pandemia el 11 de marzo de aquel año.

En España, el Gobierno presidido por Pedro Sánchez realizó propuestas de confinamiento parcial, por núcleos urbanos, que fueron autorizadas por el Ministerio de Sanidad. Ese fue el caso de las localidades riojanas de Casalarreina y Haro, o, por poner otro ejemplo, el de la ciudad catalana de Igualada, donde se establecieron controles de entrada y salida con la intención de frenar la propagación del virus. También se produjo el cierre de comercios no esenciales y se decretaron aislamientos domiciliarios. Pero el covid-19 no entendía de barreras ni de fronteras, por lo que fue extendiendo su radio de afectación a una velocidad de vértigo. Así, el Congreso de los Diputados aprobó el estado de alarma el 14 de marzo. Del mismo modo, pero en diferentes fechas, actuaron los Gobiernos del resto de los países del mundo.

El fútbol, que tantas veces va por delante, también actuó antes que las instituciones políticas. Sin ir más lejos, la Liga de Fútbol Profesional determinó la suspensión de la Liga Santander y de la Liga SmartBank (Primera y Segunda División) el 12 de marzo. Lo hizo de forma temporal, hasta un nuevo aviso que debería llegar a finales del mismo mes. El avance imparable de la pandemia hizo que la Real Federación Española de Fútbol y la Liga de Fútbol Profesional anunciasen la suspensión indefinida de las competiciones españolas. Y, como ellas, otras instituciones deportivas de otros países y continentes. Unos días después, el 17 de marzo, la UEFA hizo pública su decisión de aplazar la celebración de la Eurocopa de Naciones que debía jugarse en el verano de 2020. También se suspendieron, *sine die*, los encuentros internacionales de clubs y de selecciones programados en el calendario de la temporada. Así, que la *rentrée* de Luis Enrique como seleccionador, prevista para los días 26 y 29 de marzo, con amistosos frente a Alemania y Países Bajos, también tuvo que posponerse.

Sin embargo, como las desgracias nunca viene solas, a la muerte de la pequeña Xana, la ruptura de Luis Enrique con Robert Moreno y la pandemia del coronavirus, habría que añadir nuevos episodios para la tristeza o el desencuentro en aquel mismo 2020. Juan Carlos Unzué, que había dejado el RC Celta de Vigo al finalizar la temporada 2017-18, porque, según el club gallego, el equipo no había respondido a las expectativas de clasificación para disputar un torneo europeo, se comprometió con el Girona FC el 13 de junio de 2019. Firmó un contrato por una temporada, pero con opción a dos más si se alcanzaban determinados objetivos. Pero Unzué se dio cuenta de que a su cuerpo de consumado deportista le pasaba alguna cosa. Se sentía cansado, sufría rampas y dolores en las extremidades. Se puso en manos de médicos. Le hicieron todas las pruebas y muchas más, hasta que en febrero de 2020 le confirmaron que padecía esclerosis lateral amiotrófica (ELA).

Unzué digirió la noticia en familia y con su círculo íntimo de amistades. Pero no fue hasta el jueves 18 de junio de 2020 cuando el protagonista de la mortal enfermedad —suele tener una expectativa de vida de entre tres y cinco años— explicó que padecía ELA. La rueda de prensa se celebró en el Auditorio 1899 del FC Barcelona, club del que había sido jugador y técnico. Con su proverbial entereza, Juan Carlos relató que acababa de firmar contrato «por un equipo modesto, pero muy comprometido: el de los pacientes de ELA. Voy a tener unos cuatro mil compañeros y el mercado de fichajes tiene, por desgracia, mucho movimiento». El anuncio provocó una reacción en cadena de mensajes solidarios, entre ellos el de su todavía amigo Luis Enrique. «No sabe la ELA con quién se ha metido. Más unidos que nunca», dijo el seleccionador español.

Entre unas cosas y otras, la selección de España reanudó su actividad en septiembre de 2020, solo unas semanas después de que fueran aprobadas las vacunas CanSino Biologics, de origen chino y limitada exclusivamente para su uso en el ejército, y la Sputnik V, elaborada por un equipo de científicos soviéticos en el Instituto Gamaleya. En principio, se utilizó únicamente para casos de emergencia. Las empresas farmacéuticas occidentales tardarían algo más en conseguir la aprobación de la Agencia Reguladora de Medicamentos, pero irían llegando al mercado con los nombres de Pfizer-BioNTech, Moderna y Oxford-AstraZeneca. Se estaba en el camino de vencer a la pandemia, y eso permitió que la normalidad pudiera recobrarse, aunque de forma paulatina. Así, el 3 de septiembre de 2020, Alemania y España se enfrentaron en el primer partido del grupo 4 de una nueva edición de la UEFA Nations League. El partido, disputado en el MHP Arena de Stuttgart, acabó en empate (1-1). Tres días más tarde, la selección de Luis Enrique goleó (4-0) a Ucrania, en el que fue el segundo encuentro en el camino hacia la consecución del primer puesto del grupo, con once puntos, dos más que Alemania, a la que se apabulló (6-0) el 11 de noviembre. España había liquidado su clasificación en aquellos tres meses de 2020.

Ya no habría más partidos hasta finales de marzo de 2021. Sin embargo, los sobresaltos no dejaron de sucederse. En diciembre de 2020, Eusebio Sacristán, que había sido uno de los técnicos que dirigió al FC Barcelona y a Luis Enrique, a las órdenes de Frank Rijkaard, sufrió una caída mientras se encontraba con un grupo de amigos. El golpe que se dio en la cabeza fue terrible. Los doctores dictaminaron que sufría un traumatismo craneoencefálico y que había perdido el conocimiento. Tuvieron que intervenirle para reducir un hematoma subdural. Después de tres semanas en coma inducido, Eusebio volvió. «Cuando me desperté, no podía hablar», recuerda. De hecho, el centrocampista de La Seca no reapareció en público hasta febrero de 2023. Hoy se encuentra felizmente recuperado del accidente.

Solo dos meses después, en febrero de 2021 y tras diecisiete temporadas en la Federación Española de Fútbol, el entrenador de porteros José Manuel Ochotorena anunció que abandonaba el puesto, que había compatibilizado con esas mismas funciones en el Valencia CF.

Ochotorena se marchó de manera elegante y discreta. Le sucedió el gallego José Sambade, que apenas estuvo cinco meses en el puesto. Se marchó en julio de 2021, después de que se celebrase la Eurocopa de Naciones. Pero Sambade no se marchó en silencio. Dijo pocas cosas, aunque muy directas: «Ha sido la peor etapa de mi carrera. Me gusta Luis Enrique como entrenador. Como persona, discrepo bastante». No era el primero, ni tampoco sería el último. Porque en el mundo del fútbol, como en la vida, no todo el mundo decide callarse.

Otro que decidió hablar fue Jesús Casas, segundo de Luis Enrique en la selección después de que Robert Moreno fuera defenestrado. Casas, que había formado parte del equipo técnico de Lucho durante muchos años, en el Barça y en la selección, renunció a continuar en su puesto en febrero de 2022. El técnico madrileño se soltó la lengua en diversos medios de comunicación, tanto escritos como audiovisuales. «Cuando aparecen las dudas, es mejor separar los caminos», indicó, antes de puntualizar que «no hubo ninguna bronca, pero ninguno de los dos estaba cómodo». La frase más llamativa, en forma de metáfora, llegó a través de la prensa digital: «Fue como un divorcio, pero él se queda con la casa, los niños y el coche». En noviembre, Casas se convirtió en seleccionador de Irak, donde sustituyó al holandés Dick Advocaat. Firmó su contrato por cuatro años, hasta el 31 de diciembre de 2026. Luis Enrique no felicitó a su exayudante por el nombramiento.

25

Una Eurocopa y un Mundial atípicos

> Siento que viene una extraña
> enfermedad: la humildad.
>
> FRANK LLOYD WRIGHT*

Finalmente, la Eurocopa se disputaría entre el 11 de junio y el 11 de julio de 2021 con los veinte equipos que ya habían logrado la clasificación y los cuatro que estaban pendientes de disputar las eliminatorias de repesca que se aplazaron por culpa de la pandemia del coronavirus. A Luis Enrique, por lo tanto, iban a prorrogarle el contrato, ahora hasta el 30 de junio de 2023. Así pues, tendría la posibilidad de dirigir la Eurocopa de Naciones y el Mundial más atípicos de la historia. La Eurocopa, porque se disputaría un año más tarde de lo previsto y, por primera y única vez desde su creación, en once países/ciudades/estadios distintos. Y el Mundial de Catar porque también por primera vez, desde Uruguay 1930, se celebraría fuera de sus fechas habituales, en este caso entre el 20 de noviembre y el 18 de diciembre de 2022. Sí, en noviembre y diciembre, cuando en muchos países ya viven con abrigo. Pese a que los estadios estaban construidos y contaban con aire acondicionado, hubiera sido una locura —de hecho, la designación fue una locura— disputar la competición en pleno verano y a unas temperaturas de más de cuarenta grados a la sombra. Y poca sombra hay en el de-

* Frank Lloyd Wright (Richland Center, 1867-Phoenix, 1959) fue arquitecto, diseñador de interiores, escritor y educador; destacó por su vocación vanguardista. Ocho obras suyas se consideran Patrimonio de la Humanidad de la Unesco.

sierto, por mucho que se construyan rascacielos y se planten palmeras.

Luis Enrique se puso manos a la obra con vistas a los nuevos objetivos. Se le venían por delante los partidos de clasificación para el Mundial, la fase final de la Eurocopa de Naciones, la final a cuatro de la UEFA Nations League y la nueva liguilla de clasificación para la siguiente edición del penúltimo invento de la UEFA. Así, en marzo de 2021, afrontó los tres primeros compromisos premundialistas ante Grecia (1-1), en Georgia (1-2) y contra Kosovo (3-1). Tras dos meses sin partidos, España solo pudo jugar un amistoso antes de empezar su andadura por la fase final de la Eurocopa 2020 —el nombre se mantuvo en todo momento—. Ese encuentro no oficial se saldó con un empate (0-0) ante Portugal.

En principio, la fase final de la Eurocopa debía disputarse en doce países, ciudades y estadios distintos, como decíamos anteriormente. Pero Bruselas se cayó del cartel porque no tuvo tiempo de acabar las obras de su Eurostadium. La UEFA, por otra parte, descartó la sede de Bilbao y trasladó los partidos que debían celebrarse en territorio español a La Cartuja de Sevilla. Las otras sedes asignadas fueron el Allianz Arena de Múnich (Alemania), el Estadio Olímpico de Bakú (Azerbaiyán), el Parken Stadion de Copenhague (Dinamarca), el Hampden Park de Glasgow (Escocia), el Ferenc Puskás Stadium (Hungría), el Aviva Stadium de Dublín (Irlanda), el Estadio Olímpico de Roma (Italia), el Johan Cruyff Arena de Ámsterdam (Países Bajos) y el Estadio Krestovski de San Petersburgo (Rusia). La final y las semifinales quedaron reservadas para Wembley (Inglaterra). Los protagonistas iban a cubrir distancias muy largas y, en algunos casos, con vuelos interminables para unas piernas ya cansadas.

España había quedado encuadrada en el grupo E; aunque empezó con dos empates consecutivos ante Suecia (0-0) y Polonia (1-1), goleó a Eslovaquia (0-5) y se metió en las rondas eliminatorias. En octavos, superó a Croacia (3-5), y en cuartos eliminó a Suiza (1-1 y 1-3 en los penaltis). La semifinal del 7 de julio iba a ser contra Italia, una selección de infausto recuerdo para Luis Enrique. En el Mundial de Estados Unidos de 1994, Mauro Tassotti le rompió la nariz de un codazo, el árbitro no vio la agresión, que se produjo dentro del área, y España quedó eliminada (2-1) en los cuartos de final. Ahora no estaba Tassotti, y el asturiano dirigía desde el banquillo a la selección, donde no es normal que la sangre llegue al río. El partido acabó en empate (1-1), con goles de Federico Chiesa y Álvaro Morata, los dos en la segunda parte. La prórroga no resolvió nada, por lo que se llegó a la tanda de penaltis. Ahí perdimos (4-2), porque Dani Olmo falló el primer lanzamiento de España, y Morata, el cuarto.

Luis Enrique se mostró orgulloso de sus jugadores: «Hemos sido un equipo de principio a fin. En el deporte hay que saber perder y ganar. Se aprende más perdiendo, y hay que felicitar al rival, porque ha ganado. Hay que enseñar a los niños que, cuando se pierde, se felicita al que ha ganado». Por aquel entonces, el seleccionador ya le estaba dando vueltas a la idea de iniciar una experiencia como *streamer*; después de tantos años compitiendo al más alto nivel, empezaba a dar consejos relacionados con el fútbol formativo. En esa función, que compatibilizó con la de entrenador, tuvo un éxito extraordinario. Estrenó su cuenta de Twitch el 18 de noviembre de 2022; antes de finalizar ese mes, ya tenía setecientos cuarenta mil seguidores.

Dos meses después de caer a las puertas de la final de la Eurocopa, la selección volvía a la competición, esta vez con encuentros de la fase de clasificación para el Mundial de Catar. Entre el 2 y el 8 de septiembre de 2021, se enfrentaría a Suecia (2-1) en Solna, a Georgia (4-0) en Badajoz, y a Kosovo (0-2) en Prishtine. España enfilaba su objetivo para coronarse como primero del grupo B y conseguir el billete para la fase final, pero le quedaban dos partidos trascendentes para el mes de noviembre. La selección de Luis Enrique ganó el 11 de noviembre a Grecia (0-1), en Atenas, y el día 14 superó a Suecia (1-0) en La Cartuja. El equipo nacional consiguió el primer puesto: diecinueve puntos, cuatro de ventaja sobre Suecia.

Un mes antes de cerrar la clasificación para el Mundial, Luis Enrique debía afrontar un nuevo reto. En noviembre de 2020 —la gente parecía haberlo olvidado—, España se había metido en la final four de la UEFA Nations League. Los aspirantes al título, que se iba a disputar en San Siro (Milán) y en el Allianz Stadium (Turín), eran Bélgica, España, Francia e Italia. A la Roja le esperaba la misma selección italiana que la había apartado de la final de la Eurocopa de Naciones del 11 de julio de 2021. Como era de esperar, todos los integrantes del combinado español querían sacarse la espina de la última confrontación, y el seleccionador quería propinarle un codazo —metafórico, pero codazo a fin de cuentas— a una Italia que, personalmente, nunca se ha quitado de la cabeza desde el episodio con Tassotti.

Esta vez, el 6 de octubre de 2021, España apabulló a los transalpinos, aunque el resultado (1-2) no reflejara la superioridad de una selección que llegó al descanso con media clasificación en el bolsillo, gracias a los dos goles de Ferran Torres. El equipo dominó de principio a fin —con una posesión efectiva del 75 por ciento— y fue capaz de enmudecer al público de San Siro. Solo en los últimos compases del encuentro, después de que Pellegrini marcase el gol de los italianos, rugió la marabunta. La selección se había clasificado para la final, y Luis Enrique, por fin, podía optar a su primer título como seleccionador desde que llegara a la Federación Española en julio de 2018. Sin embargo, desafortunadamente, se quedó con la miel en los labios, a pesar de que la noche del 10 de octubre volvió a dominar a su adversario y otra vez la selección se adelantara en el marcador, por medio de un tanto de Mikel Oyarzabal. España perdió (1-2). Los goles de Benzema y Mbappé le dieron la victoria a Francia.

Después de la Nations League y de los partidos de noviembre que clasificarían a España para el Mundial de Catar, el fútbol internacional de selecciones nacionales se dispuso a hibernar, como todos los años por aquellas fechas. Hasta el mes de marzo no llegarían nuevas convocatorias ni se afrontarían más partidos. Luis Enrique, que había ido rejuveneciendo su equipo con convocatorias de gente joven como Unai Simón, Pau López, Pedro Porro, Gavi, Pedri, Bryan Gil, Dani Olmo, Brais Méndez, Ansu Fati, Yeremy Pino o Nico Williams, había hecho añicos la vieja costumbre de que España utilizara mayoritariamente a jugadores del FC Barcelona y del Real Madrid para formar la base de sus equipos. El entrenador asturiano hizo debutar a treinta y dos jugadores.

En marzo de 2022, la selección volvió a la carga con dos amistosos ante Albania e Islandia, saldados ambos con victorias. Poco podía ensayarse cuando la nueva edición de la UEFA Nations League no empezaría a disputarse hasta el mes de junio. Quién iba a pensar que aquel torneo, inventado con afán recaudatorio, iba a convertirse en el banco de pruebas y en una magnífica herramienta para preparar el Mundial de Catar. España disputó un total de siete partidos —seis de la Nations y un amistoso—, y obtuvo un balance de cuatro victorias, dos empates y una derrota, después de enfrentarse a Portugal, Chequia, Suiza, por dos veces con cada una, y Jordania, solo seis días antes del debut frente a Costa Rica (7-0) en el Al-Thumama Stadium de la ciudad catarí del mismo nombre. Fue una auténtica exhibición.

Sin embargo, todo el mundo sabe que las cosas nunca son como empiezan, sino como acaban. Y, en este caso, acabaron muy mal. La selección de Luis Enrique no volvió a ganar un encuentro. Empató (1-1) con Alemania y perdió (2-1) ante Japón. Y aunque sus cuatro puntos le permitieron clasificarse para la ronda de octavos de final, España se tropezó ante Marruecos (0-0 y 3-0 en los penaltis) la noche del 6 de diciembre de un 2022 que terminaba sin títulos y que supondría el final de la etapa, partida por el rayo de la muerte de la pequeña Xana, del seleccionador español.

Es probable que Luis Enrique se equivocara al no presentar su dimisión en la rueda de prensa posterior al partido frente a Marruecos. Cuentan quienes le conocen bien que se le pasó por la cabeza, pero que no lo hizo porque entre Luis Rubiales y él había algo más que una relación profesional. Es probable que, de alguna manera, Luis Enrique se sintiera en deuda con su presidente. En cambio, Rubiales no tuvo en cuenta que, envuelto en numerosos escándalos, el entrenador asturiano le había hecho de pararrayos en más de una ocasión. El 9 de diciembre de 2022, no tuvo el menor reparo ni escrúpulo para utilizar a Luis Enrique como cortina de humo y para tapar unas miserias que aún se harían más visibles —y de mayor tamaño— hasta su forzosa dimisión como presidente de la Real Federación Española de Fútbol, tras la final del Campeonato del Mundo femenino de 2023 y el beso no consentido a Jenni Hermoso.

26

A la conquista de París

> La grandeza de un hombre está en relación directa con la evidencia de su fuerza moral.*
>
> JOHN FITZGERALD KENNEDY

Luis Enrique se marchó sin hacer ruido, como correspondía a la cura de humildad que había sufrido en su segunda etapa como seleccionador. Pero se despidió con una entrañable carta de agradecimiento a todos. Desde Luis Rubiales y el director deportivo de la Federación Española de Fútbol, que ahora era José Francisco Molina, hasta el último de los jugadores que había formado parte de sus convocatorias, pasando por el personal auxiliar del equipo y los aficionados. No se olvidó ni del responsable externo de la organización de los viajes de la selección. «Siento no haber podido ayudaros más», se leía en una de las líneas de su misiva. Y finalizaba la carta con una reflexión de calado: «Lo que necesita la selección es apoyo, en todo su significado, para que Luis de la Fuente consiga todo lo que se proponga». Rubiales había tardado cero coma en nombrar al sustituto del seleccionador, y Lucho se marchaba con grandeza.

En aquellos momentos, el entrenador asturiano no sabía cuál sería su futuro inmediato. Aunque dirigir a un equipo nacional no era

* John Fitzgerald Kennedy (Brookline, 1917-Dallas, 1963). Político estadounidense y miembro del Partido Demócrata, se convirtió en el trigésimo quinto presidente de Estados Unidos en 1960. Asumió el cargo en enero de 1961. Murió asesinado en 1963, supuestamente por Lee Harvey Oswald. El Comité Selecto de la Cámara sobre Asesinatos concluyó en 1979 que la muerte del presidente Kennedy pudo estar relacionada con una conspiración.

lo mismo, ni desgastaba tanto como llevar las riendas de un club grande, su cabeza aún no había tenido tiempo de pensar en el futuro. Él y todos sabíamos que, tan pronto como tuviera puesto el cartel de libre, no cesarían de lloverle ofertas y que tendría dónde escoger. Los que le conocíamos estábamos convencidos de que un tipo tan habituado a asumir retos de calado escogería la opción más arriesgada, la que le exigiera mayor esfuerzo y dedicación. El paso de los años le había llevado a olvidarse de batir marcas en las pruebas de ultrarresistencia y a concentrar sus esfuerzos en objetivos que exigieran más la respuesta física de sus jugadores que la suya propia.

Por supuesto que Luis Enrique tuvo muchas ofertas y muy buenas, pero se decantó por la del Paris Saint-Germain porque nadie había sido capaz de convertir al primer equipo de fútbol de la capital francesa en un grande de Europa y del mundo. El desafío le seducía mucho.

Fundado en 1970, tras la fusión del Paris FC y el Stade Saint-Germain, ninguno de sus entrenadores había sido capaz de imprimir al club —casualmente, azulgrana— la pátina de grandeza con la que todos querían vestir al equipo de la capital de la república de la libertad, la igualdad y la fraternidad. Nada de todo eso valía para nada en el mundo del fútbol si no se revestía de la *grandeur de la France*. Vamos, que el reto jamás alcanzado por mitos como Just Fontaine, Gerard Houlier, Tomislav Ivić, Henri Michel, Artur Jorge, Luis Fernández, Alain Giresse, Guy Lacombe, Paul Le Guen, Carlo Ancelotti, Laurent Blanc, Thomas Tuchel o Christophe Galtier era lo suficientemente excitante como para aceptarlo.

Es cierto que el Paris Saint-Germain había tomado impulso a partir de 2011, cuando Qatar Investment se convirtió en accionista mayoritario del club. Pero como siempre me ha recordado mi buen amigo Paulo —un hombre que nació en la colonia portuguesa de Angola y que, pese a tener pasaporte comunitario, siempre presume de ser africano—, «el dinero no es lo más importante». Después de perder la Ligue 1 con Ancelotti, el grupo catarí echó el resto y compró hasta la última de las acciones, con lo que se convirtió en lo que ha dado en llamarse «un club-Estado». Las inversiones multimillonarias que requirieron las incorporaciones de futbolistas como Thiago Silva, Ezequiel Lavezzi, Zlatan Ibrahimović, Marco Verratti, David Beckham, Ángel Di María, Edinson Cavani, Gianluigi Buffon, Keylor Navas, Sergio Ramos, Neymar, Lionel Messi o Kylian Mbappé, por citar solo a los más afamados, fueron suficientes para ganar torneos domésticos en un país lleno de estadios vacíos y sin demasiada competencia por los títulos, pero insuficiente para ir más allá de los tripletes internos —Ligue 1, Coupe de la France y el Trophée des Champions, como denominan pomposamente a su Supercopa—, como los tres consecutivos que ganaron Laurent Blanc y Unai Emery entre las temporadas 2014-15 y 2017-18.

Presidente del PSG desde octubre de 2011, Nasser bin Ghanim Al-Khelaïfi era un extenista acostumbrado a competir individualmente; aunque en su faceta de dirigente deportivo y empresario se le suponía más dado a tomar las decisiones por consenso entre sus consejeros más próximos, estaba obsesionado con ganar la Champions League. Cada temporada invertía millones y más millones en su proyecto, convencido de que ese camino le llevaría a la gloria. Pero estaba muy equivocado. Los nombres y las montañas de euros no sirven de nada si detrás no hay una filosofía, un modelo, un estilo y, lo más importante, una unidad de acción. Porque el fútbol es, como todos los deportes de equipo, un juego en el que desde el primero al último deben poner el interés colectivo por delante del lucimiento individual, y en el que, tanto en las fases ofensiva como defensiva y en sus correspondientes transiciones, nadie puede olvidarse de sus obligaciones ni por un segundo. Y eso Luis Enrique lo entendía y lo practicaba.

Así, con el propósito de convertir al PSG en un verdadero equipo y no en el grupo de individualidades que era, el técnico asturiano firmó su contrato el 5 de julio de 2023. De hecho, hacía algunos días que su incorporación al club parisino se daba por segura y, como él mismo confirmaría en la rueda de prensa de su presentación, ya llevaba algún tiempo trabajando en la confección de la plantilla con el director deportivo del club, Luis Campos. La firma se retrasó un poco porque, antes de presentar a su octavo entrenador, el poderoso

Nasser Al-Khelaïfi tenía que resolver el contrato de Christopher Galtier, que acababa de ganar la Ligue 1 y el rimbombante Trophée des Champions (o sea, la Supercopa francesa).

Luis Enrique no habló demasiado en su primera intervención ante los periodistas. Se limitó a confirmar que su Paris Saint-Germain iba a contar una «mentalidad ofensiva innegociable» y que tenía la certeza de que podría disponer de «una plantilla competitiva». Como no podía ser de otra manera, le preguntaron por Kylian Mbappé y su continuidad en el club más allá de los Juegos Olímpicos de París. El Real Madrid llevaba tiempo detrás de su contratación y, aparte de las cuestiones estrictamente deportivas del asunto, Mbappé se había convertido en una cuestión de Estado. Unos días antes de que Luis Enrique se comprometiera con el Paris Saint-Germain, el presidente de la República Francesa había manifestado públicamente que iba «a presionar a Mbappé» para que siguiera. Aquella no sería la primera ni la última vez que Emmanuel Macron haría unas manifestaciones parecidas. Ya se había expresado en idénticos términos un año antes y volvería a hacerlo tras reunirse con el jugador en el Palacio del Eliseo, en febrero de 2024.

El contrato de Mbappé finalizaba el 30 de junio de 2024 y el futbolista se negaba sistemáticamente a renovarlo. Cuando los periodistas le preguntaron a Luis Enrique por el tema, se los quitó de encima diciendo que «es un secreto profesional». En cambio, Al-Khelaïfi no tuvo reparo en expresar cuál era la postura del club: «Nuestra posición es muy clara y no voy a repetirla». Pero la repitió cuando dijo con rotundidad que «si quiere quedarse, se queda, pero tiene que renovar. No podemos dejar que se vaya gratis, y eso es lo que prometió al club». Las partes, sin embargo, estaban enrocadas en sus posturas y ahora había que pensar en un proyecto que Luis Enrique se había comprometido a dirigir hasta el 30 de junio de 2025.

El Paris Saint-Germain volvió a las andadas de las inversiones millonarias, a pesar de las advertencias que venía recibiendo de las organizaciones deportivas francesas, europeas y mundiales por excederse en sus gastos, contraviniendo las normas del *fair play* financiero y sobrepasando los niveles de masa salarial que le correspondían. Aunque a Al-Khelaïfi le importaba tres pitos. Si le ponían una multa, la pagaba. Y si le apretaban mucho, conseguía que Catar acabara patrocinando las competiciones más importantes, aportando muchísimo dinero al ingente negocio de la Ligue 1, la UEFA y la FIFA. Es más: acabaría por convertir a Gianni Infantino, presidente de la federación internacional, en ciudadano catarí.

En cualquier caso, el PSG fichó para la temporada 2023-24 a Randal Kolo Muani (95 millones), Gonçalo Ramos (65), Manuel Ugarte (60), Ousmane Dembélé (50), Lucas Hernández (45), Bradley Barcola (45), Hugo Ekitiké (28,5), Kang-in Lee (22), Lucas Beraldo (20), Gabriel Moscardó (20) y Xavi Simons (4). Además, incorporó a Marco Asensio, Arnau Tenas y Cher Ndour, todos ellos libres. En total, una inversión de unos cuatrocientos cuarenta y cinco millones de euros y catorce incorporaciones. Unas cifras que solamente se permiten manejar en el fútbol actual las entidades que están en manos de Estados, multinacionales o fondos de inversión muy poderosos.

También es cierto que Luis Campos y Luis Enrique tuvieron que hacer huecos en la plantilla para dar cabida a tanto futbolista y que, para ello, se desprendieron de jugadores que, habiendo sido importantes en los años anteriores, tenían la mancha indeleble de no haber ganado el único trofeo que parecía importarle a Nasser Al-Khelaïfi: la Champions League. De uno en uno, sin prisa, pero sin pausa, se despidieron Neymar (90 millones), Marco Verratti (45), Abdou Diallo (15), Julian Draxler (9) y Georgino Wijnaldum (8), curiosa y hasta sospechosamente a las ligas saudita y catarí, y El Chadaille Bitshiabu (15), Mauro Icardi (10), Junior Dina Ebimbe (6,5) y Leandro Paredes (5,65). Unos millones que, obviamente, no alcanzaban a cubrir ni la mitad del gasto realizado, pero que aliviaban mucho a Lucho en el trabajo que se disponía a realizar desde su nueva atalaya de París..., porque el asturiano nunca ha renunciado a dirigir los entrenamientos desde las alturas.

Luis Enrique llegó a París con su equipo habitual, excluidos, claro está, aquellos que se habían ido quedando por el camino. Seguían a su lado Rafel Pol, Joaquín Valdés y Aitor Unzué —hijo de Juan Carlos—, que ya se había incorporado a la selección española como analista. Además, se sumaron al staff los preparadores físicos Pedro Gómez y Alberto Piernas, ambos procedentes del Granada CF, y el entrenador de porteros Borja Álvarez, que venía de trabajar como responsable del entrenamiento de los porteros del FC Andorra de Gerard Piqué. En el núcleo duro de los colaboradores del asturiano entraría un único técnico francés, Jean-Luc Aubert, que se convertiría en el segundo entrenador de porteros.

La pretemporada empezó con cinco partidos amistosos, en los que participaron prácticamente todos los integrantes de la plantilla. El equipo ganó al Le Havre, empató con el Al-Nassr, perdió con el Cerezo Osaka y el Inter, y cerró la serie de amistosos con un triunfo ante el Jeonbuk. En aquellos momentos, lo menos importante eran los resultados. Luis Enrique quería que los jugadores asimilaran los cambios que el equipo necesitaba para cumplir con sus objetivos de competir al máximo nivel continental. El equipo, dispuesto en 1-4-3-3, tenía que ser intenso y ofensivo, pero también sólido y equilibrado. Sin embargo, en el comienzo de la Ligue 1, el PSG empató (0-0) en el Parque de los Príncipes y empató (1-1) en Toulouse. A pesar de ello, se hacía evidente que el proyecto iba tomando forma y que no tendría problemas para ganar las competiciones francesas.

La Champions League era otra historia, por mucho que todo fuera alcanzando velocidad de crucero. El sorteo encuadró al PSG en el grupo F, con Borussia de Dortmund, Newcastle y Milan. El equipo de Luis Enrique ganó dos partidos, empató dos y perdió los otros dos, con goleada (4-1) ante las urracas. Aun así, acabó segundo, por los pelos, empatado a ocho puntos con un Milan al que superó por la diferencia particular y general de goles. De algo tenía que servir la vocación ofensiva que el entrenador asturiano estaba inculcando a sus jugadores. En el sorteo de octavos le tocó enfrentarse a la Real Sociedad, a la que le ganó los dos encuentros (2-0 en París y 1-2 en el Reale Arena). En el partido de ida, se llegó al descanso con un empate sin goles. Cuando entró en el vestuario, el asturiano reunió a los jugadores. Habló mientras daba vueltas alrededor de una gran mesa, situada en el centro de aquel espacio. Gritaba y gesticulaba mucho. En un momento dado, barrió con su brazo un montón de botellas de agua que había sobre la mesa. Saltaron todas por los aires. También barrió de un plumazo los imanes de una pizarra que tenía a sus espaldas. ¿Qué le pasaba? Pues que no le gustaba nada lo que estaba viendo. ¿Cuál fue el mensaje? «Mira, si tengo que quedar eliminado de la Champions, quedo eliminado. No pasa nada. Pero va a ser jugando al fútbol. Jugando al fútbol, ¿sí?». Había montado aquel escándalo porque no le gustaba cómo estaba presionando su equipo.

Tras eliminar a la Real Sociedad, a Luis Enrique se le vino encima la eliminatoria que nunca hubiera querido. Su equipo tenía que enfrentarse en los cuartos de final al FC Barcelona de Xavi Hernández, con la vuelta en Montjuïc. El 10 de abril, el Parque de los Príncipes se llenó de esperanza. El PSG había crecido y, aunque pesaban el recuerdo de la remontada barcelonista de 2017 y las posteriores eliminaciones contra el Real Madrid (octavos de 2018), Manchester United (octavos de 2019), Bayern de Múnich (final de 2020, con cuartos de final, semifinal y final concentrados en Lisboa por la pandemia), Manchester City (semifinal de 2021), Real Madrid (octavos de 2022) y Bayern de Múnich (octavos de 2023), el PSG había mejorado y estaba en una dinámica muy positiva. Pero sobre los parisinos, sobre todos, cayó un buen jarro de agua fría. El Barça se adelantó con un gol de Raphinha, el PSG remontó con tantos de Dembélé y Vithina, pero, en la última media hora, de nuevo Raphinha y finalmente Christensen cerraron (2-3) un partido que le daba a la eliminatoria cierto color azulgrana.

Sin embargo, si alguien conocía al FC Barcelona y sabía cómo devolverle el golpe ese era Luis Enrique. Desde el mismo momento en que finalizó el encuentro de ida, se puso manos a la obra. Cada minuto de entrenamiento estaba diseñado para ganar en Montjuïc, cada palabra que el técnico pronunció en aquellas dos semanas tenía el objetivo de meter en la cabeza de sus futbolistas qué y cómo debían hacerlo. En la charla previa, recordó todo lo que se había trabajado desde la derrota del Parque de los Príncipes. Entre todos los *inputs*, envió uno muy especial a Mbappé: «Y este es un mensaje para Kiki. Lo quiero hacer delante del grupo. Este puede ser el último partido de la temporada en la Champions. La vida es así. No pasa nada. Esto es fútbol, es la vida. No se gana siempre en la vida. Se gana y se pierde. Pero Kiki hoy nos va a liderar en lo que es la defensa. Kiki, tienes que marcar una zona, una zona para que no jueguen este pase aquí...».

No era la primera vez que se dirigía a Mbappé en una charla de vestuario para recordarle que él también tenía que defender. Una vez le dijo: «Yo he leído que te gustaba Michael Jordan. Cogía de los huevos a todos sus compañeros y se ponía a defender como un hijo de puta. ¿Para qué? Para ser un líder. Porque tú piensas que tienes que marcar goles. Claro. Tú eres un fenómeno y un top mundial. Ninguna duda. Pero a mí no me vale eso. Un líder de verdad es el que, cuando no nos puede ayudar con los goles, nos ayuda en todo lo defensivo. Coges así: chavales, línea defensiva, quedaos ahí cuatro, que yo voy a coger a mis dos compañeros... Porque si tú solo presionas, es la hostia, pero si encima coges a Ousmane y te pones tú como ejemplo a presionar, ¿sabes lo que tenemos?, una puta máquina de equipo. Eso es lo que yo quiero que hagas tú como líder aquí. Atacando no hay nadie como tú. Ya lo sé. Pero el día que tú no ataques, tienes que ser el mejor jugador de la historia defendiendo. Eso es un líder. Eso es Michael Jordan».

Aquel 16 de abril, el PSG empezó perdiendo, con otro gol de Raphinha. El Barcelona ya tenía dos tantos de ventaja. Pero los franceses se hicieron con el control del partido, la posesión de la pelota y las mejores ocasiones de gol, triplicando en número de remates a los azulgrana. Dembélé empató poco antes del descanso, Vitinha igualó la eliminatoria y, miren por dónde, Mbappé sentenció el partido (1-4) con dos goles, uno de ellos de penalti y otro en una transición que se inició con un robo suyo de balón, en una acción idéntica a la que Luis Enrique había hecho referencia en la charla táctica. ¿Recuerdan? «Tienes que marcar una zona, una zona para que no jueguen este pase aquí», le había dicho.

El PSG estaba en las semifinales. Acariciaba su objetivo. Luis Enrique siguió con su plan y con sus discursos motivadores. Cierto día llegó a decirles: «¿Vosotros habéis marcado en Wembley? Yo sí». Pero su equipo todavía estaba a medio hacer y ahora debía enfrentarse al Borussia de Dortmund, un conjunto complicado de batir, con una defensa muy sólida, un centro del campo muy poblado —dos pivotes y tres mediapuntas— y dos puñales como Jadon Sancho y Karim Adeyemi atacando por banda cuando recuperaban la pelota. Los partidos se jugaron el 1 de mayo en el Signal Iduna Park alemán y el 7 de mayo en el Parque de los Príncipes. El PSG perdió (1-0) en la ida, con un solitario gol de Niclas Füllkrug, un veterano delantero centro de 1,88 metros de estatura y tan fuerte como para ser capaz de ganarles duelos a Marquinhos y Lucas Hernández, los dos centrales del equipo francés. La clasificación para la final quedaba en el aire y todo hacía pensar que los hombres de Luis Enrique podrían darle la vuelta a la eliminatoria y plantarse en la final que iba a jugarse en Wembley. Sin embargo, el Dortmund se hizo fuerte en defensa y repitió resultado (0-1), ahora con un gol del defensa central Mats Hummels.

El sueño de conquistar la Champions League seguía siendo una asignatura pendiente para el PSG. El consuelo, insuficiente, pero consuelo a fin de cuentas, es que los parisinos se habían hecho, de la mano de Luis Enrique, con otro triplete doméstico y que Nasser Al-Khelaïfi estaba lo bastante satisfecho como para dejar la toma de decisiones en manos de su director deportivo y de su entrenador. Un tándem bien avenido que empezó a preparar la siguiente temporada con el alma en vilo por la enfermedad de Raquel, la esposa de Rafel Pol, y con el ojo puesto en las obras de la nueva ciudad deportiva que el club estrenaría en noviembre. Una obra espectacular que recibiría el nombre de Campus Paris Saint-Germain y se convertiría en uno de los mejores centros deportivos jamás construidos.

27

Un triplete inesperado

La revolución nunca va hacia atrás.

WILLIAM HENRY STEWARD*

Hasta aquel momento, Nasser Al-Khelaïfi había tenido muy poca paciencia con sus entrenadores. Qatar Investment y las instituciones que le prestaban apoyo económico habían invertido muchos cientos de millones de euros en los proyectos de Carlo Ancelotti (2011-13), Laurent Blanc (2013-16), Unai Emery (2016-18), Thomas Tuchel (2018-20), Mauricio Pochettino (2021-22) y Christophe Galtier (2022-23). Todos ellos ganaron títulos, y algunos hasta se hartaron de conquistar trofeos. Blanc fue el más longevo y el más galardonado. En tres temporadas ganó en tres ocasiones la Ligue 1, dos veces la Coupe de la France, otras dos la Coupe de la Ligue y en tres ocasiones el Trophée des Champions. Y ni siquiera así pudo salvarse de pasar por la guillotina particular de un tipo que consiguió ser ministro sin cartera de su país, miembro del Comité Ejecutivo de la UEFA, presidente de la ECA (Asociación Europea de Clubs), presidente de la Federación de Tenis de Catar y presidente de la Federación Asiática de Tenis.

* William Henry Steward (Brandenburg, 1847-Louisville, 1935). Activista por los derechos civiles, fue el primer cartero negro de Kentucky. Su papel en numerosas asociaciones políticas le llevó a ser nombrado juez de Registro y Elección en uno de los distritos electorales de su estado. Fue elegido presidente de la Asociación de la Prensa Afroamericana y, posteriormente, del Consejo Nacional Afroamericano.

Sin embargo, algo extraordinario había pasado con Luis Enrique en su primera temporada en el Paris Saint-Germain. El entrenador asturiano seguía siendo (casi) el mismo de siempre. Mantenía la filosofía, el modelo de juego y el método, con las lógicas variantes que han convertido a sus equipos en poco o nada previsibles. Continuaba teniendo sus mismas fobias y filias hacia los periodistas. Seguía dirigiendo sus entrenamientos desde una plataforma elevada. Y no había perdido ninguna de sus costumbres habituales, como las de practicar running o darles a los pedales de sus bicicletas. Al-Khelaïfi, en cambio, había dado un giro radical. Él, que siempre había fiscalizado el trabajo de sus directores deportivos y entrenadores, hasta el punto de intervenir directamente en las decisiones sobre los fichajes, se había dejado convencer por Luis Enrique de que los equipos no se construyen a golpe de talonario, sino con jugadores de equipo. Tanto era así que el catarí acabó convirtiendo en dogma de fe propio la idea de que Kylian Mbappé era más un estorbo que otra cosa en el camino para ganar la Champions League.

Cuando se anunció el fichaje de Mbappé por el Real Madrid, Luis Enrique fue interrogado en rueda de prensa acerca de las consecuencias de la marcha del jugador francés. Uno de sus habituales enemigos íntimos le preguntó si creía que el Paris Saint-Germain podía ir a más sin el delantero. La respuesta fue una suerte de premonición: «¿Que si creo que puedo mejorar al equipo el próximo año? Sin ninguna duda. El hecho de tener a un jugador que se movía por donde él quería implicaba que hubiera situaciones de juego que yo no controlaba. El año que viene las voy a controlar todas. Todas sin excepción». Algunos le tomaron por loco y pensaron que Lucho se había tirado a la piscina vestido de esmoquin, que Mbappé iba a potenciar la candidatura del Real Madrid a conquistar su decimosexta Champions League y que, en consecuencia, las opciones del Paris Saint-Germain iban a disminuir.

A pesar de sus insinuaciones respecto a que no hacía falta comprar jugadores con un alto valor de mercado, como Al-Khelaïfi había hecho hasta entonces, el club acudió a los mercados de fichajes de verano y de invierno de la temporada 2024-25, segunda de Luis

Enrique en el club, con el talonario en la mano. Es cierto que se traspasó a jugadores como Xavi Simons, Manuel Ugarte, Hugo Ekitiké, Danilo Pereira y Cher Ndour, y que se dejó marchar a Kolo Muani, Juan Bernat, Marco Asensio, Carlos Soler y otros futbolistas, o bien a préstamo, o bien con la carta de libertad. El PSG ingresó por esas salidas 141,5 millones de euros. Sin embargo, la inversión en los refuerzos fue muy superior. Entre julio y agosto llegaron João Neves (60 millones), Désiré Doué (50), Willian Pacho (40) y Matvey Safonov (20), mientras que en enero se contrató a la guinda del pastel, Khvicha Kvaratskhelia (70 millones). Pero todo ese dispendio no tendría la menor importancia si, como había dicho Luis Enrique, el equipo mejoraba y era capaz de darle a su presidente y la afición el título de la Champions. No obstante, si fracasaba en el intento, el técnico asturiano era perfectamente consciente de que también a él le pasarían por la misma guillotina que a todos sus predecesores.

Es muy probable que nadie creyera tanto en sus capacidades como él mismo y que muchos pensaran que las cosas no serían como había pronosticado Luis Enrique. Sin embargo, cuando conviven el reto y la motivación, lo que parece difícil o incluso imposible puede hacerse realidad. No sé exactamente cuándo ni en qué contexto lo dijo, pero vale la pena recordar una respuesta del entrenador asturiano en una de sus comparecencias ante los medios de comunicación, porque esas cuatro frases resumen a la perfección lo que siempre ha pasado y sigue pasando por la cabeza de Luis Enrique desde que llegó a París: «Mi mayor motivación es hacer historia en París. Eso significa dar una alegría increíble a un país, a una ciudad y a un club que tienen un nivel altísimo. Y ser los primeros [en ganar la Champions] tiene algo de excepcional que es lo que más me motiva. El resto forma parte del camino».

Y el camino que empezaba el 16 de agosto de 2024 iba a estar plagado de dificultades; por mucha ilusión que se pusiera en recorrerlo, todos sabían que el equipo tendría que hacer frente a momentos muy duros. Entre otras poderosas razones, porque la Champions League estrenaba formato, uno muy distinto al de años anteriores. Y eso incorporaba un componente de incertidumbre a la pelea por el gran objetivo. Además, la temporada iba a ser muy larga, pues el afán recaudador de las organizaciones del fútbol había convertido el Mundial de Clubs en un nuevo obstáculo que, además de cambiar su fecha de celebración —ahora se disputaría entre el 14 de junio y el 13 de julio—, sumaba más encuentros a un calendario exigente que ya atentaba contra la salud de los futbolistas.

Antes, el Paris Saint-Germain debería hacer frente a los 34 partidos de la Ligue 1, los 15 posibles de la renovada Champions, los 6 de la Coupe de la France y la final del Trophée des Champions. Y todo eso sin contar con los encuentros internacionales de selecciones que disputarían muchos de los jugadores de la plantilla. En el caso concreto de Francia, serían 3 de la fase de clasificación para la Europa de Naciones y 10 de la UEFA Nations League. Unos retos algo inhumanos para los que Luis Enrique parece haber encontrado una fórmula casi mágica que ayuda a resistirlos. En numerosas ocasiones ha recordado que el descanso forma parte del entrenamiento y lo ha aplicado, concediendo días extra de fiesta a sus jugadores. A fin de cuentas, conoce mejor que nadie las leyes de la biología, según las cuales un futbolista necesita setenta y dos horas para recuperarse de los esfuerzos explosivos que exige un partido de fútbol.

El equipo no pudo celebrar más que dos amistosos antes de empezar a disputar los compromisos oficiales de aquella exigente temporada. Pero ajustar las nuevas piezas a un engranaje de equipo que llevaba un año funcionando no debía de ser tan difícil. O, al menos, eso se esperaba de puertas adentro. Después de las primeras cuatro victorias, el equipo se estrenó con un pobre triunfo (1-0) en la Champions League frente al Girona. Después perdió (2-0) en la segunda de las ocho jornadas del torneo, esta vez en el campo del Arsenal; no pasó del empate (1-1) en el Parque de los Príncipes contra el PSV Eindhoven; recibió un jarro de agua fría (1-2) en la cuarta jornada, también en campo propio, frente al Atlético de Madrid, e hincó la rodilla (1-0) en su desplazamiento al Allianz Arena de Múnich. El nuevo formato de competición, que conllevaba la disputa de ocho partidos, cuatro en casa y otros tantos fuera, en la que dio en llamarse «fase liga», se le había atragantado al PSG.

En los torneos domésticos, todo funcionaba mejor que peor. Sin embargo, la temporada no estaba siendo nada fácil cuando tocaba cruzar las fronteras de Francia para competir en Europa. Encima, el diagnóstico de otro maldito cáncer vino a sacudir al equipo de Luis Enrique. Raquel, la esposa de Rafel Pol, estaba enferma y el técnico mallorquín tuvo que abandonar durante un tiempo sus funciones como segundo entrenador y primer responsable de la preparación física del Paris Saint-Germain. Fueron tiempos muy duros, en los que Aitor Unzué asumió parte de las responsabilidades de su compañero..., para finalmente ser despedido, como le había sucedido a Robert Moreno en 2019, tras la muerte de la pequeña Xana. Y, una vez más, las causas de la enésima decapitación de Lucho no se hicieron públicas. Eso sí, la decisión de Luis Enrique hizo mucho daño en el domicilio de los Unzué, donde si alguien no esperaba una noticia así era un cabeza de familia enfermo de ELA.

Raquel falleció el día 9 de noviembre de 2024, coincidiendo con la victoria del equipo (2-4) en su visita al campo del Angers, correspondiente a la jornada 11 de la Ligue 1. Al término del encuentro, Luis Enrique expresó el dolor que sentían los integrantes de su equipo técnico y los jugadores. «Esta victoria se la queremos dedicar a una persona importantísima para el staff: Raquel. Yo, como portavoz, y toda la gente del PSG le enviamos un fuerte abrazo a Rafel, a su familia y a la familia de Raquel. Ella no se irá nunca. Se quedará siempre con nosotros».

Aquella misma noche, Pol colgó un emotivo mensaje en las redes sociales: «A la vida, por injusta que parezca hoy, le estoy infinitamente agradecido por el amor y el tiempo que me regaló con Raquel. Hoy es inevitable el dolor, fruto del miedo a perder algo maravilloso, pero Raquel no se irá. Nuestra realidad se esculpe a partir de la memoria y, por ende, el pasado nunca muere. Ni siquiera es pasado». Un canto a la vida y al amor que recordaba extraordinariamente a las declaraciones que, desde la muerte de la pequeña Xana, había hecho Luis Enrique en un maravilloso documental que había producido Movistar Plus. Se trataba de una serie de tres capítulos que se emitió en septiembre de aquel mismo año 2024 y que llevaba por título *No tenéis ni puta idea*. El documental trataba de explicar cómo había sido el primer año del asturiano en el PSG, pero era imposible que no le preguntaran por la muerte de su hija.

Luis Enrique, que siempre había mostrado una gran entereza al hablar sobre la pérdida de Xana, se abrió en canal: «Y dirás tú, ¿yo me puedo considerar afortunado o desgraciado? Yo me considero afortunado. Muy afortunado. Pero si se te ha muerto una niña, tu hija, a los 9 años... Bueno, mi hija vino con nosotros a vivir nueve años maravillosos y tenemos mil recuerdos de ella, vídeos, cosas increíbles... Mi madre no podía tener fotos de Xana, hasta que un día llegué a casa y le dije: ¿por qué no hay ninguna foto de Xana, mamá? No puedo, no puedo. Mamá, tienes que poner a Xana. Xana está viva. En el plano físico no está, pero en el plano espiritual está, porque cada día hablamos de ella y nos reímos y la recordamos. Yo pienso que Xana todavía nos ve. ¿Cómo quiero que Xana piense que vivimos esto?».

Sin embargo, como dijo un sabio y adaptaron a diferentes ámbitos gente tan diversa como Napoleón Bonaparte, Friedrich Nietzsche, Antoine de Saint-Exupéry, Martin Luther King o Bob Marley, por poner una manita de ejemplos, «la grandeza de un hombre no se mide por el número de veces que tropieza, sino por el número de veces que se levanta». Y tanto Luis Enrique en su momento, como Rafel Pol en el suyo, fueron capaces de ponerse en pie con una gran fuerza interior y continuar en la lucha. En este caso, el objetivo era conseguir la clasificación para las rondas eliminatorias de la Champions League. De los treinta y seis equipos que tomaron la salida, los ocho primeros clasificados pasarían directamente a los octavos de final, mientras que los dieciséis siguientes, hasta el clasificado en el puesto vigésimo cuarto, tendrían que disputar una eliminatoria previa a doble partido.

El Paris Saint-Germain, que al finalizar la quinta jornada ocupaba el puesto vigésimo quinto, estaba obligado a sumar de tres en tres si no quería quedar eliminado de la Champions antes de finalizar el mes de enero. Así pues, Luis Enrique empezó a motivar a sus jugadores de la forma que siempre lo ha hecho y por el método conocido como el «sándwich» —elogio, crítica, elogio— para hacer más positivo el mensaje. El equipo salvó el primer escollo (0-3) en su visita al Red Bull Salzburgo y se preparó para cerrar el año con nuevas victorias en la Ligue 1 y en la Coupe de la France, aunque en esta última competición tuvo que llegar a los penaltis (1-1) para derrotar al Lens (3-4). Tras las vacaciones de Navidad, esperaba la primera final de la temporada. El día 5 de enero, víspera de Reyes, el PSG se enfrentaba al Monaco en el Trophée des Champions. El partido se celebró en el Stadium 974 de Catar, porque la moda de disputar las Supercopas en el mundo árabe se había extendido también a Francia. El equipo de Luis Enrique se llevó el título (1-0) con un solitario gol de Ousmane Dembélé en el minuto 92 del partido.

Por aquel entonces, el entrenador asturiano ya había consolidado su proyecto, había integrado a los nuevos fichajes en el equipo y había logrado encajar a Dembélé en una posición que nadie que conociera al anárquico futbolista habría imaginado ni en sueños: delantero centro. La vida del francoafricano había cambiado por completo. En Francia y con el apoyo de todos, incluido un chamán senegalés, Ousmane había dado un giro radical a su vida y había alcanzado un nivel de rendimiento acorde con el valor de mercado que se le atribuyó en 2017, cuando el FC Barcelona pagó ciento veinticinco millones de euros al Borussia de Dortmund por su traspaso. Y todo esto a tiempo para afrontar la pelea por los títulos colectivos e individuales. Dembélé ya sonaba como candidato al Balón de Oro, un galardón creado, promovido y publicitado por la revista *France Football*, impregnada por una pátina del más puro «chauvinismo» social. Aunque la verdad es que, en aquellos momentos, Luis Enrique estaba metido de lleno en la tarea de ir ganando partidos; todo lo demás no le interesaba nada de nada. «A mí me da igual el Balón de Oro. Me importan un rábano los premios individuales», había dicho cuando le preguntaron por la candidatura de su jugador.

Paso a paso, partido a partido, como dicen con la boca pequeña tantos y tantos entrenadores, el Paris Saint-Germain fue abriendo distancias en la Ligue 1 y avanzando eliminatorias en la Coupe de la France. El gran reto seguía siendo la Champions, y eso era lo único que le quitaba el sueño a Luis Enrique. Quedarse fuera de la fase de eliminatorias sería un fracaso que no podía permitirse, y gestionar esfuerzos y resultados iba a ser clave en la batalla por conseguirlo. El día 22 de enero de 2025, el PSG ganó (4-2) al Manchester City; siete días después, cerró su participación en la liguilla con otra goleada (1-4) en el campo del Stuttgart. El objetivo inicial era meterse entre los ocho primeros, pero lo importante era sobrevivir y el equipo acabó en el puesto decimoquinto, con tres puntos de margen sobre el abismo. Tendría que disputar una eliminatoria más, pero, a esas alturas, lo de menos era cargar con los esfuerzos de dos partidos más en las piernas de los futbolistas. Solo siete días después, Nasser Al-Khelaïfi cerraba el acuerdo para la renovación de contrato de su entrenador hasta el 30 de junio de 2027, en un gesto que tenía un grandísimo significado. La cabeza del entrenador asturiano ya no pendía de un hilo, pues se había ganado la absoluta confianza de todos.

Desde el instante en que se alcanzó el objetivo de continuar vivo en Europa, el PSG encadenó nueve victorias consecutivas en las tres competiciones que conforman el denominado triplete; es decir, Ligue 1, Copa y Champions. Superó al Brest en la ronda de dieciséis por un global de 10-0 (siete goles en el partido del Parque de los Príncipes). Pero ahora tocaba medirse al Liverpool, que había acabado líder de la liguilla con unos resultados espectaculares. Eso eran palabras mayores, como pudo comprobarse el 5 de marzo. Los *reds* ganaron (0-1) en su visita a París, con gol de Elliott, y pusieron en jaque al Paris Saint-Germain. Solo seis días después, otra vez Dembélé marcó el gol (0-1) que llevaría la eliminatoria a la prórroga y a los penaltis. Ahí, la moneda cayó del lado de los parisinos de manera rotunda (1-4). Solo Mohamed Salah marcó para los ingleses, mientras que Vitinha, Gonçalo Ramos, Dembélé y Désiré Doué hicieron pleno para los franceses.

En los cuartos de final, el equipo de Luis Enrique se mediría al Aston Villa. Consiguió un resultado trampa (3-1) en el partido del 9 de abril; el 15 devolvió la visita al Villa Park de Birmingham. A pesar de que golpeó dos veces, con goles de Achraf Hakimi y Nuno

Mendes, los villanos remontaron con goles de Tielemans, McGinn y Konsa. Aún quedaba media hora larga de partido y podría pasar cualquier cosa. Pero el Paris Saint-Germain aguantó de pie y se metió en las semifinales, ahora contra otro equipo inglés, el Arsenal de Mikel Arteta. Una vez más, Dembélé marcó el gol de la victoria (0-1) en el Emirates Stadium. Aquel triunfo podía acercar a los franceses al sueño de ganar su primera Champions. El equipo no podía fallar y no falló. También se impuso (2-1) en el encuentro de vuelta del 7 de mayo.

Mucho antes, el PSG ya se había proclamado campeón de la Ligue 1, concretamente el 5 de abril, al ganar (1-0) al Angers en el Parque de los Príncipes. La ventaja que el equipo había adquirido en las jornadas precedentes era insultante. A pesar de que le dijeron a Luis Enrique que aquel título valía poco por el bajo nivel del fútbol galo, el asturiano se encargó de recordar que tres equipos franceses se habían clasificado para la fase eliminatoria de la Champions: «Lille, Brest y Paris Saint-Germain», nombró de carrerilla. Más allá de que el título tuviera más o menos valor, se produjo el hecho casual de que la conquista automática de la Ligue 1 se había producido, precisamente, ante el adversario al que ganó el equipo el mismo día de la muerte de Raquel, la mujer de Rafel Pol. Como para creer que las casualidades no existen.

La final de la Champions se disputó el 31 de mayo en el Allianz Arena de Múnich. Solo siete días antes, el Paris Saint-Germain se había impuesto (3-0) al Stade Reims en la final de la Coupe de la France, con lo que el equipo ya tenía en sus manos el segundo triplete doméstico consecutivo con Luis Enrique de entrenador. Pero él y todos querían conquistar la orejona. El rival del PSG sería el Inter de Milán, que se había clasificado para la final con mucha suerte... y con —nadie puede negar la evidencia— un empujoncito del polaco y madridista Szymon Marciniak, que sería castigado por la UEFA, como consecuencia de sus evidentes errores durante la noche del 6 de mayo en el único estadio del mundo que tiene dos nombres conocidos y reconocidos: San Siro y Giuseppe Meazza.

Luis Enrique tuvo siete días para preparar la gran final. Sus analistas habían desmenuzado las virtudes y debilidades del Inter, y él, con su cuerpo técnico, había trabajado en la forma de impedir que los italianos se salieran con la suya. En esto, el entrenador asturiano siempre seguía el guion con una fidelidad extrema, de acuerdo con la filosofía, el sistema, el estilo y el método. Él sabía y sabe mejor que nadie que todos los partidos son diferentes y que cualquier rival plantea problemas y matices distintos. Por eso introdujo en la preparación del partido elementos con los que protegerse del rival y con los que hacerle daño. Las cosas salieron que ni pintadas y el PSG desnudó (5-0) al equipo de Simone Inzaghi. Nunca nadie había dejado al descubierto las vergüenzas de un finalista de la Champions, no como aquel día. Jamás nadie había logrado ganar la final por un resultado así.

28

Xana sigue viva

El espíritu gobierna el universo.

ANAXÁGORAS*

En la previa de la final de la Champions contra el Inter de Milán, le preguntaron a Luis Enrique cómo iba a gestionar las emociones ahora que Xana no iba a estar allí para celebrar con él la que, en aquellos momentos, era solo una posible victoria. «Pues es bastante más fácil de lo que parece. Yo tengo un recuerdo increíble, porque a mi hija le gustaban mucho las fiestas y estoy seguro de que donde está sigue haciendo fiestas. Y recuerdo una foto que tengo, increíble, con ella, en la final de Berlín, después de ganar la Champions, clavando una bandera del FC Barcelona en el campo. Tengo el deseo de hacer lo mismo con el Paris Saint-Germain. No estará mi hija, no estará físicamente, pero estará espiritualmente, y eso, para mí, es muy importante. Tengo la motivación de continuar adelante con lo que la vida me da, a través de compartirlo con mi familia. A todos nos gustan las cosas bonitas y felices, pero la vida te forma en algo muy importante, que es saber superar las desgracias y las cosas que no nos gustan», les había dicho a los periodistas.

Aquella noche del 31 de mayo, los medios de comunicación ofre-

* Anaxágoras (Clazomene, 500 a. C.-Lámpsaco, 428 a. C.). Fue un matemático, filósofo y físico griego que introdujo el concepto de la mente como elemento central de su concepción de las cosas. Nacido en Turquía, está considerado el primer pensador extranjero que se estableció en Atenas.

cieron imágenes entrañables de la celebración del Paris Saint-Germain. Por una parte, las conmovedoras lágrimas de Rafel Pol, de pie e inmóvil, frente al banquillo que había ocupado su equipo y con la mirada puesta en el cielo. Por otra, a Luis Enrique repitiendo, con la bandera del PSG en la mano, el mismo recorrido y los mismos gestos que había compartido con la pequeña Xana el 6 de junio de 2015. Lucho se vistió para la ocasión con una camiseta de la Fundación Xana, creada en la primavera de 2024 con el objetivo de recaudar fondos para «ofrecer asistencia integral y acompañamiento a niños y jóvenes afectados por enfermedades oncológicas y otras dolencias graves, y a sus familias», según reza en su página web.

La fundación cuenta con una banda sonora compuesta por el cantautor Joan Dausà, que explicó en el canal Rakuten TV cómo se había gestado la composición de la canción que lleva por nombre el de la pequeña de los Martínez: «Hace dos o tres años, me llamó Bela, la hermana de Elena Cullell, y me dijo que a Xana le gustaban mucho mis canciones y que ella tenía la sensación de que debía conocer a Luis Enrique y a su esposa». De aquel encuentro posterior nacieron una bonita amistad y una canción que, en principio, se quedó en el ámbito privado. Pero la que más tarde se convertiría en la banda sonora de la Fundación Xana pudo escucharse en el acto de celebración del aniversario del *Diari Ara*, en el Palau de la Música de Barcelona. Joan Dausà presentó allí su disco *Ho tenim tot* («Lo tenemos todo»). En presencia de toda la familia, la canción provocó un momento muy emotivo, que compartió todo el público asistente a la velada. La letra dice así:

Cuentan que hace ya algún tiempo,
si de noche ves el cielo,
notarás que algo cambió.
Y cuentan que una luz brilló de nuevo,
tocando a Casiopea, cerca de la Osa Menor.
Y junto a ella brillan nueve estrellas más,
y si trazas una línea te parecerá
ver una niña y un caballo galopando

en la inmensidad.
Y cuentan que en medio del silencio,
cuando calle el universo
puedes llegar a escuchar
como ríe y se duerme con un cuento
y la cubre y le da un beso
la estrella polar.
Y junto a ella brillan nueve estrellas más,
y si trazas una línea te parecerá
ver una niña y un caballo galopando
en la inmensidad.
Y las estrellas le llaman.
Las estrellas le llaman, Xana, Xana...
Las estrellas le llaman, Xana, Xana...

El espíritu de Xana acompaña a Luis Enrique en su día a día. Da lo mismo que esté durmiendo, duchándose, alimentándose (come muchos huevos y verduras, hace ayuno intermitente y, de vez en cuando, se permite beber una cerveza), pedaleando sobre su bicicleta para acudir al Campus Paris Saint-Germain a dirigir un entrenamiento de su equipo, participando en una carrera a pie de diez kilómetros —los cartílagos de sus maltrechas rodillas no le dan ya para mucho más—, dirigiendo un partido con la pasión que le caracteriza, volando hacia uno de sus destinos, ya sean laborales o de ocio, o celebrando la consecución de un título. En definitiva, que la pequeña Xana va con su padre a todas partes. Y, por supuesto, después de la gran fiesta del segundo triplete, el que le igualaba al único entrenador, Pep Guardiola, que lo había conseguido en la historia del fútbol, le seguiría y le seguirá acompañando por los siglos de los siglos. O sea, que Xana estuvo en el Mundial de Clubs de Estados Unidos y, también, en la Supercopa de Europa, las dos últimas competiciones que ha afrontado el Paris Saint-Germain entre la conquista de la primera Champions League de la historia del club francés y el mismo instante en que la reedición de *El método Luis Enrique* ha visto la luz.

Vaya por delante que el Mundial de Clubs, que la FIFA se sacó de la manga con el doble objetivo de seguir haciendo caja y convencer a los clubs de que no hay una organización mejor que la suya, me parece una soberana locura de cuyas consecuencias hablaremos con el paso del tiempo. Pero está ahí, y equipos de los cinco continentes y las seis confederaciones de la FIFA, concretamente treinta y seis conjuntos, no le hicieron ascos a la lluvia de millones que iban a repartirse en la especie de ensayo general para el Campeonato del Mundo de 2026 que se había diseñado en los despachos del *hauptquartier* de Zúrich y en contacto directo con el domicilio particular del presidente Gianni Infantino, que como todo el mundo sabe, se encuentra en Catar.

El Paris Saint-Germain era uno de los participantes de un nuevo y ampliado formato de competición en el que no estarían los vigentes campeones de tres de las ligas más importantes del mundo. La FIFA había elegido una fórmula de clasificación poco o nada razonable, que en esta ocasión excluía al Liverpool, al FC Barcelona y al Nápoles, respectivos vencedores de la Premier, La Liga y la Serie 1. Más allá de esta incongruencia, el PSG se presentaba como uno de los grandes candidatos a conquistar un título que, en un formato mucho más reducido —disputó únicamente dos partidos—, Luis Enrique ya había ganado en diciembre de 2015.

El sorteo quiso que el Paris Saint-Germain compitiera en el grupo B y jugase contra el Atlético de Madrid —el tercer clasificado de La Liga sí que participó en la competición—, el Botafogo brasileño y el Seattle Sounders de Washington. El equipo de Luis Enrique saldó la clasificación con dos victorias y una derrota, con seis goles a favor y uno en contra. Nadie puede decir que fueran partidos fáciles. Por otro lado, había que ver quién se metía en los cruces y contra quién, y sobre todo comprobar cómo iban a responder los futbolistas al sobreesfuerzo de una temporada tan larga y exigente. Además, el hecho de que fueran a disputar partidos a temperaturas de más de treinta y cinco grados, con un alto grado de humedad y una sensación térmica de más de cuarenta, no era moco de pavo.

Para llegar a la final, el Paris Saint-Germain debería, como todos los demás, superar tres eliminatorias. La primera fue contra el Inter de Miami, el equipo de Leo Messi, Luis Suárez, Sergio Busquets y Jordi Alba, todos ellos viejos conocidos de Luis Enrique. Obviamente, al entrenador asturiano le tocó referirse a la Pulga en la rueda de prensa anterior al partido. «Tuve la oportunidad de coincidir con un Leo Messi, diría, en plenitud. Aunque la plenitud de Leo Messi ha durado, no sé, diez o quince años. De hecho, para mí, esa es la referencia del mejor jugador de fútbol de la historia, sin ninguna duda. Para mí, evidentemente. Acepto otras opiniones. Y, sobre todo, la longevidad, la continuidad a lo largo de muchísimos años compitiendo al máximo nivel, jugando cada tres días... Yo tuve la oportunidad de ganar todo como entrenador en el club, en el Barça, y no solo lo disfruté a lo largo de esos tres años, sino a lo largo de muchos entrenamientos. Calcula que son unos doscientos entrenamientos cada temporada. He visto hacer cosas a Leo Messi en el entrenamiento que pertenecen a otra raza, a otra situación... Cosas increíbles. Un verdadero placer, una experiencia apasionante, y creo que es algo de lo que guardamos todos un gran recuerdo», sentenció.

El encuentro no tendría demasiado interés, más allá de ser el escenario de un reencuentro de una elevada carga sentimental. En lo deportivo era un duelo muy desigual, entre el campeón de Europa y un equipo de la Major League Soccer —para los norteamericanos el fútbol es una cosa muy distinta que para los europeos, por ejemplo—. El Paris Saint-Germain se paseó (4-0) por el replantado césped natural del Mercedes-Benz Stadium de Atlanta. En ese mismo recinto, disputaron los franceses su partido de los cuartos de final contra el Bayern de Múnich. Eso ya eran palabras mayores. Sin embargo, para los jugadores del técnico asturiano, nada parecía entrañar dificultad. Ganaron (2-0) con goles de Doué y Dembélé. Los franceses acabaron el partido con nueve, por las expulsiones de Willian Pacho y Lucas Hernández. El MVP del encuentro se lo dieron a Gianluigi Donnarumma, que estaba muy lejos de pensar que se encontraba ante sus últimas actuaciones como guardameta del equipo parisino.

A continuación, fue el Real Madrid el que se cruzó en el camino del Paris Saint-Germain hacia la final. Era un enfrentamiento con mucho morbo, porque Luis Enrique nunca ha ocultado sus sentimientos, y para un culé siempre es muy especial enfrentarse a uno de los rivales más acérrimos a los que se haya enfrentado jamás, junto al Espanyol. Como era de esperar, los periodistas —sobre todo los españoles— centraron muchas de sus preguntas de la semifinal en su encuentro con los medios de comunicación previo al partido. Porque Luis Enrique no concede entrevistas y limita sus intervenciones públicas a las ruedas de prensa anteriores y posteriores a los encuentros. Forma parte de su (no) relación con los periodistas. En la rueda de prensa, Lucho confesó que «por supuesto, este partido supone una gran motivación, por lo que representa el Real Madrid como club; porque todavía hay personas dentro del club con las que me llevo muy bien y con las que compartí vestuario [mencionó a Butragueño, Chendo y Pirri]... y porque todos sabéis que soy culé. Sigo siendo culé y socio del Barça y del Sporting de Gijón».

El partido, disputado en el MetLife Stadium de East Rutherford, en el condado de Bergen, Nueva Jersey, fue muy desigual. Tanto que acabó en goleada (4-0) a favor de los franceses. El Paris Saint-Germain se encontraba en plenitud, mientras que el Real Madrid acababa de empezar un nuevo proyecto de la mano de Xabi Alonso, sustituto del incombustible Carlo Ancelotti. Vamos, que un equipo estaba hecho y el otro por hacer, con independencia del peso de los jugadores. Porque el Madrid saltó al campo con futbolistas como Courtois, Valverde, Rüdiger, Güler, Tchouaméni, Bellingham, Vinicius y Mbappé, el jugador sin el que Luis Enrique había dicho que podría controlar todos los aspectos del juego de su equipo. Esta vez todo le fue sobre ruedas al asturiano, que tuvo a la totalidad de sus futbolistas en un nivel de notable alto; mención aparte merece Fabián Ruiz, autor de dos de los cuatro goles, que estuvo de excelente. A Luis Enrique se le llenó el móvil de mensajes de felicitación de sus amigos culés.

Ya solo quedaba la final, contra el Chelsea de Enzo Maresca. Los londinenses habían tenido un grupo muy asequible, con Los Angeles Football Club, Flamengo y Esperance de Túnez como rivales. En general, su camino había sido mucho más fácil para llegar a la final del 13 de julio, que se disputaría en el mismo escenario en el que se habían jugado las dos semifinales. Maresca había estudiado muy bien al equipo de Luis Enrique y tardó poco en detectar sus debilidades: en el descanso, el partido ya estaba visto para sentencia, con un par goles de Cole Palmer, que también fue elegido mejor jugador del encuentro, y otro de João Pedro. Aunque, a decir verdad, lo más llamativo de la final fue la trifulca que se montó entre los componentes de los dos equipos y en la que Lucho se metió, con la intención de separar a los jugadores, y de la que acabó siendo protagonista. Afortunadamente, la cosa no pasó a mayores. Tampoco en la conferencia de prensa, en la que el entrenador asturiano tuvo que hacer frente a una pregunta sobre el fracaso del Paris Saint-Germain en la final. «Aquí no hay perdedores. Hay un subcampeón, que es muy diferente. Perdedor, en la vida, es el que se rinde; perdedor es el que no se levanta», dijo antes de que le preguntaran si era muy duro perder el Mundial de Clubs. La respuesta fue muy escueta: «¿Duro? Mañana, vacaciones».

Aquel partido ponía punto final a una temporada que había durado doce meses, de julio a julio, y en la que el Paris Saint-Germain había conseguido un título que llevaba varias décadas resistiéndose a esfuerzos e inversiones multimillonarias. Ahora tocaba descansar, porque nadie iba a aplazar los compromisos que el campeón francés tendría que empezar a afrontar al cabo de un mes, el 13 de agosto, exactamente.

Luis Enrique concedió a sus futbolistas tres semanas de vacaciones, aún a sabiendas de que solo dispondría de seis días para preparar la Supercopa de Europa contra el Tottenham Hotspur, vigente campeón de la UEFA Europa League. En ese partido, el PSG empezó mal y encajó dos goles, uno al final de la primera parte y otro nada más empezar la segunda. El equipo tenía la posesión del balón y practicaba su fútbol, pero el físico no le alcanzaba para aquello que tan bien sabía hacer. A pesar de tales circunstancias, Kang-in Lee y Gonçalo Ramos empataron en los cinco últimos minutos y el partido se decidió en los penaltis. Ahí, Vitinha falló el primer lanzamiento de su equipo y puso el trofeo en manos del Tottenham. Pero los franceses, que llegaron a ir 0-2 abajo, convirtieron sus otros cuatro lanzamientos, mientras que Lucas Chevalier, el sustituto de Donnarumma, paró el disparo de Micky van de Ven, y Mathys Tel mandó el balón fuera, en el tercer y cuarto lanzamiento del conjunto londinense.

Luis Enrique celebró el título, porque siempre es bueno festejar las victorias, pero reconoció sin tapujos lo que se había visto sobre el terreno de juego del Bluenergy Stadium de Udine (Italia): «Para ser honesto, el adversario llegaba en forma y nosotros no. Esa es la realidad del partido. El Tottenham ha jugado un muy buen partido y ha merecido ganar. Hemos tenido mucha suerte. Solo llevábamos seis entrenamientos y, en este sentido, estamos muy contentos porque nuestros aficionados se llevan un título más».

Jugando mejor o peor, empezaba su tercera temporada como entrenador del Paris Saint-Germain con energía y sabiendo que contaba con un equipo ganador. Aquella era una buena noticia. Sobre todo porque Luis Enrique sabía y sabe muy bien que «en el fútbol no hay nada que sea mágico. Cuando tú superas una presión de una manera, el rival se adapta; cuando tú creas superioridad en un sitio, el rival se adapta... O sea, no hay una fórmula mágica. No es que un entrenador pone un sistema o hace una jugada y ya está. No. Esa es la dificultad de jugar al fútbol actual. Todos los entrenadores están preparados, los jugadores están preparados física y técnicamente como nunca, con lo cual, o te adaptas e improvisas y dejas de ser previsible para el rival, o estás muerto. No vale lo que hemos hecho la temporada pasada para la siguiente». Además, asumía que hay muchas cosas en las que debían mejorar, empezando por sí mismo: «Ahora, como ganamos, creéis que lo hago bien. No. Sigo cometiendo muchos errores. Me equivoco infinidad de veces. Pero, como lo que se ve es el resultado..., ahora parece que lo hago todo bien».

La nueva temporada acaba de empezar con el decimoséptimo título de Luis Enrique como entrenador (nueve con el FC Barcelona y ocho con el Paris Saint-Germain). Pero el camino continúa y, pendientes de que se cierre el mercado de fichajes, el club de Nasser Al-Khelaïfi ya cuenta con nuevas piezas, como el portero Lucas Chevalier (40 millones) y el defensa central Illya Zabarnyi (63 millones), para seguir creciendo. Porque una de las fórmulas para dejar de ser previsible es introducir cambios que aporten matices diferenciales y renueven las energías de una plantilla con la que afrontar los nuevos retos.

La historia continúa y parece que solo dos cosas no van a cambiar. Una es la manera de entender el fútbol y manejar el equipo de Lucho, con el método que tanto le ha dado al asturiano y a sus clubs. Y otra es que, en este viaje hacia la consecución de nuevos objetivos, Xana le seguirá acompañando, en el convencimiento de que no necesitarán otros diez años para, juntos, plantar en el césped de un estadio de cualquier ciudad de Europa o del mundo la bandera de un equipo que, a las órdenes de papá, vuelva a conquistar la Champions League u otro título de importancia equivalente.

De momento, Luis Enrique y Xana ya coincidieron —los dos en espíritu— con motivo de la 69 edición de la gala del Balón de Oro 2025, celebrada el último 22 de septiembre. Más allá de que Ousmane Dembélé, un jugador recuperado para la gloria por el técnico asturiano, ganase el galardón más importante de la noche (tan importante como para dar nombre a la celebración), Luis Enrique fue premiado con el Trofeo Johan Cruyff a mejor entrenador de la temporada y la Fundación Xana obtuvo el Premio Sócrates a la mejor labor humanitaria conducida por un deportista relacionado directamente con el mundo del fútbol. Obviamente, el espíritu de Xana sobrevoló el Théâtre du Châtelet de París. Luis Enrique tampoco pudo asistir físicamente a la gala, porque aquella noche su equipo jugaba en el Orange Vélodrome de Marsella el partido de la quinta jornada de la Ligue 1.

Bibliografía

> Los libros son, entre mis consejeros,
> los que más me agradan,
> porque ni el temor ni la esperanza
> les impiden decirme lo que debo hacer.
>
> ALFONSO V DE ARAGÓN*

Bassas, Antoni, *A un pam de la glòria,* Barcelona, Edicions de la Magrana, 1994.

Cano, Óscar, *El juego de posición del FC Barcelona: concepto y entrenamiento*, Vigo, MC Sports, 2012.

— *El modelo de juego del FC Barcelona: una red de significado interpretada desde el paradigma de la complejidad*, Vigo, MC Sports, 2010.

Casanovas, Josep Maria y otros, *Fábrica de campeones*, Barcelona, Diario Sport, 1996.

Iturriaga, Ángel, *Diccionario de jugadores del FC Barcelona,* Barcelona, Editorial Base, 2010.

Jumilla, Albert, *¡Gracias, Pep! El legado de Guardiola en 100 ideas clave*, Barcelona, Alienta Editorial, 2012.

Manna, Matías, *Paradigma Guardiola*, Barcelona, Ara Llibres, 2012.

* Alfonso V, llamado «el Magnánimo» (Medina del Campo, 1396-Nápoles, 1458), fue rey de Aragón, Valencia (bajo el título de Alfonso III), Mallorca, Sicilia, Cerdeña y Nápoles (en estos cuatro últimos reinos como Alfonso I). A partir del matrimonio del conde Ramón Berenguer IV con la princesa Petronila de Aragón, en 1150, los reyes de Aragón tenían derecho a usar el título de condes de Barcelona.

Modeo, Sara, *El Barça: del fútbol total al fútbol cuántico*, Barcelona, Editorial Alfabia, 2013.

Perarnau, Martí, *Senda de campeones. De la Masia al Camp Nou*, Barcelona, Salsa Books, 2011.

— *El largo viaje de Pep. Los cuatro años mágicos del Barça de los prodigios*, 2012.

Pol, Rafel, *La preparación ¿física? en el fútbol. El proceso de entrenamiento desde las ciencias de la complejidad*, Vigo, MC Sports, 2011.

Rexach, Carles, *Ahora hablo yo*, Barcelona, Ara Llibres, 2008.

Ruiz, Laureano, *El auténtico método del Barça*, Barcelona, Ediciones Lectio, 2013.

Torquemada, Ricard, *Fórmula Barça*, Barcelona, Ediciones Lectio, 2012.

Hemerotecas de *La Vanguardia, El Periódico de Catalunya, Mundo Deportivo* y *Diario Sport.*

«Para viajar lejos no hay mejor nave que un libro».

EMILY DICKINSON

Gracias por leer este libro.

En **penguinlibros.club** encontrarás las mejores recomendaciones de lectura.

Únete a nuestra comunidad y viaja con nosotros.

penguinlibros.club